111 GRÜNDE, BAYERN ZU LIEBEN

Florian Kinast

111 GRÜNDE, BAYERN ZU LIEBEN

Eine Liebeserklärung
an die schönste Region der Welt

SCHWARZKOPF & SCHWARZKOPF

INHALT

VORWORT 9

1. GRUNDWISSEN 11
Weil uns der alte Otto die Farben Weiß und Blau geschenkt hat – Weil der Löwe unser Wappentier wurde und nicht das Bräuross – Weil die Bayernhymne beim Besuch der Queen fast eine Staatskrise auslöste – Weil mia mia san – Weil wir die Zwiebeltürme dem Islam zu verdanken haben – Weil die Bayern die besten Beter vor dem Herrn sind – Weil wer ko, der ko – Weil der Föhn immer die beste Ausrede ist – Weil Sie hier fei alles über das wichtigste Wort in Bayern erfahren

2. BRAUCHTUM 37
Weil Franz Josef Strauß beim Derblecken auf dem Nockherberg Pirouetten drehte – Weil bayerische Senioren die besten Maibaumdiebe sind – Weil die Sommerfrischler immer noch auf den Watschentanz reinfallen – Weil sie den Schuhplattler sogar in Niederbayern tolerieren – Weil der liebe Gott das Brauchtum besser schützt als die UNESCO – Weil die Isar-Flößer sogar bürokratischen Blödsinn der Regierung umschiffen – Weil die Münchner den Franken den Weltrekord im Schafkopfen wieder abjagten – Weil es beim Miesbacher Rekord-Dirndl einen ganzen Wald vor der Hüttn braucht – Weil das Bellen nach Freibier zu den Perlen der Oberpfälzer Sprache gehört

3. HISTORISCHES 57
Weil König Ludwig am Schachen das bizarrste seiner Schlösser baute – Weil sich König Ludwig und Kurt Cobain am gleichen Ort verewigten – Weil die Regensburger Wurstkuchl der älteste Fast-Food-Imbiss der Welt ist – Weil schon die Urzeitmenschen in Bayern gut drauf waren – Weil ein idyllischer Biergarten den Namen eines tapferen Märtyrers trägt – Weil die Bayern beim Bier zu großen Revoluzzern werden – Weil die Bayern einen Milchbauern als letzten König hatten – Weil eine Kapelle am Starnberger See an eine bayerisch-britische Kriegsfreundschaft erinnert

4. SEHENSWERT 79
Weil der Starnberger See schon pompöse Prunkschiffe sah und nackte Herzöge – Weil sich auf dem Eiland von Ludwig und Sisi wieder romantisch wandeln lässt – Weil der Olympiapark nur durch den Eiermann zum Architekturdenkmal wurde – Weil Nazareth im Tal der trotzigen Bauernschädel liegt – Weil man bei Harfenklang am Ammersee in anderen Sphären schwebt – Weil im Dorf von Markus Wasmeier das echte Bayern sichtbar ist und keine lila Kuh – Weil Garmisch einen verwunschenen Kurpark hat – Weil Bayern die beste Filmkulisse bietet – Weil der Bayerische Wald ein einzigartiges Naturparadies beheimatet – Weil ein kleiner Bierbrauer dem großen Hundertwasser ein Denkmal setzte – Weil das tiefe Bohrloch in der Oberpfalz für den besten Ausblick sorgte

5. SAGEN UND MYTHEN 105
Weil uns der Watzmann erschaudert und erheitert – Weil der unheimliche Waller im Walchensee dafür sorgt, dass Bayern katholisch bleibt – Weil man die alte Legende vom Teufelstritt immer wieder gerne hört – Weil sich Semmelknödel auch als effektive Wurfwaffe eignen – Weil die versunkenen Glocken im See vielleicht doch noch läuten – Weil der Mühlhiasl mit seinen Prophezeiungen immer richtig lag – Weil ein Oberpfälzer Sagensammler mit der Rüben-Prinzessin spät zu Weltruhm kam

6. MAGISCHE ORTE 125
Weil der Heilige Berg in Andechs auch den Außerirdischen gefällt – Weil aus der Wieskirche, dem Berliner Flughafen des 18. Jahrhunderts, ein Weltkulturerbe wurde – Weil die Fraueninsel das schönste Kleinod im Chiemsee ist – Weil Kaiser und Minister zum geheimen Korbiniansbrünnlein pilgerten – Weil eine Kurpfuscherin Kaiserin und Königin in den Münchner Norden lockte – Weil vor Franck Ribéry schon Landsmann Napoleon in Fröttmaning vorbeischaute – Weil die Golfer bei Passau mit Yin und Yang in Schwung kommen – Weil in der Oberpfalz die Unterwelt viele Geheimnisse birgt

7. FESTE 147
Weil beim Wiesn-Anstich immer ozapft is und einmal izapft os – … weil man nirgendwo so ordentlich geköpft wird wie beim Wiesn-Schichtl – Weil das nostalgische Riesenrad der romantischste Ort der Wiesn ist – Weil auf

der Wiesn ein Hendl aus drei Hälften besteht – Weil man sich nach einer Wiesn-Schlägerei wie ein großer Dichter fühlt – Weil die Rauchzeichen aus der Oberpfalz auch Winnetou zum Bergfest lockten – Weil Sie auf einem Volksfest in der Oberpfalz vielleicht auf Elvis treffen

8. STARKE FRAUEN 169
Weil der Gold-Rosi die Geranien mehr bedeuteten als die Olympia-Medaillen – Weil das Grab der Dichterin Lena Christ ein kurioses Todesdatum zeigt – Weil sich die Mama Well über jeden Tag vom Herrgott freute – Weil das Erbe der großen Mutter Courage in einem Koffer weiterlebt – Weil Schweinsteigers Bäckerin schon zu Adenauers Zeiten am Viktualienmarkt stand – Weil die Radiweiber den Stammtisch in Laune brachten – Weil die Chiemsee-Fischerin an ihrem Geburtstag einen Hecht fing und ihren Mann

9. GROSSE DENKER 189
Weil Karl Valentins Winterzahnstocher in einem besonderen Musäum zu sehen ist – Weil Oskar Maria Graf endlich wieder in seiner Heimat angekommen ist – Weil Lion Feuchtwanger erbarmungslos mit das wahre München schilderte – Weil das Blaue Land schon früher große Künstler lockte – Weil Literaten wie Rilke im Isartal ihr Liebesnest bauten – Weil am Tegernsee ein Museum an den halb nackten Indianer aus Norwegen erinnert – Weil Gerhard Polt der Leberkäs wichtiger war als die Rechtschreibreform – Weil wir dank Helmut Dietl oft noch nach Sacramento reiten

10. ECHTE TYPEN 211
Weil der Girgl und der Lampl zu Volkshelden wurden – Weil der Räuber Kneißl wilder war als der Hotzenplotz – Weil auch der Papst die Stückl von Georg Lohmeier so lustig fand – Weil ein tätowierter Punkrocker zur bayerischen Werbe-Ikone wurde – Weil Harry Hartingers Kinofilm sogar den »Hobbit« schlug – Weil mitten in München der Stadtbauer noch immer seinen stolzen Hof hat

11. MADE IN BAYERN 227
Weil sich die Hirsche im Isarwinkel weiter küssen dürfen – Weil sich eine kleine Brauerei vom großen Bier-Konzern nicht den Hahn abdrehen ließ – Weil sie am Schliersee einen ausgezeichneten Whisky brennen – Weil einem

Penzberger die dramatischste Erfindung im Weltfußball zu verdanken ist – Weil ein Garmischer im Krankenwagen die Skibindung erfand

12. KULINARIK & GASTRONOMIE 243
Weil die Weißwurst auf dem Brotzeittisch Teil der Heiligen Dreifaltigkeit ist – Weil der Leberkäs Hawaii nur auf den Plattenteller gehört – Weil der Obatzde besser schmeckt, als er ausschaut – Weil der Bauernseufzer der Weißwurst einheizte – Weil die Geschichte von der Erfindung der Radlermaß eine schöne Legende ist – Weil die alte Kathi in ihrer Wirtschaft schon viermal um die Welt ging – Weil in Resis Wirtschaft der Seelentrost fast so wichtig war wie der Schweinsbraten – Weil Kleinhöhenrain mit der schönsten Aussicht und dem besten Kaiserschmarrn lockt – Weil es im Graminger Weißbräu ruhiger zugeht als im Wallfahrtsmekka Altötting

13. SPORTLICH 265
Weil aus dem Franze, dem Giesinger Saubub, doch noch ein Kaiser wurde – Weil der Katsche Schwarzenbeck in seinem Kiosk die schönsten Geschichten erzählte – Weil der Weltpokalsieger vom FC Bayern auf Holz klopfte und Schreiner wurde – Weil niemand so schön leidet wie ein echter Sechzger – Weil sich der kleine Heinzi aus dem Pasinger Armenhaus bis zum Tod als bester König der Löwen wähnte – Weil Kardinal Ratzinger den Münchner Löwen zum Aufstieg verhalf – Weil man wie Uli Hoeneß mit den Steuerfahndern am Tegernsee gut über Fußball sprechen kann – Weil der Monte Kaolino der weltbeste Sommerskiberg ist

14. AUCH DAS NOCH 289
Weil in der Zugspitz-Seilbahn die hohen Herren stundenlang in der Luft hingen – Weil aus der Zugspitze eben kein zweites Helgoland wurde – Weil ihnen im finsteren Ruhpolding doch noch ein Licht aufging – Weil man hier mit dem Boandlkramer beim Karteln leichtes Spiel hat – Weil in Bayern wegen Willy Brandt die Uhren anders gehen – Weil der Königssee ein schauriges Geheimnis birgt – Weil das Schlierseer Bauerntheater in der New Yorker Met für Furore sorgte – Weil das Kultusministerium sagt, wie man ein echter Bayer wird – Weil das Fensterln in Passau für kabarettistische Realsatire sorgte

VORWORT

Bayern, das Land der Berge und Seen, der Kirchen und Wiesen, der Biere und der Lebenslust – ein unvergleichbar betörender Flecken Erde, ein Garten Eden. Eine Erfolgsgeschichte in Weiß und Blau. Bayern ist aber noch mehr, Bayern ist ein Lebensgefühl, eine Weltanschauung, Bayern ist ein Zustand. Bayern ist einzigartig.

DER SPIEGEL schrieb vor 50 Jahren, dass »das schönste Land der Bundesrepublik zu widersprüchlich ist, um sich selbst zu verstehen, geschweige denn von anderen verstanden zu werden«. Ein Satz, der auch heute noch Gültigkeit hat.

Genau darum widmet sich dieses Buch nun Bayern und seinen Menschen, präsentiert die grandiosen Naturschönheiten und die Historie ebenso wie den Kontrast zwischen Brauchtum und Moderne, zwischen katholischem Erzkonservativismus, separatistischen Unabhängigkeitsbestrebungen und freigeistigem Querdenkertum, porträtiert unverwechselbare Originale und bedeutende Persönlichkeiten und zeichnet ein charakteristisches Bild weit über das geläufige Seppl-Klischee hinaus. Ein Buch, das erklärt, warum das Land so ist, wie es ist, ein Buch, damit Bayern ein bisschen besser verstanden wird – und sich selbst auch besser versteht.

Ganz bewusst widmen sich die folgenden 111 Gründe nicht dem gesamten Bundesland Bayern, sondern nur dem Gebiet Altbayern und damit den drei Regierungsbezirken Oberbayern, Niederbayern, Oberpfalz – jenen Landesteilen, die früher Bestandteile des Kurfürstentums Bayern waren und deren Bewohner im kulturellen Erbe und in der Tradition des Stamms der mittelalterlichen Bajuwaren stehen; jener Gegend, in der die bairische Mundart daheim ist. Garantiert nicht in diesem Buch zu finden sind – das nur als Vorwarnung oder als Beruhigung, je nachdem – deswegen auch die Franken und die Schwaben. Herzlich eingeladen, dieses Buch zu lesen, sind freilich aber auch sie.

Der in Bayern fest verwurzelte Autor, ein echter Münchner in der fünften Generation, hat spannende, interessante wie auch amüsante und kaum bekannte Gründe und Hintergründe zusammengetragen, warum dieser Landstrich in all seinen Facetten so liebenswert ist.

Lassen Sie sich mitnehmen auf eine Reise durch das Paradies, es gibt viel zu entdecken und zu erfahren. Warum unsere Farben Weiß-Blau sind und warum unsere Hymne beinahe eine Staatskrise auslöste. Was König Ludwig und Kurt Cobain mit einem kleinen Provinznest zu tun haben und warum auf dem Oktoberfest ein Hendl in drei Hälften geteilt werden kann. Warum Gerhard Polt ein Leberkäs wichtiger war als die Rechtschreibreform und wie aus dem Giesinger Saubub Franz Beckenbauer ein Kaiser wurde. Und wenn Sie sich fragen, warum am Ende des Buchs als Bonus mit Barack Obama noch ein 112. Grund auf Sie wartet, wundern Sie sich nicht. Von Bayern kann man schließlich nicht genug bekommen. Nicht einmal ein US-Präsident.

Ein Buch für Fremde und Einheimische gleichermaßen, für alle, die Bayern einmal gerne kennenlernen möchten, und für die am Ende des Buchs zur besseren Orientierung auf einer Karte alle in diesem Buch erwähnten relevanten Orte eingezeichnet sind. Ein Buch aber auch für die, die meinen, es zu kennen – und die Bayern nach diesem Buch vielleicht doch ein wenig anders sehen.

Florian Kinast

KAPITEL I

GRUNDWISSEN

1. GRUND

WEIL UNS DER ALTE OTTO DIE FARBEN WEISS UND BLAU GESCHENKT HAT

Weiß und blau, die Raute. Welch grandiose Idee, welch genialer Einfall. Weiß, die hellste und reinste aller Farben, unschuldig und unbefleckt, Weiß wie eine zerklüftete Föhnwolke, die beim hiesigen Postkartenidyll irgendwo hoch droben über Zwiebelturm und Zugspitze ihre Schleier sanft in das sympathische Blau hineinzieht, das den Himmel über Oberbayern bedeckt und die gleichen Farbnuancen aufweist wie im Landeswappen, nicht zu opulent und überbordend, aber auch nicht zu saftlos und fahl, sondern gerade recht, selbstbewusst, sympathisch, liebenswert. Weiß und Blau wie Bayern.

Eine bessere Farbgebung hätten sich nicht einmal die angesagtesten Werbestrategen einfallen lassen können. Weiß-Blau ist zu einer weltweiten Marke geworden, wer die Farben miteinander sieht, eingebettet in die geometrischen Rauten, die weder starr noch statisch anmuten, sondern eher zielstrebig, dynamisch und unendlich, der assoziiert das sofort mit unserem betörend schönen Landstrich. Weiß und Blau, ein Corporate Design, unverwechselbar Bayern, etwas anderes gibt es nicht, ein Alleinstellungsmerkmal.

Aber wie kam eigentlich Bayern zu diesen Farben? Warum nicht ein Dreieck in Grün und Purpur, ein Quadrat in Ocker und Schwarz, ein Trapez in Aquamarin und Mahagoni? Warum ganz einfach eine Raute in Weiß und Blau?

Dazu muss man weit zurückgehen bis zum Beginn des 13. Jahrhunderts, ins heutige Niederbayern. Genauer gesagt, nach Bogen, zu Ludwig und Ludmilla.

Bogen ist heute eine nette kleine Stadt am Eingang zum Bayerischen Wald, knapp 10.000 Einwohner. Wer auf dem Donauradweg von Donaueschingen nach Wien radelt, kommt unweigerlich durch Bogen hindurch, die Hauptattraktionen sind einige schöne alte Kirchen und das Kreismuseum Bogenberg, in dem es eine Dauerausstellung gibt, deren Titel schon in die richtige Richtung weist: »Ritter, Rauten und Co. – Zur Geschichte der Bayerischen Rauten.« Denn ganz zu Recht preist sich Bogen mit seinem Tourismus-Slogan als »Wiege des Bayerischen Rautenwappens«. Und das kam so:

Es war um 1185, als der Bogener Graf Albert III. die ungarische Königstochter, die damals 14-jährige Ludmilla, zur Frau nahm. Man muss wissen, die Bogener Grafen waren damals in Mitteleuropa ein sehr mächtiges Adelsgeschlecht, und so hatte die Hochzeit den nicht uninteressanten Nebeneffekt, dass man sich auch im benachbarten östlich angrenzenden Königreich einen gewissen Einfluss sichern konnte. Albert jedenfalls glückte es, mit seiner Ludmilla drei Kinder zu zeugen, ansonsten war er aber viel auf Dienstreisen unterwegs. Das wurde ihm auch zum Verhängnis, 1198 starb er bei einem Kreuzzug.

Ludmilla war gerade 28, viel zu jung, um auf Dauer als trauernde Witwe vor sich hin zu weinen, also heiratete sie erneut, und zwar im Jahre 1204 den feschen Herzog Ludwig I. aus dem jungen und aufstrebenden Geschlecht der Wittelsbacher, die vom Kaiser gerade die Herzogswürde in Bayern erhalten hatten, aber noch mit mehreren anderen Familien um die Vorherrschaft in der Region wetteiferten. Ludwig der Kelheimer, wie er hieß, machte in jedem Fall etwas her, mit ihm bekam Ludmilla einen Sohn, Otto II., auch genannt der Erlauchte.

Mit einer geschickten Politik gelang es Ludwig, seine Macht in Bayern immer mehr zu festigen und sich die Erbfolge des Herzogtums für seine Wittelsbacher-Familie zu sichern. Der Grundstein für eine mehr als sieben Jahrhunderte währende Herrschaft in Bayern.

Nun war es aber so, dass Ludmillas drei Söhne aus erster Ehe, Berthold, Adalbert und Diepold, allesamt kinderlos starben.

Als nun auch Ludwig I. 1231 bei einem Attentat gemeuchelt wurde (Ludmilla gründete 1232 noch das Kloster Seligenthal, wo sie dann auch bis zu ihrem Tod 1240 lebte), wurde Otto II. Herzog und übernahm, aufgemerkt, für seine Wittelsbacher das weiß-blaue Rautenwappen, das sich die Grafen von Bogen Mitte des 12. Jahrhunderts zugelegt hatten. Damals hatte es im ganzen Land immer viele Ritterkämpfe und Turniere gegeben, allerdings merkten sie irgendwann, dass man vor lauter Rüstung ja nicht den Ritter darunter erkennt, ein Eisen aussieht wie das andere und man am Ende vielleicht den eigenen Mann und ganz den Falschen umsäbelt. Deswegen beschlossen die verschiedenen Adels- und Rittergeschlechter, zur besseren Erkennung Wappen auf ihre Schilder zu malen.

So etwas wie der Vorläufer der Fußballtrikots. Anpfiff, die Ritter von Bogen reiten von links nach rechts mit den weiß-blauen Schildern. Ob es damals bei zufälliger Farb- und Formgleichheit der Kombattanten bei den Wappen auch Auswärtsschilder zur besseren Unterscheidung gab, das ist nicht überliefert, auch nicht, warum gerade eine Raute, Historiker vermuten, das habe sich durch derart zur Verstärkung angeordnete Eisengitter ergeben.

So wurde das weiß-blaue Wappen also zunächst das Markenzeichen der Wittelsbacher, dann, im 19. Jahrhundert, kam unter unserem Märchenkini Ludwig II. der Gedanke auf, Weiß und Blau auch als offizielle Landesfarben, als Symbol und Wappen Bayerns einzuführen.

In Artikel 1 der bayerischen Verfassung steht nun also gleich auch geschrieben: »Bayern ist ein Freistaat. Die Landesfarben sind Weiß und Blau.«

Weiß und Blau, offiziell die Farben von Bayern. Gefühlt die Farben vom Himmel auf Erden.

2. GRUND

WEIL DER LÖWE UNSER WAPPENTIER WURDE UND NICHT DAS BRÄUROSS

In der Münchner Residenz zeigten sie im Frühjahr 2015 eine bemerkenswerte Ausstellung zum bayerischen Wappentier, dem Löwen. Das war ein willkommener Anlass, zu hinterfragen, warum wir Bayern eigentlich ein Raubtier als identitätsstiftendes Urviech zum Symbol haben, das in früher Vorzeit mal zwischen Alaska und Peru herumstreunte, in Europa aber nicht weiter als bis zum Balkan kam und kurzzeitlich ein knurrendes Gastspiel auf der Iberischen Halbinsel gab, bevor es sich auf die afrikanische Savanne spezialisierte und partiell noch im indischen Bundesstaat Gujarat tummelt.

Warum nicht ein Tier, das uns näher liegt. Warum flankieren nicht zwei goldene Rauhaardackel das gevierte Schild des bayerischen Staatswappens. Warum überreicht der bayerische Ministerpräsident erfolgreichen Olympia-Sportlern des Freistaats nicht eine Porzellan-Kuh? Warum streicheln die Passanten in der Residenzstraße immer aus reinem Aberglauben nicht die Schnauzen von Berggämsen? Weshalb hat die gute alte Bavaria auf ihrem Denkmal am Rande der Theresienwiese nicht einen Rothirsch als Begleiter unterhalb ihres rechten Ellenbogens? Vielleicht weil der mit seinem Geweih ihren Arm auf die Hörner genommen hätte? Und warum turnte in der bayerischen Rundfunkwerbung der 1970er- und 1980er-Jahre nicht ein Wolpertinger herum? Warum muss es immer und immer wieder in allen Fällen ein Löwe sein?

Nun, der Löwe an sich ist von Haus aus ein Symbol der Stärke, man nennt ihn ja auch den König der Tiere, und deswegen so etwas wie der Spitzenreiter in der Rangfolge der beliebtesten Wappenviecher aller Zeiten. Die Finnen und die Holländer, die Togolesen und Tadschiken, Belgier, Luxemburger, Tunesier, der Löwe darf nirgendwo fehlen, er hat so auch in den heraldischen Hitparaden die Führungsposition noch vor dem Adler inne. Tatsächlich ist der Löwe natürlich in freier Wildbahn ein ziemlicher Angeber, er macht nur auf starker Macker, in Wahrheit ist er aber eine recht faule Socke, ein Pascha, der sich gern bedienen lässt und den Frauen die Arbeit überlässt.

Sich aufmandeln, laut brüllen, letztlich aber nicht viel dahinter. Das hat man gern.

Der Löwe kam jedenfalls Anfang des 13. Jahrhunderts nach Bayern. So ungefähr in der Zeit, in der sich auch die weiß-blaue Raute (siehe Grund 1) allmählich etablierte. Als der bayerische Herzog Ludwig als einer der ersten mächtigen Wittelsbacher mit der Pfalzgrafschaft bei Rhein belehnt wurde, übernahm er das Symbol jener Pfalzgrafen in sein Wappen und vererbte es fürderhin über Generationen weiter.

Im 16. und 17. Jahrhundert gar hatten die Herrschenden einen so großen Gefallen an den Bestien, dass sie gleich als lebende Exemplare als Signum der Macht herhalten mussten. Im Tiergehege von Herzog Wilhelm V. etwa tollten nicht nur Affen und Krokodile, sondern auch Löwen. Der Augsburger Patrizier Philipp Hainhofer schrieb darüber anno 1614: »Gleich vor dem Hof draussen hat es ein hauss, darinn ein schöner grosser Löw und Löwin, die speiset man täglich mit 22 pfund rindflaisch …«[1]

Später sah man lebende Löwen nur noch im Tierpark Hellabrunn, ansonsten mehr als Gipsköpfe, Porzellanfiguren oder als Bronzeguss – und auch noch in anderen Wappen. Beim TSV 1860 etwa, der anfangs noch die vier »f« im Vereinslogo hatte, was nach Turnvater Jahn so viel heißen sollte wie »frisch, fromm, fröhlich, frei«. Im Jahre 1911 aber wurde der Löwe ins Vereinswappen aufgenommen, man fühlte sich stark wie noch nie, ein Löwe sollte Mut symbolisieren, Ausdauer, Tapferkeit.

Dumm nur, dass zu jener Zeit auch schon die Brauerei Löwenbräu ein sehr ähnlich anmutendes Tier im Wappen führte, und so gab es schon 1914 großen Ärger wegen drohender Verwechslungsgefahr. Nicht dass die Münchner am Ende aus Versehen eine Mass 1860 bestellten und im Stadion den TSV Löwenbräu anfeuerten.

Letztlich wurde man sich einig, der Bierlöwe trägt seitdem seine beiden gekreuzten Schwanzhälften hoch erhoben, bei den Sechzgern hängt er schlapp nach hinten ab. Etwas kraftlos. Was aber auch sehr gut passt zu den Mittelmaß-Fußballern zu Beginn des 21. Jahrhunderts.

Freilich stellten viele kluge Denker den Löwen auch infrage, Karl Valentin etwa (siehe Grund 67), einer der größten Humoristen Münchens. In einem wunderbaren Dialog mit seiner kongenialen Partnerin Liesl Karlstadt hinterfragte Valentin die Berechtigung des Löwen in der bayerischen Symbolik. »Warum hat man da ausgerechnet an ausländischen wilden Löwen aus Afrika dazua gnommen? A Bräuross hat doch mehr Kraft als wia a Löw.«[2] Valentins schlussfolgerndes Fazit: »Spannens amal zwei Löwen vor einen Bierwagen an, ob die den Wagen über einen Berg ziehen können?« Eine nicht unberechtigte Überlegung, denn das würde ja für den Pascha der Wildnis schon wieder in Arbeit ausarten.

Mittlerweile hat sich der Löwe ganz gut gehalten, so in 200 Jahren feiert er sein Tausendjähriges, und wer behauptet, der Löwe in unserer jetzigen Epoche sei ein angestaubtes und überholtes Fossil, längst nicht mehr zeitgemäß, nicht peppig genug, der liegt völlig falsch, denn gerade zur Schickimicki-Hochburg München passt er ganz hervorragend, zum Jetset, der überkandidelten und sich aufplusternden High-Society-Szene.

Zu den Salonlöwen.

3. GRUND

WEIL DIE BAYERNHYMNE BEIM BESUCH DER QUEEN FAST EINE STAATSKRISE AUSLÖSTE

Natürlich hat Bayern auch eine eigene Hymne, das ist eine Selbstverständlichkeit bei einem Land, einem Staat, manche sagen auch, bei einer Nation wie der unseren. Die Hymne ist Teil der bayerischen Identitätsfindung, Grundschulkinder müssen sie in der dritten, spätestens der vierten Klasse auswendig können, und im Bayerischen Rundfunk und Fernsehen ist sie seit jeher als Rausschmeißer bei Sendeschluss zu sehen und zu hören. Man entkommt ihren Klängen also nicht.

Eine an und für sich wohlklingend harmonische Melodie in G-Dur, die aber ab und an für viel kakofonischen Missklang sorgte – und einmal fast sogar eine handfeste deutsch-bayerische Staatskrise auslöste.

Im Dezember 1860 war es, da ertönte das Lied zum ersten Mal, zur Melodie von Konrad Max Kunz, dem damaligen Chordirektor am Münchner Nationaltheater, und mit dem Text von einem Lehrer und Schriftsteller namens Michael Öchsner, der ging so: »Gott mit dir, du Land der Bayern / deutsche Erde, Vaterland! / Über deinen weiten Gauen / ruhe Seine Segenshand! / Er behüte deine Fluren / schirme deiner Städte Bau / Und erhalte dir die Farben / Seines Himmels, weiß und blau!«

Nach 1945 hieß es dann zunächst »Heimaterde« statt »Deutsche Erde«, eine Version, die auch Mitte der 1960er-Jahre Ministerpräsident Alfons Goppel empfahl. Jener Goppel, der mit der Hymne den deutschen Bundespräsidenten einmal mächtig in Rage brachte.

Es geschah beim Staatsbesuch der Queen im Mai 1965. Als Elizabeth II. mit ihrem Mann Prinz Philip in einem Sonderzug in den Münchner Hauptbahnhof einrollte, ließ Goppel zur Begrüßung das Bayernlied spielen – ein provokanter Affront gegen Bundespräsident Heinrich Lübke, der der bayerischen Staatsregierung genau das untersagt hatte. Lübke soll daraufhin mächtig getobt haben.

Würden die Bundesrepublik Deutschland und der Freistaat Bayern diplomatische Beziehungen unterhalten, man hätte in Bonn mit Sicherheit den bayerischen Botschafter einbestellt.

Elizabeth bekam die Hymne übrigens gleich noch ein zweites Mal serviert, am Abend beim Besuch der Staatsoper, der allerdings etwas eigenartig ablief.[3] Vor Aufführungsbeginn des *Rosenkavaliers* von Richard Strauss bedachte das Publikum unten im Parkett Ihre Majestät oben in der Loge mit stehenden Ovationen. Landesvater Goppel allerdings bezog den Applaus auf sich, stand auf und verneigte sich so tief nach vorne über die Brüstung, dass er der Königin seinen Hintern ins Gesicht streckte. Dazu erklang dann die Bayernhymne.

Gott mit dir, du Land der Bayern.

Besser gepasst hätte in dieser Situation: *God Save the Queen.*

1980 sollte die Bayernhymne dann wieder im Einklang mit der bundesdeutschen Befindlichkeit erschallen, Franz Josef Strauß dichtete die »Heimaterde« wieder in die »Deutsche Erde« um, warum er das tat, war nicht schwer zu erraten, Strauß kandidierte damals für die Kanzlerschaft. Die neue alte Vertextung nützte ihm freilich wenig, das Volk interessierte die Verszeile der Bayernhymne so viel wie ein umgefallener Kartoffelsack in Bad Tölz. Strauß verlor die Wahl.

Zwei Jahre später veröffentlichte dann übrigens die Biermösl-Blosn ihre eigene Version des Bayernlieds als stattliche Breitseite gegen Bayerns führenden Agrarkonzern: »Gott mit dir, du Land der BayWa / deutscher Dünger aus Phosphat / über deinen weiten Fluren / liegt Chemie von fruah bis spaat.«

Es wurde dann aber nicht diese, sondern doch wieder die Originalversion gesungen, 2006, als der Ratzinger noch Papst war und auf Heimatbesuch nach München kam, Ratzinger sang damals auf dem Marienplatz übrigens gut vernehmbar »Heimaterde, Vaterland«, was bei hiesigen Brauchtumskundlern gleich wieder eine hitzige Debatte auslöste.[4]

Nicht mehr miterleben durfte den 150. Geburtstag der Bayernhymne übrigens Rudi Hierl. Der Hierl Rudi war ein Charaktertyp, Münchner Stadtrat, genau genommen, war er der Münchner Stadtrat schlechthin. Lange Jahre war er Alterspräsident im Münchner Rathaus, gefühlt war er das sein ganzes Leben lang. Berühmt wurde er vor allem deswegen, weil er keine Gelegenheit ausließ, kleine Visitenkarten mit der Bayernhymne zu verteilen – für alle, die nicht ganz textsicher waren, darunter auch einige lokale Politgrößen, die verschämt auf die Spickzettel schauen mussten, um sich nicht als ganz hymnenunkundig zu entblößen, es hieß, in seinem Leben habe der Hierl Rudi so an die halbe Million Zettel verteilt.

Im Februar 2010 starb der Hierl Rudi, er wurde fast 89 Jahre alt, und als sich die Menschen in der überfüllten Heimpfarrei St. Benno von ihm verabschiedeten, da spielten die Münchner Dombläser natürlich noch einmal das Bayernlied.

Seit 2013 erinnert an ihn auch der Rudi-Hierl-Platz am Beginn der Schleißheimer Straße. Es ist kein großer Platz, aber ein schöner kleiner Flecken Erde. Heimaterde.

4. GRUND

WEIL MIA MIA SAN

Wie absurd es aussah. Und wie großartig es klang. Im Mai 2013, in der Münchner Philharmonie.

Lorin Maazel stand vorne am Pult, Maazel der große Dirigent, er trug ein rot-weiß gestreiftes Trikot des FC Bayern, das sich ein wenig über den Bauch spannte. Vor ihm saßen die Orchestermusiker, auch sie waren entsprechend gekleidet, mit Shirts und Mützen, oben bei den Chorsängerinnerin und Chorsängern wedelte eine junge Frau in der letzten Reihe mit der Fahne, andere trugen Schals, an die Wände hatten sie Bayern-Fahnen gehängt. Es wirkte alles sehr sonderbar und eigen, unkonventionell und unerwartet und nicht für jedermann begreifbar, kurzum, irgendwie sehr münchnerisch.

Das Finale der Champions League stand an, Bayern gegen Dortmund in Wembley, die Bayern hatten etwas gutzumachen, im Jahr davor das verlorene Finale zu Hause gegen Chelsea, die Mutter aller Niederlagen, ein Albtraum. Das Endspielderby gegen die Borussen mobilisierte – mit Ausnahme der Sechzger-Fans – ganz München, eben auch die Kulturszene. Für einen Videoclip interpretierten Maazels Münchner Philharmoniker die Bayernhymne (siehe Grund 3), dichteten die Textzeilen um und kulminierten in dem Fazit: »Holt den Henkelpott nach München, Stern des Südens. Mia san mia.«

Da war er dann wieder. Der Spruch. Mia san mia. Symbolhafter Leitspruch für den FC Bayern und auch für das Land Bayern und seine Menschen an sich. Drei Wörter, neun Buchstaben. Ausdruck eines unerschütterlichen, über Generationen eingepflanzten Selbstbewusstseins. Uns kann keiner. Ist doch egal, was die anderen denken und sagen und tun und machen. Und wenn sie uns das als Arroganz auslegen, als Hochnäsigkeit. Dass sie uns vorwerfen, dass wir uns als etwas Besseres fühlen.

Ist uns aber wurscht. Einerlei. Na und? Was stört es den bayerischen Maibaum, wenn sich die preußische Wildsau dran kratzt.

Das ist der Grund, warum man die Bayern manchmal nicht mag. Macht uns aber auch nix.

In den vergangenen Jahren freilich war zu beobachten, dass die Redewendung »Mia san mia« in einer quantitativ gesehen nachgeradezu inflationären Nutzung Verwendung fand, so, dass man sie selbst als einheimischer Muttersprachler fast schon über hatte und man sich nach einiger Zeit auf der Suche nach der Entstehungsgeschichte auch nach dem Ursprung der Phrase fragte. Woher stammt das eigentlich, das »Mia san mia«? Wer hat's erfunden? Die Antwort ließ einen Stein und Bein gefrierend und erschüttert zurück. Es waren die Österreicher.

Die älteste Überlieferung hinsichtlich einer bekundeten Überzeugung, eh allen überlegen zu sein, ist zu finden am Rand einer Pergamenthandschrift, die ein bayerischer Mönch um das Jahr 800 verewigt hat. »Stulti sunt Romani, sapientes sunt Paioari«, schrieb er da, übersetzt hieß das so viel wie: »Depperte Römer, g'scheite Baiern.«

Als eigentümlicher Stamm zwischen Donau und Alpen galten die Baiern als rüpelhaftes und grobholziges Bauernvolk, mit dem ein Umgang eher zu vermeiden sei. Es hieß, sie seien »ein wenig grob leut und nit seer ein höflich volck, sunder grober sitten und sprach«.[5] Das war um das Jahr 1600. Gut 400 Jahre später hat sich an diesem Weltbild vom Bayern per se nicht viel verändert.

Die Bayern taten freilich auch das ihre, diese stereotypen Vorstellungen voll und ganz zu bedienen, man präsentierte sich dem Urlauber aus den nördlichen Gefilden des Landes so, wie ihn der Gast eben auch gerne sehen wollte. Ein bisserl provinziell, fremd, eigentümlich. Hinter vorgehaltenem Fäustchen lachten sich die Einheimischen freilich in selbiges, denn auf den Trick, sich genau so zu zeigen und nicht anders, fielen so viele Preußen rein, dass sie nirgendwo sonst ihr Geld so bereitwillig und freudig hinauswarfen und hier bei uns in Bayern beließen. Und das Allerbeste war obendrein, dass sie ja gleich nach dem Urlaub wieder heimfuhren und uns wieder in Ruhe ließen, besser hätt's nicht sein können.

Aber zurück zum »Mia san mia«.

Denn tatsächlich, so fand eine Redakteurin des Bayerischen Wörterbuchs einmal heraus, brauchen wir Bayern uns darauf eigentlich gar nicht so viel einzubilden. Denn die Floskel stammt tatsächlich aus Österreich!

So wurde in der Zeitschrift *Wiener Studien* im Jahre 1891 der Gesang des k.-u.-k. Hoch- und Deutschmeister Regiments Nr. 4

zitiert mit den Worten: »Mir san mir – von Numero vier – allaweil stier.« Stier heißt so viel wie ohne Geld, pleite, mittellos. Zumindest das kann man vom FC Bayern nicht behaupten.

Und wem das als Beleg zur Herkunft noch nicht reicht, dem sei noch das alte Wiener, dem Stephansdom gewidmete Volkslied ans Herz gelegt, in dem die Zeile erscheint: »Der Weana … schreit: Mia san mia.«

Aber dass unsere lieben Nachbarn aus Österreich das erfunden haben. Sollen sie. Ist uns wurscht. Sie wissen ja, mia san mia.

5. GRUND

WEIL WIR DIE ZWIEBELTÜRME DEM ISLAM ZU VERDANKEN HABEN

War eine große Debatte, 2010. Ob der Islam, wie Bundespräsident Christian Wulff damals meinte, zu Deutschland gehöre. Ob er Bestandteil unserer Kultur sei, unserer Gesellschaft. Das sorgte im ganzen Land für Diskussionen. Auch in Bayern.

Dabei braucht man in Bayern freilich darüber gar nicht groß zu argumentieren, entbehrt doch die Diskussion hier jeglicher Grundlage. Denn genau genommen ist der Islam schon seit vielen Jahrhunderten Bestandteil der bayerischen Kultur, auch wenn es kaum einer weiß. Oder wer denkt angesichts der für diesen Landstrich so charakteristischen Zwiebeltürme auf den Gotteshäusern schon an den Propheten Mohammed. Tatsächlich aber stammt das Vorbild für diese klassischen Wahrzeichen der südbayerischen Kirchenarchitektur aus dem Islam – vom Jerusalemer Felsendom. Man könnte sagen, der Islam ist uns Bayern schon früh aufs Dach gestiegen.

Der Blick Richtung Süden, im Hintergrund die Gipfel der bayerischen Voralpen, rechts die Zugspitze, links der Wendelstein, davor saftige Wiesen, versprengt vereinzelte Bauernhäuser und mittendrin eine schöne Barockkirche mit dem obligaten und unverzichtbaren Zwiebelturm. Tausendfach fotografiertes Postkartenidyll, realbajuwarischer Oberlandkitsch.

Der Münchner Publizist und Kunsthistoriker Wilhelm Hausenstein (1182–1957) nannte die Zwiebeltürme einmal »eine Synthese aus der Bewegung ins Übersinnliche und dem Verharren in den Wölbungen des Sinnlichen«[6]. Diese bauchig üppige und wohlgenährt anmutende Form passte auch gut in dieses opulent Überbordende, das Prachtgeprotze und Prunkgeklotze der Barockzeit. Dabei waren die ersten Zwiebeltürme aber auf bayerischem Boden schon davor in der ersten Hälfte des 16. Jahrhunderts zu sehen, in der Renaissancezeit – bei der Münchner Frauenkirche.

Geweiht 1494, hatte die Frauenkirche die ersten 30 Jahre lang zunächst nur zwei kleine Plattformen als oberen Abschluss der Türme. Auf ihnen standen zeitweilig sogar Kanonen zur Verteidigung Münchens, zur Zeit des Landshuter Erbfolgekriegs. Erst 1525 setzte Lukas Rottaler den beiden Türmen ihre Zwiebelmützen auf, so wie es der schon 1488 verstorbene Baumeister, Rottalers Lehrer Jörg von Halspach, gewünscht hatte. Eine Turmspitze, wie man sie etwa von der Kirche Madonna dell' Orto im Norden von Venedig kannte, rund und bauchig – und weil man die Italiener damals als die »Welschen« bezeichnete, hießen die Münchner Frauenturmspitzen fortan auch die »welschen Hauben«.

Von Halspach aber hatte kurz vor seinem Tod bei der Planung der Turmkugeln auch das Buch *Peregrinatio in terram sanctam* (Pilgerreise in das Heilige Land) gelesen, ein spektakulär illustrierter Bildband des Mainzer Klerikers Bernhard von Breidenbach über seine Visite im Orient. Jener Breidenbach war damals vor allem von der Architektur des Jerusalemer Felsendoms hellauf begeistert, er hielt dieses grandiose Bauwerk, wie dem Buch zu entnehmen ist, für den Tempel Salomons. Doch hier lag der eifrige Reisereporter sauber daneben. Denn tatsächlich war und ist der Felsendom ja eine Moschee, ein Heiligtum der Muslime, erbaut Ende des 7. Jahrhunderts, von hier aus soll Mohammed in den Himmel gefahren sein. Das war aber weder offensichtlich Breidenbach bewusst noch dem Herrn von Halspach.

Bald nach der Errichtung der beiden Münchner Turmkuppeln jedenfalls, mit dem Beginn des Barock, gab es bei den Baumeistern kein Halten mehr, nach dem Vorbild der Frauenkirche setzten sie den Gotteshäusern im ganzen schönen Oberbayern einen Zwiebelturm nach dem anderen auf und erschufen damit ein für hier so typisches Charakteristikum, das heute nicht mehr wegzudenken ist. Letztlich sind unsere Zwiebeltürme doch nur ein jahrhundertealtes, wenn auch unbewusstes Beispiel für die wunderbare Koexistenz der Konfessionen in diesem wunderbaren Land. Geht doch.

Gott sei Dank.

6. GRUND

WEIL DIE BAYERN DIE BESTEN BETER VOR DEM HERRN SIND

Vom Baumgartner Pepperl gibt es eine schöne Geschichte. Josef Baumgartner, die Älteren werden sich noch an ihn erinnern, war ein bayerischer Nachkriegspolitiker und ein Mitbegründer der CSU. Baumgartner stammte aus einfachem Haus, aus einer Bauernfamilie aus Sulzemoos nahe Dachau; als er zehn war, legten sich seine Eltern bereits darauf fest, dass er einmal ein Geistlicher werden sollte. Doch Baumgartner zog es nicht zum Klerus, mehr in die Politik, und als er es dann wirklich in Amt und Würden geschafft hatte und dann im Oktober 1945 zum bayerischen Landwirtschaftsminister ernannt worden war, sagte seine alte Mutter nur: »Ja mei, Bua, das is alles recht und schön – aber wennst ein Pfarrer geworden wärst, nachher wärst halt was Gescheits!«[7]

Als Pfarrer warst du einfach mehr wert denn als Politiker, so war das in Bayern schon über Generationen, Pfarrer war ein fast so angesehener Beruf wie der des Dorfwirts. Über Jahrhunderte hinweg war der Katholizismus, war die Kirche immer mehr in die bayerische Gesellschaft hineingewachsen, so sehr, mag es auch ein für Fremde vielleicht unerklärbares Paradoxon sein, dass selbst viele der überzeugtesten Atheisten und vehementesten Kritiker der Institution Kirche ein wärmendes Gefühl beschleicht, wenn sie an einem Sonntagmorgen das weithin hallende Glockengeläut einer Kirche vernehmen, und das Leben für sie in Bayern ohne einen Kirchturm genauso undenkbar wäre wie ein Dasein ohne Berge, so schrecklich wie eine Isar ohne Wasser.

Nach all den Krisen der darauffolgenden Jahrzehnte aber, der zunehmenden Entfremdung der Gesellschaft von der Kirche an sich, nach all den Skandalen und Enthüllungen im Urbi et Orbi des klerikalen Katholizismus und der damit einherschreitenden Tendenz zur individuellen Säkularisation, wäre es naheliegend gewesen, zu meinen, auch die Menschen in Bayern seien, Himmel hilf, allmählich vom Glauben abgefallen.

Weit gefehlt, denn wie eine Studie im Frühjahr 2015 ergab, sind die Bayern immer noch die Frommsten. Das Meinungsforschungsinstitut Emnid hatte sich umgehört und im Auftrag des Magazins *Reader's Digest* 1.003 repräsentativ ausgewählte Personen in der ganzen Republik befragt, das Ergebnis: Mehr als die Hälfte aller Bundesbürger, nämlich 56 Prozent, halten regelmäßig Zwiesprache mit Gott – aber nirgendwo mehr als in Bayern, dort sind es nämlich mit 68 Prozent mehr als zwei Drittel, wohingegen sich der Ostdeutsche eher als Muffel outete, dort gaben 66 Prozent an, den lieben Gott niemals um Hilfe zu bitten. Dann halt nicht.

Auf seine Bayern kann sich der liebe Gott also weiterhin verlassen. Der liebe Gott, so heißt es, sei bei der Erschaffung der Welt ja schon fast fertig gewesen, als ihm siedend heiß einfiel, dass er ganz vergessen hatte, noch das Paradies miteinzubauen. Glücklicherweise hatte er noch einen einzigen freien Platz übrig, weshalb ihm auch gar nichts anderes übrig blieb, als genau dorthin, in das bis dahin vakante Bayernland, seinen Garten Eden zu verpflanzen. So wurde Bayern das Paradies auf Erden.

Ob es ihm die Menschen hier deswegen heute noch danken? Und ob der Glaube für jetzt und in alle Ewigkeit erhalten bleibt? Weiß der Teufel.

7. GRUND

WEIL WER KO, DER KO

Zu den Klassikern der bayerischen Redensarten zählt neben dem an vorangegangener Stelle bereits detailliert erläuterten »Mia san mia« (siehe Grund 4) auch das in seiner Bedeutung wesensverwandte und eine gewisse Überlegenheit dem Gegenüber ausdrückende »Wer ko, der ko«, also wörtlich übersetzt »Wer kann, der kann«. Das klingt zunächst einmal sehr ähnlich, wahrhaftig aber entpuppt sich aber allein schon aufgrund seiner Entstehungsgeschichte letztgenannter Ausdruck als der von Grund auf aufbegehrendere und rebellisch anarchistischere von beiden. Impliziert nämlich ein »Mia san mia« neben dem Selbstverständnis auf einen gewissen Status, auf dem man sich von Haus aus qua Herkunft und per Geburtsrecht als unantastbar erfolgreich und auf Dauer von der Sonne beschienen wähnt (FC Bayern, CSU, der Bayer an sich), auch eine gewisse diskriminierende Ausgrenzung derer, die man nicht nur für deutlich unterlegen hält, sondern die es, objektiv durch die weiß-blaue Brille betrachtet, natürlich auch sind (Borussia Dortmund, SPD, der Preuße an sich), hat das nun nachfolgend näher zu erklärende »Wer ko, der ko« mehr noch eine gewisse Aufmüpfigkeit an sich, drückt es eine gewisse hinterfotzige Schlitzohrigkeit gegenüber dem Establishment aus.

Wer ko, der ko, und das kam so.

In München lebte in der ersten Hälfte des 19. Jahrhunderts ein gewisser Franz Xaver Krenkl. Krenkl war ein Niederbayer und ein

Pferdehändler. Er hatte englische und ungarische Rösser, das waren damals die besten, und so verwunderte es auch nicht, dass er bei den Pferderennen, die zu jener Zeit noch die Hauptattraktion auf dem Oktoberfest waren, auch immer einen Preis nach dem anderen abräumte. So straff wie er bei seinen Pferden die Zügel in der Hand hielt, so lose war sein Mundwerk, das bekam eines Tages auch Seine Majestät, der König zu spüren. Ludwig I. war da gerade in seiner Kutsche durch den Englischen Garten unterwegs, und es war natürlich jedermann bewusst, dass es sich nicht ziemte und auch gar nicht gestattet war, den König zu überholen – als plötzlich der Krenkl auf einem seiner Pferde von hinten angetrabt kam und an des Monarchen Kutsche vorbeiritt.

Der König war außer sich, er sprang aus seinem Sitz auf und zürnte: »Weiß Er nicht, dass das Vorfahren verboten ist?«, doch da drehte sich Krenkl nur um, grinste recht breit und rief zurück: »Wer ko, der ko.« Dann trabte er weiter.

Beim nächsten Oktoberfest übrigens, so geht die Überlieferung, wollte Krenkl nach einem Rennen gerade von der Theresienwiese davonreiten, als ihm die Bürgerwehr den Weg versperrte. Denn auch der königliche Tross hatte sich gerade angeschickt, die Wiesn zu verlassen. Notgedrungen musste Krenkl warten, da kam der König in seiner Kutsche vorbeigerollt. Genüsslich schaute Ludwig I. zu ihm herüber und sagte süffisant: »Krenkl, wer kann, der kann.« Wer Kini, der kontert.

Krenkls Spruch jedenfalls ging als geflügelte Redensart in den bayerischen Sprachduktus ein, seit 1990 verleiht dazu die Münchner SPD den alljährlichen Krenkl-Preis, um Menschen für ihren kritischen Geist und ihre Zivilcourage zu ehren. Preisträger waren unter anderem Schauspieler und Liedermacher wie Michael Lerchenberg, Konstantin Wecker und Hans Well von der einstigen Biermösl-Blosn.

Sich selbst würde die SPD am liebsten auch einmal den Preis verleihen, nach einem triumphalen Sieg bei den Landtagswahlen über die Schwarzen. Aber da droht der CSU keine Gefahr. Eher fließt die Isar von der Donau ins Karwendel aufwärts und geht die Sonne im Westen über Schwaben auf und im Osten hinter Salzburg unter.

Ist auch ganz einfach. Wer ko, der ko. Und wer ned, der eben ned.

8. GRUND

WEIL DER FÖHN IMMER DIE BESTE AUSREDE IST

Das Schönste und Lyrischste, was je über den Föhn einmal geschrieben wurde, stammt von Hermann Hesse. »Es gibt nichts Seltsameres und Köstlicheres als das süße Föhnfieber«, schrieb der große Literat, »das ist der Süden, der sich dem spröden, ärmeren Norden immer wieder stürmisch und lodernd an die Brust wirft und den verschneiten Alpendörfern verkündet, dass jetzt an den nahen purpurnen Seen des Welschlands schon wieder Primeln, Narzissen und Mandelzweige blühen.«

Wahrlich, der Föhn ist ein sonderbares Phänomen, sozusagen ein Föhnomen, und zwar ein für die weiß-blaue Existenzberechtigung unabdingbares. Unverzichtbar. Gehört dazu wie der Senf zum Leberkäs, die Brezn zum Biergarten, der Nepp zur Wiesn. Man sollte einmal eine etymologisch-meteorologische Studie in Auftrag geben, mit dem Forschungsziel, wie sich der Menschenschlag in unserem schönen Bayernland ohne Föhn entwickelt hätte, also rein evolutionsmäßig. Das Ergebnis wäre vermutlich ernüchternd und würde zu der Erkenntnis führen, dass letztlich nur der Föhn dazu beitrug, dass sich das unerschütterliche, durch ein stolz zur Schau getragenes Mia-san-mia-Gehabe demonstrierte Selbstbewusstsein so etablieren konnte wie es das letztlich tat.

Föhnlos wären wir vermutlich nur ein Haufen verschreckt labiler Hypersensibelchen, mehr so empfindsam orientierungsloser Waschlappen-Psychos. Ohne Föhn würden wir den Halt verlieren und nicht mehr weiterwissen und wären sauber aufgeschmissen. Der Föhn nämlich hilft in allen Lebenslagen, denn schuld an allem ist er sowieso, immer und überhaupt. Der Föhn ist eine Ausrede, die immer zieht.

Es wird hier vermutlich schon zu Steinzeitzeiten so gewesen sein, wenn die Frau ihren Gatten in aller Herrgottsfrüh zum Jagen aus der Höhle schicken wollte und der von einer langen durchzechten Nacht mit seinen Schafkopffreunden und etlichen Weißbieren gezeichnete Mann mit einem erleichterten Blick aus dem Fenster in den von weißen Wolkenschlieren durchzogenen blauen Himmel stierte und seinem Höhlendrachen schulterzuckend als Begründung für seinen maladen Zustand und seine Kopfschmerzen erwiderte, Keule und Axt müssten heute im Schrank bleiben: »Heut ned. Heut hamma an Föhn.«

So zog sich das durch die Jahrtausende durch, der Föhn musste immer herhalten. Genau genommen kann er einem fast leidtun, dass er immer als abgestempelter Sündenbock herhalten muss, andererseits wird er das gerne in Kauf nehmen, denn gar so schlecht hat er es nicht, der Föhn. Denn immer dann, wenn sich südlich vom Brenner ein Tiefdruckgebiet an den Südtiroler Bergen ausgetobt und abgeregnet hat, dann bekommt er das Zeichen, als warmer stürmischer Fallwind mit mächtig Tempo und sicher einigem Adrenalin die Berghänge hinab über das pittoreske bayerische Voralpenland zu pfeifen, ganz langsam abzubremsen und sich irgendwo im Münchner Norden dann in Luft aufzulösen. Das macht aber auch nichts, denn weiterzuwehen rentiert sich nicht, dahinter kommt bald eh nur Franken und Schwaben, da muss man nicht hin.

Vielleicht mag man in seinem nächsten Leben als ewiger Föhn geboren werden, das ist gar keine schlechte Idee. Das Leben als Föhn, das muss eine ziemliche Gaudi sein.

Jedenfalls haben schon viele große bayerische Geister dem Föhn die Schuld gegeben, wenn etwas nicht so lief, wie es sollte, Franz Beckenbauer etwa, unvergessen. Es war ein großartiger Herbsttag im Oktober 1976, die Berge im Süden von der Stadt aus gesehen wie immer bei einem Föhn wie diesem so nahe, dass man versucht war, die Hand auszustrecken, um sie berühren zu können, eine Versuchung, der man aber nicht erlag, sonst hätte man sich einer schönen Illusion beraubt. An jenem Samstag spielte auch der FC Bayern gegen Schalke 04, die Bayern hatten in diesem Jahr zum dritten Mal hintereinander den Europapokal der Landesmeister gewonnen, an diesem Nachmittag aber gingen sie schlimm unter, ganz schlimm, vernichtend, sie verloren 0:7.

Null. Zu. Sieben.

Es war die höchste Heimniederlage in der Bundesligageschichte des FC Bayern, viele andere hätten in verzweifeltes Wehklagen eingestimmt, Franz Beckenbauer aber, der Postlersohn aus Obergiesing, erklärte nur gelassen mit der ihm eigenen Münchner Stoik, dass es gar nicht anders möglich war: »Heut hamma an Föhn g'habt.«

Natürlich mag es gerade unter den Zuagroasten, also den aus dem Norden der Republik nach München und Bayern zugezogenen Neubürgern, Menschen geben, die behaupten, das mit dem Föhn, das sei viel Wind um nichts, und medizinisch und wissenschaftlich sei das ja gar nicht erwiesen, das mit dem verminderten Tatendrang und dem reduzierten Leistungsvermögen. Das belegt dann aber nur, dass sie vom Gespür hierzulande aber auch noch gar nichts mitbekommen haben. Das ist auch nicht persönlich gemeint, sie können auch gar nichts dafür, dass sie in solch einer Überzeugung denken, denn der lateinisch Favonius bezeichnete Föhn ist wohl angeboren, den muss man kulturell verinnerlicht haben.

Fortgeschrittene Föhnologen verweisen übrigens auch an Tagen auf den Föhn, wenn es gar keinen gibt, die Rede ist dann vom sogenannten »Favonius illusionis«. Ein klassischer Dialog geht dann etwa so. Sagt A: »Auweh, heut spür ich aber den Föhn.« Antwortet B: »Ja, aber heut is ja gar koana.« Meint A: »Des scho, aber ich spür ihn.«

Weitere Varianten sind der Föhn, der schon vor einigen Tagen oder Wochen übers Land blies, dessen Nachwehen aber eines Montagmorgens ganz individuell unvermittelt auftreten können, genauso wie die Vorboten des Föhns, der erst in ein paar Tagen zu erwarten ist, von dem man aber auch gar nicht weiß, ob er auch wirklich kommt. Das ist dann der Favonius Praeteritus beziehungsweise der Favonius Futurus Spekulatius.

Mehr fällt dem Autor dazu nicht ein. Tschuldigung. Muss am Föhn liegen.

9. GRUND

WEIL SIE HIER FEI ALLES ÜBER DAS WICHTIGSTE WORT IN BAYERN ERFAHREN

Im schier unerschöpflichen und tiefgründigen Fundus der bairischen Sprache gibt es ein Wort, das eine so immens multifunktionale Kompatibilität aufweist wie kein anderes. Ein Wort, das signifikant ist für das Bairische, für die Sprache ebenso wie die charakterliche Wesensart seiner Benutzer. Das Wort ist äußerst kurz, besteht nur aus drei Buchstaben und kann doch unter semantischen Aspekten in mannigfachen Varianten eingesetzt werden, um gleichzeitig mehrere Nuancen und verschiedene Zwischentöne hervorzuheben, die die deutsche Hochsprache zu leisten nicht imstande ist.

Einem einsilbigen Menschenschlag wie dem bayerischen kommt das gerade recht, wie ja auch schon der himmlische Petrus in dem wunderbaren Stück *Der Brandner Kaspar und das Ewige Leben* (siehe Grund 106) hinsichtlich der generellen Kommunikationsbereitschaft zur Differenzierung des Mitteilungsbedürfnisses der Volksstämme in Nord und Süd messerscharf erkannte: »Der Preuße spricht den Denkvorgang mit, der Bayer gibt nur das Ergebnis bekannt.«

Hier geht es nun nachfolgend um das wunderbare Wort »fei«, das die Hörer des Bayerischen Rundfunks 2004 auch gleich noch zu ihrem allerliebsten bairischen Wort kürten.

Die Herkunft des »fei« konnte bis heute nicht ganz genau geklärt werden, laut Dialektforschung könnte es aber vom lateinischen »finis« abstammen, also Grenze, Ende, eine Vokabel, die zu römischen Zeiten auch nach Gallien exportiert wurde und dann im 12. Jahrhundert von Frankreich auch nach Bayern hinüber. In dieser so gesehen ursprünglichen Bedeutung des Endlichen zum Zwecke, Grenzen aufzuzeigen, wird es hierzulande gerne benutzt in Sätzen wie »Des geht fei ned« oder »Des derfst fei ned macha«, als Verbotsform also. Beispielsweise wenn, wie einmal vor einigen Jahren in einer Lieblingsgaststätte im Isarwinkel geschehen, an Christi Himmelfahrt die Mitglieder der örtlichen freiwilligen Feuerwehr nach bemerkenswert viel Alkoholzufuhr innerhalb kürzester Zeit am späten Vormittag eine stattliche Wirtshausrauferei initiierten und sich dabei anschickten, auch die Heizkörper aus ihren Befestigungen an den Wänden zu reißen, um sie durch die Räumlichkeit zu schleudern, dann also kann die Wirtin durchaus Einhalt gebieten mit einem beherzten: »Des geht fei ned.«

Darüber hinaus kann »fei«, das meist im Zuge einer Betonung oder der Verstärkung einer Aussage zum Einsatz kommt, auch benutzt werden, um einem Hinweis, einer Verdeutlichung der gegebenen Umstände, auf freundliche und herzliche Art Nachdruck zu verleihen. Etwa wenn ein hungriger Wandersmann um zwei Minuten nach 18 Uhr an eine bereits geschlossene Landmetzgerei anklopft, der noch im Laden befindliche Inhaber daraufhin vehement die Türe aufreißt, dem potenziellen Kunden mit einem Fingerzeig auf das Schild mit den Ladenöffnungszeiten ein inniges »Da steht fei sechse« entgegenschmettert und die Türe wieder zuschmeißt.

Auch als Respektsbekundung ist das »fei« einsetzbar, spätestens seit den Zeiten eines Franz Josef Strauß gehört es an einem vernünftigen Wirtshausstammtisch zu mindestens jedem zweiten Sonntagsfrühschoppen, über einen bayerischen Ministerpräsidenten zu urteilen: »A Hund is er aber fei scho.« Das ist dann meist das wohlwollend resümierende Fazit zum Abschluss einer Diskussionsrunde, in der die jüngsten Mauscheleien und Machenschaften im herrschenden Politbetrieb tiefgründig erörtert wurden, Skandale und Schlitzohrigkeiten, bevor man ganz schnell seine Erleichterung kundtut, dass man aber doch diesen Regenten hat und keinen anderen. Das Wort »Hund« übrigens gilt im Bairischen durchaus auch als Ehrbezeugung und weniger als Schimpfwort und ist in diesem Zusammenhang, genauso wenig wie das Wörtchen »fei«, übersetzbar.

Zu sehen war das bei einer großen Story des britischen Magazins *The Economist* über Landesvater Seehofer, als der englische Autor das gerade über »King Horst« geläufige Zitat »A Hund is er fei scho« notgedrungen mit »Sure, he's a dog« übersetzte, damit aber des Pudels Kern nicht im Geringsten traf.

Des Weiteren eignet sich unser kleines Wörtchen aber auch hervorragend, um einer Drohung Nachdruck zu verleihen, wenn man etwa als Schulbub in der Pause von vier Burschen aus der Klasse gleichzeitig vermöbelt wird, dann zu sagen: »Des sog i fei meim grossn Bruada.« Das hilft immer und zeigt erfahrungsgemäß große Wirkung, bekommt das Rotzlöffelrudel darob kollektiv schlotternde Knie und erstarrt in Angst vor der drohenden Rache, viel mehr als bei einem »fei«-losen »Das sage ich meinem Bruder«, das ihnen nur ein müdes Lächeln abringt. Da kriegen sie fei Respekt.

Am allerschönsten und bezauberndsten aber klingt das Wort im Zusammenhang mit dem zweisam Zwischenmenschlichen. All die abgehalfterten uninspierten Floskeln wie »Ich liebe dich«, »I love you« oder »Je t'aime«, die jede Rose zum Verwelken bringt, bevor sie richtig aufgeblüht, all das ist nichts gegen ein Bauchflirren erzeugendes und den Verstand verschwurbelndes »I mog di fei«. Ein Liebesbeweis erster Güte, die Präambel zum Heiratsantrag, wo das

Gegenüber gleich Bescheid weiß: Der andere meint's verdammt ernst. Auch ein simples »I mog di« entfacht in seiner immanenten Unverbindlichkeit bei Weitem nicht diese determinierte Eindeutigkeit wie durch die empathische Ergänzung des Wortes »fei«.

Aber fei wirklich.

KAPITEL II

BRAUCHTUM

WEIL FRANZ JOSEF STRAUSS BEIM DERBLECKEN AUF DEM NOCKHERBERG PIROUETTEN DREHTE

Das Zweitschlimmste, was einem bayerischen Politiker jedes Jahr passieren kann, ist, wenn er beim Starkbieranstich am Nockherberg derbleckt wird. Noch viel schlimmer aber ist es für ihn, gar nicht erwähnt zu werden. Das ist die Höchststrafe.

»Derblecken« ist ein Wort, das sogar der Duden aufführt. Da steht:

»Der-ble-cken. Verspotten; spöttisch [und derb] kritisieren. Verhöhnend die Zunge herausstrecken, mundartliche Form von süddeutsch, schweizerisch veraltet zerblecken = die Zähne fletschen.«

Das Derblecken per se blickt, besser gesagt: bleckt, auf eine lange Tradition zurück. In Gasthäusern auf dem Land war es so, dass sich die Gäste, wenn sie bei der Tür hereinkamen, oft kleine Gemeinheiten anhören mussten. Das gehörte zum guten Ton dazu – Bayern ist eben ein wenig anders – und nannte sich Derblecken. »Hod er di aba wieda sauba derbleckt«, prosteten ihm dann seine Mitstreiter am Stammtisch zu, bevor man sich dem eigentlichen Sinn und Zwecks des Wirtshausbesuchs widmete, dem Konsum von reichlich Bier aus großen Krügen.

Der zu Derbleckende, der nach dem Derblecken ein Derbleckter ist, reagiert auch heute noch in der Regel mit einer gewissen Leichtigkeit auf die Frotzeleien, ein Derblecken in seiner wahren Form darf man nicht bierernst nehmen.

Auf dem Nockherberg haben das aber bis heute nicht alle Politiker verstanden.

Um das zu verstehen, was dort alljährlich so Ende Februar, Anfang März passiert, muss man etwas weiter ausholen. Anno 1634 erwarben die unterhalb des Bergs in der Au östlich der Isar angesiedelten Paulaner-Mönche die Lizenz zum Bierbrauen. In der

Fastenzeit zwischen Fasching und Ostern fiel ihr Bier nun immer ein wenig stärker aus, der Bruder Barnabas war es schließlich, der 1773 mit einer ultimativen Geheimrezeptur den berühmten Salvator kreierte. Anfang des 19. Jahrhunderts, im Zuge der Säkularisation, kam die Brauerei aus klerikalem in weltlichen Besitz, 1858 kaufte die Familie Zacherl als Inhaber dem gut betuchten Bankier Georg Nockher auf dieser Anhöhe sein Sommerschlösschen ab. Darum also der Name Nockherberg.

Schnell entstand die Idee, das Publikum auch mit kulturellen Veranstaltungen in den großen Bierkeller zu locken, Schauspieler und Gstanzlsänger, 1891 dann hatte der Volkssänger und Humorist Jakob Geis seinen ersten Auftritt im Rahmen des Starkbieranstichs. Es war die Geburtsstunde der Salvatorrede.

Bis es aber richtig zünftig politisch wurde, und auch die Mächtigen und Großkopferten verbal abgewatscht wurden, dauerte es bis nach 1945, der Volkssänger Roider Jackl, eigentlich Jakob Roider, machte den Anfang, 1953 war das. Zum größten und großartigsten Fastenredner wurde Walter Sedlmayr, einer der grandiosesten bayerischen Volksschauspieler, die ironischen Feinheiten seiner boshaften, aber nie verletzenden Gemeinheiten sowie die in kleinen Nebensätzen intonierten und pointierten Hinterfotzigkeiten sind bis heute unerreicht. Redenschreiber war bei Sedlmayer der Autor Hannes Burger, dem nicht ohne Grund eine zu große Nähe zur CSU nachgesagt wurde, und der einmal zugab, eine gewisse Beißhemmung dem ein oder anderen Politiker gegenüber gehabt zu haben. Aber da half dann auch Sedlmayr nach, er drängte Burger oft dazu, die Texte so umzuschreiben, bis sie ihm passten – und bis sich auch die bayerischen Schwarzen eine einfingen, wie sie es verdienten.

Aber wie sagte Redenschreiber Burger einmal trefflich: »Wir leben in Bayern, und da gilt: A Guada halt's aus, um an Schlecht'n is ned schad.«[8]

1986 etwa hatte Franz Josef Strauß beim Politischen Aschermittwoch in Passau über den damaligen SPD-Kanzlerkandidaten

Johannes Rau geätzt: »Dem Johannes Rau sind die Kanzlerschuhe um so viele Nummern zu groß, dass er sich dreimal darin umdrehen kann.« Kurz darauf konterte Sedlmayr bei der Salvator-Rede in Anspielung auf Strauß' Wahlniederlage gegen Helmut Schmidt 1980: »Auf dem Franz Josef Strauß sein Urteil verlass ich mich, weil der ja in dene Schuah auch schon amal Pirouetten gedreht hat.«[9]

Den wie so viele Oppositionsführer der bayerischen Sozialdemokraten in der Bedeutungslosigkeit stagnierenden Helmut Rothemund nannte Sedlmayr in einer Rede dreimal »Herr Dings«, woraufhin Rothemund erzürnt aufsprang und Sedlmayr humorlos als »Arschloch« titulierte. Aber auch CSU-Granden vertrugen den beißenden Spott nicht immer, der frühere bayerische Finanzminister Gerold Tandler etwa. Kaum hatte sich Sedlmayr höhnisch über ihn ausgelassen, schon bestellte Tandlers Frau für ihr Altöttinger Gasthaus das Paulaner-Bier ab. Und auch Münchens Oberbürgermeister Erich Kiesl reagierte ziemlich beleidigt, als er sich das Manuskript der Rede vorab besorgt hatte, einige Passagen für eine Majestätsbeleidigung hielt und daraufhin dem Starkbieranstich schmollend fernblieb. Das kam beim Volk freilich gar nicht gut an.

Die Polit-Größen aus Bonn und Berlin tauchten eher sporadisch auf. Angela Merkel kam 2000 ein Mal, zwei Jahre vor ihr ließ sich Gerhard Schröder blicken. Es war das Wahlkampfjahr 1998, da meinte er, das würde sich in Bayern gut machen, er, auf dem Nockherberg. Meistens schaute er rund um die Veranstaltung eher zwider, also grantig, mürrisch drein, ein eher übertrieben krampfhaft wirkendes Lächeln setzte er lediglich auf, wenn sich eine Kamera in der Nähe zeigte.

Das Niveau der Festreden und auch des stets im Anschluss folgenden Singspiels mit seinen Politikerdoubles schwankte mit den Jahren beträchtlich, manche Darbietungen erreichten mühelos ein bedenkliches Fremdschämpotenzial. Mit der ersten weiblichen Festrednerin, der Kabarettistin Luise Kinseher als Mama Bavaria, ging es wieder aufwärts, und auch das Singspiel stabilisierte sich unter der Regie von Marcus H. Rosenmüller immer mehr.

Den amüsantesten Auftritt seit langen Jahren auf dem Nockherberg hatte 2015 aber Gregor Gysi. Nicht sein Doppelgänger auf der Bühne, sondern er selbst. Nicht nur weil er nach stolzen zwei Maß Starkbier schon sichtlich angezwitschert nach der Veranstaltung in einer Talkrunde »Becher« zum Maßkrug sagte, und dies prompt unter den Twitter-Hashtags #Gysi #sternhagelvoll einige soziale Netzwerksrunden drehte – sondern weil er das alles erfrischend unernst nahm, sich selbst genauso wie die ihn flankierende und eher steife politische Konkurrenz um Anton Hofreiter, Markus Söder und Münchens OB Dieter Reiter. Als die Fraktionschefin der bayerischen Landtags-Grünen Margarete Bause erklärte, sie habe sich während der Derbleckerei im Festsaal wegen der folgenden Talkrunde nur Apfelschorle genehmigt und würde sich jetzt danach noch ein Bier genehmigen, lallte Gysi: »Sehen Sie, das habe ich schon vorher erledigt.«

Beim Zuschauen kam der Gedanke, dass das ganz unterhaltsam sein könnte, Gregor Gysi als Festredner am Nockherberg. Man müsste ihm nur vorher selbst kräftig einschenken.

11. GRUND

WEIL BAYERISCHE SENIOREN DIE BESTEN MAIBAUMDIEBE SIND

Den Wonnemonat Mai, wenn sich auf den Bergen die letzten Schneereste immer mehr hinauf in Richtung Felsgipfel zurückziehen und die Wiesen frisch machen, um allmählich ihr saftiges Grün anzusetzen, bevor sie ein paar Wochen danach von den gelben Pfingstblumen überzogen werden, diesen Monat Mai, die Zeit zwischen Ostern und Pfingsten, finden viele Menschen in Bayern die allerschönste Zeit in unserem allerschönsten Land. Endlich vorbei der Winter, der sich wieder einmal viel zu lange hinzog, der gefühlt schon im September davor begonnen hatte, sich über einen nasskalten November und eine wie immer viel zu wenig besinnliche Weihnachtszeit erstreckte, bis zu den unerwarteten und mächtig lästigen Kälteeinbrüchen in den Iden des März, an denen wie auch im launigen April noch unvermittelt einsetzende Schnee- und Graupelschauer kräftig aufs Gemüt drücken.

In dieser Zeit aber, Ende April hat man es geschafft und alles hinter sich und kann sich ganz entspannt den Freuden des lauen Lenzes widmen.

Wobei, von Entspannung kann in vielen ländlichen Gegenden Bayerns keine Rede sein. Da herrscht eher große Anspannung. Wegen des Maibaums.

Zu einer der beliebtesten bayerischen Sportarten gehört neben dem Finkerhakeln und dem Maßkrugstemmen nämlich auch das Maibaumstehlen, vor allem gerne auch bei den ortsansässigen Jugendlichen, die meist in einem Burschenverein organisiert sind. Für jeden Ort, der in Bayern etwas auf sich hält, ist der Maibaum, dieses bis zu 60 Meter hohe und gerne prächtig geschmückte Stangerl, ein Identität stiftendes Symbol, das in einer feierlichen Prozession unter den Klängen einer Blasmusikkapelle auf einem der beiden wichtigsten Plätze im Dorf aufgestellt wird, vor der Kirche oder beim Wirtshaus. Weil in Bayern Kirche und Wirtshaus aber gerne beieinander liegen, aus dem Grund, damit die Gläubigen nach der Sonntagsmesse nicht weit zum Frühschoppen oder Mittagessen haben, ist der Platz oft auch ein und derselbe.

Auf den eigenen Maibaum jedenfalls kann man stolz sein, umso schlimmer ist es deswegen, wenn er einem von den Bewohnern des Nachbardorfs gekrampfelt wird, wie man hier sagt, also gestohlen. Das ist eine schlimme Schmach, die dann zu allem Überfluss auch Hohn und Spott nach sich zieht, ein Jahr lang, bis zum nächsten Maibaum, mindestens. Nun verhält es sich dann aber auch so, wenn eine beklaute Gemeinde den Maibaum wieder zurückbekommen möchte, dass man ihn bei den Dieben auslösen muss, zu einem Preis, der aber nie finanzieller Natur ist, sondern mehr aus Sachwerten und Naturalien besteht. Ein Fass Bier und ein Spanferkel etwa, mehr in dieser Richtung.

In der langen Historie der Maibaumdiebstahlstradition gab es freilich auch einige kuriose Begebenheiten. Vielleicht lag es auch an der jugendlichen Unerfahrenheit, dass sich die Mitglieder des Burschenvereins Harthausen im Münchner Osten mehr oder minder den eigenen Ast absägten. Das war 1996. Zunächst war der Burschenverein aus dem Harthauser Nachbarort Grasbrunn bei der Feuerwache im Münchner Stadtteil Neuperlach eingestiegen und hatte einen Baum mitgenommen. Lange sollte er nicht in ihrem Besitz sein, denn schon kamen die Harthauser Burschen daher und klauten ihn ihrerseits den Grasbrunnern. Die Freude über den Coup freilich währte nicht lange, bald stellte sich nämlich heraus, das gute Stück war gar kein Maibaum, sondern der alte Christbaum vom Münchner Marienplatz, den die Neuperlacher Feuerwehrler eigentlich zu einem selbst ernannten Friedensbaum umgestalten wollten.

Wesentlich routinierter war die rustikale Rentner-Gang, die 2004 mit einem Hubschrauber auf die Zugspitze flog und dort auf knapp 3.000 Metern Meereshöhe eiskalt den 20 Meter langen und 800 Kilo schweren Maibaum mitnahm. Als Auslöse verlangten sie von der Bayerischen Zugspitzbahn vier Saisonkarten für den kommenden Ski-Winter.

Dass Maibaumklau vor dem Alter nicht haltmacht, stellten darüber hinaus einmal auch die Bewohner des Ingolstädter Pflegeheims Bienengarten unter Beweis, die in das Altersheim Matthäusstift eindrangen und bei Nacht und Nebel den dortigen Maibaum mitnahmen. Man darf sich fragen, wie das möglich gewesen sein konnte, der Abtransport muss doch ein gewaltiger Kraftakt gewesen sein. Nun, letztlich war es dank eines Tricks für sie ganz einfach und bequem. Sie legten den Maibaum nämlich der Länge nach auf ihre Rollatoren.

Die Matthäusstiftler bekamen den Maibaum schließlich wieder zurück. Freilich nur gegen ein Spanferkel und ein Fassl Bier.

12. GRUND

WEIL DIE SOMMERFRISCHLER IMMER NOCH AUF DEN WATSCHENTANZ REINFALLEN

Manchmal steht er auch in der Zeitung, der Watschentanz. Als sich Vorzeige-Emanze Alice Schwarzer und Edel-Macho Heiner Lauterbach bei Sandra Maischbergers TV-Talk einmal in die Wolle bekamen, war tags darauf in einer TV-Kritik vom »altersmilden Watschentanz« die Rede. Dann auch noch von einem »medienwirksamen Watschentanz«, als sich der damalige RTL-Chef Helmut Thoma und Fernsehmogul Leo Kirch gegenseitig öffentlich attackierten. [10]

Und als Ende 1999 zwischen der Münchner Stadtspitze und dem FC Bayern wieder einmal die Fetzen flogen, weil man sich nicht einig werden konnte, ob man das Olympiastadion umbaut oder doch vielleicht einen ganz neuen Fußballtempel hinstellt, als es also dauernd hin und her ging und Bayern-Boss Franz Beckenbauer der Stadt vorwarf, sie sei träge und würde nichts unternehmen, da fauchte OB Christian Ude: »Herr Beckenbauer, das ist kein Watschentanz, sondern Planungsarbeit.« [11]

Im Zusammenhang mit Fußball findet der Watschentanz übrigens gerne auch in der benachbarten österreichischen Presse Verwendung, die höchste Europapokal-Pleite von Schalke 04, das 1:6 gegen Real Madrid im Februar 2014 kommentierte der *Standard* in Wien als »historischen Watschentanz«.

Nur was hat es mit dem Watschentanz überhaupt auf sich, so gesehen? Ist das ein, wie viele glauben, alter bayerischer Traditionsbrauch? Ein Stück unverzichtbares Kulturgut mit hohem Potenzial, einmal zum immateriellen Weltkulturerbe der UNESCO ausgerufen zu werden?

Weit gefehlt. Alles nur eine Riesenshow. Ein großer Schmarrn.

Volkstumsstudien zufolge handelt es sich beim Watschentanz um nichts anderes als um einen gelungenen PR-Gag. Erfunden 1907 von zwei Burschen vom Holzkirchner Gebirgstrachten-Erhaltungsverein »Taubenberger« und erstmals aufgeführt in Bad Reichenhall, und zwar für nichts anderes als für das Amüsement der angereisten Sommerfrischler, die das sehr drollig fanden und den bayerischen Menschenschlag genauso sahen, wie sie sich ihn eh schon vorstellten, nämlich hemdsärmlig, handfest, zupackend.

Beim Watschentanz, auch Watschenplattler oder Watschinger genannt, standen sich dann immer zwei Männer in Tracht gegenüber, sie vollführten eine Art Schuhplattler und gaben sich zu gegebener Zeit gegenseitig alternierend stilisierte Ohrfeigen, meist untermalt von einem überraschend exklamierten Jodeljuchzer oder anderen schwer verständlichen Ausrufen und Lautmalereien, das Ganze fand dann immer im Beisein einer ordentlich gebauten Bauernmaid statt, die diesem einem hin und wieder animalischen Balzkampf ähnelnden Ritual staunend zur Seite stand.

Diese vorgegaukelte Grenzdebilität eines vermeintlich tumben Volkes, die Präsentation als einfältig provinzielle Sepperl-Deppen, das gefiel unter den Einheimischen freilich den wenigsten, die wirklich etwas auf das kulturelle Erbe der althergebrachten Sitten und Bräuche hielten. Viele Trachtenvereine untersagten ihren Mitgliedern die Aufführung, was nicht verhindern konnte, dass gerade in der Zeit der 1950er-Jahre der Watschentanz schlagartig ein erstaunliches Comeback feierte. Mit der vermehrten Zunahme der Urlaubsgäste, die auf der Suche nach dem Heile-Welt-Heimat-Kitsch wieder für die Ferien ins Bayerische kamen, wird bis heute in den Alpenfestsälen und auf den Volksbühnen der beliebten oberbayerischen Urlaubsorte wieder nach Herzenslust plattelnd geohrfeigt, links und rechts und überhaupt. Ob Brauchtum oder nicht, Hauptsache, die Sommerfrischler fallen immer noch darauf herein, wenn man ihnen was vorgaukelt.

Auch in der schnulztriefenden Heimatkomödie *Die fröhliche Wallfahrt* kam er vor, da standen sich sogar Kinder zum Watschentanz gegenüber. Herrlich der Gedanke, welch Reaktionen das heute in der aufgeregten Korrektheitsgesellschaft hervorriefe. Prügelnde Kinder. Gewalt im Fernsehen. Verrohung der Sitten. Verwahrlosung der Jugend. Betroffenheitsdebatten. Soziologen im Interview. #Aufschrei.

Wirklich hingelangt wurde übrigens bei einer ganz anderen traditionellen Tanzveranstaltung, dem Opernball in Wien. 2014 war das, als ein Würzburger Versicherungsmakler ZDF-Moderator Johannes B. Kerner unflätig anpöbelte, und er sich dann, weil er einfach nicht aufhören wollte, von einem Begleiter von Kerner einen kräftigen Schlag einfing. Das blieb ein Einzelfall auf dem Opernball.

Wobei, wäre doch lustig, eine kollektive Ausweitung dieses Vorkommnisses auf das Tanzparkett. Beim Wiener Watschn-Walzer.

13. GRUND

WEIL SIE DEN SCHUHPLATTLER SOGAR IN NIEDERBAYERN TOLERIEREN

Der wohl bekannteste bayerische Volkstanz ist der Schuhplattler. Der Schuhplattler ist eine vielschichtig komplexe, gerne unterschätzte und nur schwer zu erlernende Abfolge von verschiedenen Elementen. Weit mehr als einfach nur herumhopsen und sich zwischendrin mal auf die Schenkel zu klopfen und die Fußsohlen zu patschen, das Plattln ist wahrlich hohe Kunst. Theorien besagen, dass er entstand, als sich ein Knecht einmal einen Nagel in den

Fuß trat und deswegen vom Schmerz gepeinigt einen sonderbaren Veitstanz darbot.

Wahrscheinlicher ist da schon die These, dass es etwas mit der Imitation der Bewegungen beim Balzverhalten des Auerhahns zu tun haben könnte, das ist sicher näherliegender, weniger des Auerhahns wegen als vielmehr des Balzverhaltens.

Beeindruckt von den Darbietungen der Tänzer war etwa auch der französische Fotograf und Globetrotter Hugues Krafft, als er eines Tages, es war 1886, einmal Station im Werdenfelser Land machte. »Liebhaber von Volkstänzen kommen in Partenkirchen voll auf ihre Kosten«, notierte er, »denn an Sonn- und Feiertagen sieht man auf den großen Plätzen überall Paare zur Musik tanzen. Vorzugsweise den Ländler, einen bei Mädchen und Jungen beliebten gemächlichen Walzer. Die größte Attraktion jedoch ist sogar für die hiesigen Bauern immer wieder der Schuhplatterl (sic!). Er ist eine höchst ausgefallene Gigue: Wenn ein Paar damit beginnt, bilden andere einen Kreis. Während nun die Tänzerin kurzzeitig von ihrem Partner getrennt wird und weiterhin Walzerschritten folgt, muss der Tänzer zum Takt der Musik eine Reihe schwieriger Bewegungen ausführen. Er dreht sich um die eigene Achse, klopft sich auf Schenkel und Beine, fällt auf die Knie oder springt in die Luft und wirft seinen Hut, während er ein freudiges ›Tju-hu‹ ausstößt. – Schuhplatterl darf nicht jeder, der gerne möchte. Diejenigen, die dürfen und den Tanz beherrschen, werden dafür mit kräftigem Applaus angefeuert.«[12]

Anders als der rein fingierte Watschentanz (siehe Grund 12) ist der Schuhplattler also in der Tat ein echtes Stück urbayerischsten Kulturgutes – weshalb es auf den ersten Blick erstaunte, warum sich im Bayerischen Wald im Regierungsbezirk Niederbayern einmal mächtig Widerstand regte gegen das Platteln, und der Tanz für große Missstimmung sorgte.

Nun war es so, dass zwar hie und da im Bayerischen Wald der ein oder andere Trachtler durchaus einen Schuhplattler aufführte, allerdings war das eher heimlich und unter der Hand, wenn nicht gar unter dem Fuß. Mehr ein verbotenes Schwarzplatteln. Denn eine offizielle Erlaubnis seitens der oberen Trachtenvereinsbosse stand aus, was Andreas Tax, der Vorstand vom Trachtengau Waldgau im Frühling 2014 mit folgendem Glaubenssatz begründete: »Bei uns im Bayerischen Wald wird nicht geplattelt. Das ist nicht bodenständig. Das ist nicht bei uns entstanden – denn vom Oberland kommt das Platteln runter.«[13]

Schon im Jahr davor, 2013, bei der Gauverbands-Jahreshauptversammlung in Ottenzell, wurde das Platteln der Jugend sogar unter dem Punkt »Problemfall« behandelt. Schließlich gehöre das Platteln zu denen aus Oberbayern – zur kurzen Lederhosen und zum Haferlschuh, nicht zu den hier im Bayerwald geläufigen schwarzen Bundhosen.

Immerhin rang man sich dann doch noch zu einem Kompromiss durch und erklärte, der Schuhplattler würde fürderhin zwar nicht bei den großen Gauabenden zugelassen, intern im Verein aber würde er doch großzügig »geduldet«.

Da sage noch einer, der Trachtler an sich sei kein toleranter Mensch.

Tju-hu.

14. GRUND

WEIL DER LIEBE GOTT DAS BRAUCHTUM BESSER SCHÜTZT ALS DIE UNESCO

Zu einem der ältesten bayerischen Brauchtümer zählt der Leonhardiritt vulgo Leonhardifahrt. Die Leonhardifahrt findet in der Regel im November statt, ist eine feierliche Prozession mit festlich geschmückten Pferden und erinnert an den Heiligen Leonhard von Limoges, der seinerzeit im 6. Jahrhundert lebte, das ist schon eine

Weile her. Am bekanntesten ist die Leonhardifahrt von Bad Tölz, die seit 1855 immer am 6. November stattfindet, jährlich Tausende Besucher anzieht, und wenn der 6. November auf ein Wochenende fällt, dann Zehntausende. Rund um Leonhardifahrten gibt es immer auch ein buntes Rahmenprogramm, dazu zählen die Peitschen knallenden Goasslschnalzer, ein Jahrmarkt, Tanzveranstaltungen und vor allem reichlich Alkohol.

Betrachtete man ganz nüchtern gerade in Bad Tölz die gerade beim jungen Publikum bemerkenswert steigende Zahl von Trunkenheitsexzessen wie Prügeleien, Pöbeleien und Sachbeschädigung, so manifestierte sich eine Zeit lang aber vielmehr das Empfinden, die Leonhardifahrt sei eher das Rahmenprogramm für das Hauptereignis des Tages, das kollektive Schädelfluten. Immerhin, zuletzt gab es dank strengerer Auflagen zum Ausschank von Bier und Schnaps auch weniger Zwischenfälle, war alles nur noch halb so wild, mit der halbstarken Landjugend. Jetzt gehen die Gäule mit ihnen nicht mehr so durch.

So geriet die Leonhardifahrt auch wegen einer ganz anderen Geschichte in die Schlagzeilen, und zwar wegen eines erstaunlichen Vorstoßes des Tölzer Stadtrats – die Leonhardifahrt bei der UNESCO als Weltkulturerbe anzumelden.

Der Rossumtrieb von Tölz auf einer Stufe mit den Pyramiden von Gizeh, der Chinesischen Mauer und der Freiheitsstatue von New York? Eine abenteuerliche Idee? Keineswegs, fand das Abgeordnetenparlament der Stadt und votierte mit überwältigender Mehrheit für eine Aufnahme bei den Erbschützern der Vereinten Nationen in Sachen Kultur, Natur und Tradition, um das Althergebrachte auch hier zu bewahren.

Gegen den Vorschlag stimmten übrigens nur fünf Stadträte – auf den ersten Blick erstaunlicherweise ausgerechnet alle von der CSU, darunter auch der altgediente Anton Mayer, ein Leonhardi-Routinier, den keine zehn Pferde dazu bringen konnten, für die Protektion durch die UNESCO zu votieren. Er berief sich darauf, dass wir in Bayern so etwas nicht bräuchten, schließlich hätte man hier einen ganz anderen Beistand, auf den man sich verlassen könne, und zwar einen Beistand von oben. »Unser Schutzmantel ist der Herrgott, ist Maria und ist der heilige Leonhard – ansonsten brauchen wir niemanden zum Schützen«[14], betonte Mayer.

Das klang nach ziemlichem Gottvertrauen. Die weitere Entwicklung hinsichtlich Aufnahmeantrag blieb zunächst weiter offen.

Kritiker könnten dem Herrn Mayer freilich eine gewisse entrückte Überheblichkeit unterstellen. Dass er gewissermaßen auf einem zu hohen Ross sitzt.

15. GRUND

WEIL DIE ISAR-FLÖSSER SOGAR BÜROKRATISCHEN BLÖDSINN DER REGIERUNG UMSCHIFFEN

Ewig waren sie schon unterwegs, die Flößer auf der Isar. Brachten seit dem 12. Jahrhundert vor allem das Holz aus dem Oberland flussabwärts in die Stadt. Zum Bau der Häuser und Kirche. Allein für den Dachstuhl der Münchner Frauenkirche brauchte es 147 Flöße, um das Holz nach München zu transportieren.

Die Isar war über Jahrhunderte Hauptverkehrsader von Süd nach Nord, so hielten Kaufleute aus Venedig ab 1687 in Mittenwald sogar eigens Märkte ab, auf denen sie Waren anboten, die schließlich über die Isar und die Donau bis weiter nach Wien und Budapest geschippert wurden.

Schließlich aber kamen die Eisenbahn und die Autos, und als die Flößer immer weniger des Handels wegen gebraucht wurden, setzte sich ab dem Ende des 19. Jahrhunderts die Floßfahrt immer mehr als Freizeitgaudi durch, der man auch heute noch frönen kann. Ein formidabler Aussichtspunkt, um einer feuchtfröhlichen Floßfahrtsgesellschaft in fortgeschrittenem Zustand zuzuschauen, ist vom Biergarten in Hinterbrühl aus. Hinterbrühl liegt im Münchner Süden direkt am Isarkanal, unmittelbar bevor das Floß im Stadtteil Thalkirchen anlegt und die Passagiere von Bord gehen, einige eher schwankend. Bei der Floßfahrt geht es immer recht lustig zu.

Völlig nüchtern und klar im Kopf dagegen müssen die Flößer selbst sein, denn so gefahrlos der Fluss erst einmal erscheinen mag, so hat die Isar in Wahrheit doch ihre gemeinen Tücken. Stromschnellen, natürliche Hindernisse wie der mächtige Georgenstein nahe Baierbrunn oder angeschwemmtes Treibgut wie Baumstämme und aufgestauten Kies umschiffen die Flößer mit meisterhafter Bravour. Die Kunst des Floßfahrens und die Geheimnisse, auf der Isar den richtigen Weg zu finden, wurden in alteingesessenen Flößerfamilien über Generationen weitergegeben. Nichts schien die Flößer ausbremsen zu können.

Bis sie beinahe wegen einer bürokratischen Posse der Regierung von Oberbayern Schiffbruch erlitten hätten. Im Januar 2004, vor Beginn der Floßsaison nämlich, kam »im Vollzug der Wassergesetze« eine Verordnung für ein »Plangenehmigungsverfahren für die Kiesräumungsarbeiten ... zur Freihaltung einer Fahrrinne«.[15] Übersetzt: Die Flößer sollten den Kies nicht mehr wie immerdar schon selbst aus dem Weg räumen oder umfahren, sondern sollten erst warten, bis besagte Kiesräumungsarbeiten von der obersten Behörde offiziell genehmigt wurden. Und das hätte bis in den Herbst hinein dauern können, der Isar drohte ein floßloser Sommer. Ohne Floß nix los.

Umso erstaunlicher, da es lediglich um ein paar wenige Kubikmeter Kies ging, und dass sich darüber 13, in Worten dreizehn, hochbezahlte Beamte von Wasserwirtschaftsämtern, Landschaftsämtern und der Regierung selbst in kruden und ergebnislosen Behördengesprächen die Köpfe darüber zermartern, war Wasser auf die Mühlen derer, die eine unerträgliche Bürokratisierung unseres Alltags anprangerten.

Nach einem heftigen Protestgeschrei der Flößer rückte die Regierung dann aber doch wieder von ihrem Vorhaben ab und gab klein bei. Die Isarflößer hatten wieder freie Fahrt.

Der bürokratische Unsinn war dann eher ein Schlag ins Wasser.

16. GRUND

WEIL DIE MÜNCHNER DEN FRANKEN DEN WELTREKORD IM SCHAFKOPFEN WIEDER ABJAGTEN

Mutterland einer bestimmten Sportart zu sein, ist zwar immer eine schöne Bezeichnung, das klingt nach Tradition, Ruhm, Ehre, Erfolg – es birgt aber auch das enorme Risiko, fürchterliche und schmerzhafte Niederlagen zu erleben, nämlich immer dann, wenn jemand in genau dieser Sportart triumphiert oder eine neue Bestmarke aufstellt. Die Engländer mussten das einmal erleben, 1950 bei der WM in Brasilien, als sie dem fußballerischen Emporkömmling USA sensationell unterlagen, 0:1. Eine Schmach für das Mutterland des Fußballs, hieß es da. Oder die US-Amerikaner selbst, aus dem Mutterland des Basketballs, die sich bei den Sommerspielen in Athen 2004 genau in dieser Sportart im Halbfinale gegen die Außenseiter aus Argentinien blamierten, auch das war ein bitteres Fiasko.

Nichts von alldem aber war schlimmer und peinigender als jener Vorgang für ein Mutterland, als der Weltrekord im Dauer-Schafkopf 2013 nach Franken ging. 222 Stunden hielten fünf Nürnberger und ein treuloser Überläufer aus der Oberpfalz durch. Welch Demütigung für Altbayern als das Mutterland des Schafkopfs, jenem raffinierten Kartenspiel, das schon in der ersten Hälfte des 19. Jahrhunderts ein beliebter Zeitvertreib war, bei dem aber bis heute noch nicht ganz geklärt ist, warum es überhaupt so heißt. Deswegen, weil dem Sieger früher ein Schafskopf überreicht wurde? Oder weil die Striche für ein gewonnenes Spiel in der Form eines Schafkopfs aufgemalt wurden? Oder weil das Spiel eine Erfindung von Fassmachern war, den Schäfflern, die die Karten auf den Holzschaffeln gedroschen haben, es deswegen eigentlich Schaffkopf heißen müsste?

Jedenfalls hat das Schafkopfen in den vergangenen Jahren gerade in München wieder eine Renaissance erlebt. Nach einer Zeit, in der sich Innenstadtgastronomen anschickten, das Schafkopfen aus ihren Gaststuben zu verbannen, besannen sich zuletzt immer mehr Wirte wieder darauf, das Kartenspielen ausdrücklich in ihrem Lokal zu erlauben – darunter auch die Bar »Bajanni« in der Pilgersheimer Straße im Stadtteil Giesing. Dort bewiesen im Januar 2014 sechs Münchner ein fantastisches Durchhaltevermögen, um nach einer Spielzeit von 260 Stunden die Schafkopf-Bestmarke wieder zurück nach München zu holen und sich einen Eintrag im Guinness Buch der Rekorde zu sichern. Der Weltrekord war wieder dahoam.

Nun, Franken mögen nun einwenden, das Schafkopfen sei in ihren Regionen genauso zu Hause und fest verwurzelt, und es sei nicht gerecht, diesen Volkssport lediglich in Altbayern zu verankern. Egal. Der Weltrekord war in jedem Fall wieder da, wo er hingehört. Siehe auch Grund 16.

17. GRUND

WEIL ES BEIM MIESBACHER REKORD-DIRNDL EINEN GANZEN WALD VOR DER HÜTTN BRAUCHT

Treffen männliche Besucher auf bayerischen Volksfesten oder bei anderen Anlässen, zu denen man in Tracht erscheint, auf weibliche Gäste, dann richten sich der Burschen Blicke immer auf eine bestimmte Stelle – und zwar auf die Schleife. Anhand der Schleife ist nämlich immer zu erkennen, ob sich weitere Bemühungen und

Annäherungsversuche noch lohnen oder ob man es lieber gleich bleiben lassen und sich einem anderen feschen Madl zuwenden kann.

Bindet sich die Trägerin die Schleife ihres Dirndls nämlich auf der rechten Seite, so bedeutet das: Finger weg, ich hab schon einen, bin vergeben, verlobt oder verheiratet. Eine Schleife links gebunden hingegen signalisiert, dass sie noch oder schon wieder, zumindest also im derzeitigen Status quo, Single ist, da könnte also was gehen. Schleife vorne in der Mitte heißt, sie ist Jungfrau, schwer einzuschätzen, wie das zu interpretieren ist, Schleife hinten verrät eine gewisse Tragik, dann ist die Frau geschieden oder verwitwet. Allerdings ist diese kryptische Schleifensymbolik nach einhelliger Meinung alteingesessener Trachtenverbände eine rein neumodische Erfindung, seit Lederhosen und Dirndl eben wieder im Vergleich zu früheren Zeiten salonfähig geworden sind.

Immer wichtiger wurde es in der öffentlichen Wahrnehmung mit den Jahren auch, das Dekolleté eines Dirndls oder dessen, was als Dirndl vekauft wird, mit einer echten Tracht aber weniger zu tun hat als mit einer sonderbaren Faschingsmaskerade, gut auszufüllen zu können, dafür braucht es dann, so sagt der Volksmund, ordentlich Holz vor der Hüttn.

Einen ganzen Wald vor der Hüttn brauchte es für das Dirndl, das die Schneiderin Fanny Probst 2003 in Miesbach präsentierte. Es war mit einer Länge von 4,70 Metern das weltgrößte seiner Art, insgesamt wurden 73 Meter Stoff dafür verarbeitet, der Brustumfang betrug stolze 3,27 Meter.

Das gute Stück wanderte dann in die Räume eines Miesbacher Trachtenladens. Auf eine von der Statur her geeignete Frau, die in das Kleid hineinpassen würde, warten sie bis heute. Sollte jemals, warum und woher auch immer, wirklich ein gewaltiges Weibsbild in die Kreisstadt hineintrampeln und die Erde erschüttern, dass der Schliersee weiter südlich über die Ufer schwappt, bevor sie sich in das Dirndl wirft, dann ist es durchaus denkbar, dass die monströse und Furcht einflößende Hünin sich bei der Partnersuche bis dahin etwas schwergetan hat.

Die Schleife hat Fanny Probst deshalb sicherheitshalber schon einmal auf links gebunden.

18. GRUND

WEIL DAS BELLEN NACH FREIBIER ZU DEN PERLEN DER OBERPFÄLZER SPRACHE GEHÖRT

Wenn der Bayer etwas nicht vertragen kann, dann, dass sich Nichtbayern über seinen Dialekt, oder besser: seine vielen Dialekte, lustig machen. Wenn Fernsehmoderatoren etwa schon an der Aussprache scheitern und dennoch belustigt seine schöne Mundart verhunzen oder gar meinen, sie müssten sie mit hochdeutschen Untertiteln versehen.

Aber was soll da erst der Oberpfälzer sagen? Sein Idiom wird doch sogar von den Rest-Bayern oft milde belächelt und verspottet. Und das nur, weil er in seinem Dialekt manchmal die zugegeben etwas gewöhnungsbedürftigen, ansonsten aber sehr melodiösen und landesweit einzigartigen Diphtonge »ou« und »äi« einfließen lässt. Gerecht ist das nicht.

Schließlich spricht der Oberpfälzer doch gerade dadurch ein astreines Hochdeutsch, nämlich ein Alt- und Mittelhochdeutsch. Genau die gleichen Laute haben ja schon vor mehr als 800 Jahren die Minnesänger gesungen, auch ein Walther von der Vogelweide hat sie in seine Verse geschrieben. Und nur weil die Oberpfälzer stur und treu das linguistische altdeutsche Erbe ihrer Vorfahren hochhalten und auch heute noch die alten Umlaute verwenden, ist das zum Lachen?

Ein paar Perlen aus dem Wortschatz der sprachbegabten Oberpfälzer sollen im Folgenden aber doch noch vorgestellt werden.

Ein klangvolles Beispiel ist das Oberpfälzer Bellen, das Hundegebell, durch das der hiesige Einwohner ans Freibier kommt. Ruft einer nämlich: »Es gibt Freibier«, stimmt der Chor der Oberpfälzer kräftig ein: »Wou? Wou? Wou?« (Wo? Wo? Wo?). Die Feinheiten der Sprache zeigen sich auch in den grammatikalischen Besonderheiten bei den Singular- und Pluralformen einzelner Substantive, die mit dem Behalten ihres Wortstamms und den Differenzierungen in ihren Deklinationsendungen etwa dem Lateinischen nicht ganz unähnlich sind. Hieß es etwa bei den alten Römern: »Domin-us«, der Herr, in der Einzahl und »Domin-i«, wenn es sich um mehrere Herren handelte, so funktioniert das in der Oberpfalz auf gleiche Weise.

Das beste Feuerholz für Bratwürste vom Rost beispielsweise heißt singulär »Buzlk-ou« und im Plural »Buzlk-äi«. Übersetzt: Kiefernzapfen, das aber, wie plump, im Deutschen in Einzahl wie Mehrzahl gleich lautet.

Ein bekannter Oberpfälzer Sinnspruch zur Manifestierung des enorm mannigfachen Gebrauchs verschiedener Doppellaute geht: »Wenn a Groua in an Joua hintan Oua a Schöppl Houa waxn loua ko.« Heißt: »Wenn eine Krähe im Laufe eines Jahres ein Büschel Haare wachsen lassen kann.« Mag man zugegebenermaßen aber auch als Unsinnspruch interpretieren.

Wie wortgewaltig sich das Wiedersehen zweier Oberpfälzer nach langer Zeit niederschlägt, belegt folgendes Exempel. Sagt A: »Gäiz?« Antwortet B: »Mou.« (A: »Wie geht es?« B: »Es muss ja.«) Nahezu euphorisch ist die Variante, in der B ein »Schou« (»Schon«) erwidert. Gar nicht so schwer.

Aufpassen sollten Sie, falls Sie ein »Lou mi sa« hören, das bedeutet Alarmstufe gelb, ein deutlich bestimmtes »Lass mich in Ruhe«.

Ruhe? Die geben wir jetzt auch.

KAPITEL III

HISTORISCHES

19. GRUND

WEIL KÖNIG LUDWIG AM SCHACHEN DAS BIZARRSTE SEINER SCHLÖSSER BAUTE

Manch unkundiger Urlauber, der an einem 25. August nach einem langen Fußmarsch von Partenkirchen oder Elmau heraufgewandert ist, wird sich vermutlich immer wundern, was es da auf sich hat – mit diesem großen Menschenanlauf vor diesem eigenartig anmutenden Haus, das so gar nicht ausschaut wie eine dieser typischen sonst so zahlreich in der Region angesiedelten Berghütten. Vielleicht hat er sich auch schon in der Nacht davor verwundert die Augen gerieben, wenn er unten im Tal aus dem Fenster seiner Pension schaute und sah, dass es auf den Hängen ringsherum brannte, und das in der Form des Buchstaben »L« oder einer Krone nachempfunden. Und wenn er sich dann auf der Suche nach Antwort bei einem Einheimischen erkundigt hat, wird er erfahren haben, dass das alles mit dem Kini zu tun hat, und dass sie diesen Brauch wie viele andere hier schon seit Ewigkeiten pflegen.

Das Ludwigfeuer in der Nacht auf den 25. August, Ludwigs Geburtstag. Und die Bergmesse tags darauf auf knapp 1.900 Metern Meereshöhe. Am Königshaus am Schachen, dem bizarrsten Bauwerk, mit dem sich Ludwig II. einst in seiner bayerischen Heimat verewigt hat. Sein skurrilstes Schloss – und auch sein unbekanntestes.

Bei den Königsschlössern von Ludwig II. denken die meisten an die altbekannten. Linderhof, Herrenchiemsee, und natürlich vor allem an Neuschwanstein. Irgendwann wird es so sein, dass nach dem Aussterben der Menschheit die ersten Außerirdischen landen, und wenn sie nach einer kurzen Stippvisite mit ihrem Ufo wieder ins All entschwinden und ihren Artgenossen bei der Dia-Show zu Hause die beeindruckendsten Hinterlassenschaften der humanoiden Spezies auf dem Planeten Erde vorführen, dass womöglich die

Chinesische Mauer dabei sein wird, der Taj Mahal und die Sphinx. Mit Sicherheit aber Neuschwanstein. Wenn sie es die Männchen nicht schon sind, dann werden sie grün werden, und zwar vor Neid ob solch atemberaubend bizarrer Baukunst inmitten einer überwältigenden Berglandschaft. Oder sie fragen sich, was für ein Wahnsinniger das war, der das da hingestellt hat.

Der Kini war's natürlich.

Natürlich ist Neuschwanstein selbst schon längst kein Spaß mehr, da drängen sich Jahr für Jahr eineinhalb Millionen Besucher durch die Königsgemächer, an Wochenenden im Hochsommer kommen bis zu 20.000 Menschen. Mehr als auf den Schachen im ganzen Jahr, wo höchstens 15.000 Ausflügler den Weg hinfinden. Deswegen hat man hier auch mehr davon, sich in dieser zauberhaften Bergwelt dem König anzunähern, seinen Widersprüchen, seiner Verschwendungssucht, seinen Träumen, seiner Exzentrik – und eben seinem Wahnsinn. Er, der einmal sagte: »Ein ewiges Rätsel möchte ich bleiben.«[16]

1869, fünf Jahre nach seiner Thronbesteigung, und genau in dem Jahr, in dem nahe Füssen der Grundstein für das Schloss Neuschwanstein gelegt wurde, begann Ludwig damit, sich am Nordhang des Wettersteingebirges, südlich von Garmisch-Partenkirchen, sein zweites Schlösschen errichten zu lassen. Wesentlich kleiner als Neuschwanstein, aber dafür auf eine Art noch wesentlich sonderbarer. Anders als bei seinem Vater Max II., einem passionierten Jäger, suchte Ludwig in den Bergen keine Jagdhütte. Ludwig lehnte die Jagd strikt ab, sie war ihm zuwider, weswegen die manchmal benutzte Bezeichnung »Jagdschloss« für das Schachen-Haus auch völliger Unfug ist.

Nein, Ludwig wollte ein schmuckes, luxuriöses Berghaus mit allem Komfort, ein Domizil zum Genießen und zum Ausschweifen. Außen ist es mit viel Holz an der Hütte dem Typus des »Schweizerhauses« nachempfunden, wie es zu jener Zeit bei den Reichen und Adligen des 19. Jahrhunderts eben recht beliebt war. Auch das

Erdgeschoss wirkt noch eher konventionell, mit seiner Zirbenholz-Vertäfelung mutet es landestypisch wie eine geräumige, klassische alpine Ferienhütte. Völlig aberwitzig aber wird es, wenn man über eine Wendeltreppe in den ersten Stock gelangt mit dem »Türkischen Saal«, eingerichtet nach dem Vorbild des Palastes von Eyüp von Sultan Selim III. Ein schwülstig überbordendes Reich aus Blattgold und Arabesken, Sitzkissen und Pfauenfedern. Auf dem Boden ein Teppich von unschätzbarem Wert, an der Decke ein Kronleuchter, eine Tonne schwer. Mittendrin ein Springbrunnen, orientalischer Prunk in Reinkultur.

Ludwig verbrachte hier jedes Jahr seinen Geburtstag, seine Bediensteten und sein ganzer Hofstaat mussten sich in orientalische Gewänder hüllen und Wasserpfeifen rauchen, gesprochen habe er mit ihnen nicht, er habe sie nur betrachtet wie Kunstwerke, heißt es. Viel wurde natürlich gemunkelt über des Königs Ausschweifungen, über Opium und Orgien, was man heute als Sex and Drugs and Rock'n'Roll bezeichnen würde. Vielleicht war es für den Kini einfach auch nur eine Form von La Dolce Vita, am Ende wohl aber auch beides. Ein süßes Leben bis zum Exzess.

Selbstredend übrigens, dass sich einer wie Ludwig natürlich nicht einen drei- bis vierstündigen Anmarsch bergauf antat. Er ließ sich dafür von Elmau aus einen Weg herauflegen, eine breite Fahrstraße, über die er sich in seiner Pferdekutsche ziehen ließ, ein Spezialfahrzeug, das so klein und schmal war, dass es genau auf den Weg passte und nur von einem Pony gezogen werden konnte. Heute ist dieser Königsweg die beliebteste Wanderroute hinauf auf den Schachen.

Für König Ludwig blieb das zweite seiner vier Schlösser immer ein besonderer Ort. An seinen alten Spezl Richard Wagner schrieb er: »In stillem Gebirgshause auf steiler Höhe, von Schnee und dichtem Nebel umhüllt, aber froh, dem Weltgetriebe entrückt zu sein.« Entrückt, so wie es der Kini auch selbst war, Zeit seines Lebens.

20. GRUND

WEIL SICH KÖNIG LUDWIG UND KURT COBAIN AM GLEICHEN ORT VEREWIGTEN

Gammelsdorf. Allein der Name schon. Gammelsdorf, das klingt nach vermoderter Provinz, von außen betrachtet könnte man annehmen, es liegt irgendwo nahe Schnarchzapfenhausen und Trostlosing. Dort, wo sich Wildsau und Waldkauz gute Nacht sagen. Grunz grunz, schuhu.

Dabei hat sich hier aber in Wahrheit viel Bemerkenswertes zugetragen und sehr viel Widersprüchliches. Und vor allem ging es oft recht laut zu. Bei Blasmusik und Punkkonzerten. Auf dem Schlachtfeld und in der Disco. Ein Ort zwischen Monarchie und Anarchie. Bayern, wie es leibt und lebt.

Gammelsdorf liegt im letzten Zipfel des nordöstlichen Oberbayern, eingebettet in eine lieblich hügelige Wald- und Wiesenlandschaft, ein paar Kilometer weiter verläuft die Grenze zu Niederbayern, zum Landkreis Landshut. Erstmals urkundlich erwähnt wurde es 1075 als Gamanolvesdorf, nach dem Geschlecht namens Kamanolfe, das damals hier in der Nähe hauste. Heute hat das Dorf 1500 Einwohner, eine Kirche, ein Wirtshaus, eine Grundschule, einen katholischen Kindergarten, einen Schützenverein, eine Raiffeisenbank und ein beheiztes Freibad. Alles da, was man in Oberbayern so braucht.

Dass hier aber früher einiges los war, das sieht und hört man jedes Jahr im Januar. Da kommen nämlich aus ganz Bayern immer mehrere Hundert Königstreue zusammen, sie spielen stets laute Blasmusik, tragen dabei bunte Fahnen und Wappen und Schilder mit dem Konterfei von unserem Kini, König Ludwig II. Das freilich irritiert ein wenig, denn der Anlass der Zusammenkunft ist ein Ereignis, das lange vor dem Märchenkini stattfand, nämlich im November 1313, die Schlacht von Gammelsdorf.

Zur Schlacht von Gammelsdorf kam es, weil die Spannungen zwischen den oberbayerischen Wittelsbachern und den österreichischen Habsburgern eskaliert waren, es ging um die Vormachtstellung im Heiligen Römischen Reich. Herzog Ludwig IV. (Bayern) vs. Herzog Friedrich den Schönen (Österreich), ein Nachbarschaftsderby. Ludwig gewann die Schlacht, ein Jahr später wurden dennoch beide nach dem Tod Heinrichs VII. in einer Doppelwahl zu den neuen römisch-deutschen Königen gekürt, was aber so natürlich keiner auf sich sitzen lassen wollte und es deswegen zu einem erbitterten Thronstreit kam. Das Duell zwischen Ludwig und Friedrich elektrisierte die Massen jahrelang, man könnte sagen, so wie später im Fußball Bayern gegen Dortmund oder im Tennis Federer gegen Nadal. Ludwig gegen Friedrich, El Clasico des 14. Jahrhunderts.

In der Schlacht von Mühldorf 1322 schließlich rang Ludwig Friedrich ein letztes Mal nieder, das war der entscheidende Sieg, Friedrich wurde gefangen, beendete seine Karriere und zog sich aus dem aktiven Geschehen zurück, Ludwig dagegen war ab 1328 Kaiser und ging als Ludwig der Bayer in die Geschichte ein – und Gammelsdorf als Ort, an dem alles begann, wurde zum Wallfahrtsort der bayerischen Königstreuen.

Aber es wurde auch zum Mekka der Underground und Metalszene, der Punker und der Grunger. In den 1970er-Jahren eröffnete in den Räumen des alten Dorfkinos der »Circus Gammelsdorf«, der sich bald über die Grenzen des Freisinger Landkreises einen Namen machen sollte. Nina Hagen trat hier auf, genauso wie Konstantin Wecker, dann kamen die ersten internationalen Acts, Gammelsdorf wurde Kult. Manche Übersee-Bands gaben hier ihr einziges Konzert in ganz Deutschland, der Sound war in der Regel laut und heftig. Das Publikum war zugedröhnt von der Musik, vom Bier und vielen anderen Stimulanzmitteln. An manchen Samstagen hatte man das Gefühl, im Circus allein gab es mehr Gras als auf allen oberbayerischen Wiesen zusammen und ging es benebelter zu als an einem dampfigen Novembertag in den Isarauen hinter Plattling. Gammelsdorf war der Ort, bei dem man sich auf der Anreise zwischen den Dörfern hinter Freising immer mindestens zweimal verfuhr, und wo man tags darauf nie wusste, wie man überhaupt wieder nach München heimgekommen war, weil der Zustand von der Nacht zuvor keine Erinnerung mehr an die Heimfahrt zuließ. Es war eine abenteuerliche Zeit.

Einmal gab es eine Band, die spielte komplett nackt, der Sänger schüttete dabei ein Bier nach dem anderen ins Publikum. Wie die Gruppe hieß, war völlig gleich, Hauptsache, es war lustig, wild und aufregend. Eine Band aber blieb unvergessen, sie trat im November 1989 im Gammelsdorfer Circus auf, es war eine damals noch kaum bekannte Grunge-Gruppe aus Seattle namens »Nirvana« um ihren Frontmann Kurt Cobain. Eine Band, die wenig später zu ihrer Welt-Karriere durchstartete, die aber viel zu kurz war, weil sich Kurt Cobain im April 1994 mit einer Schrotflinte ins Jenseits schoss.

Fünf Wochen nach Cobains Selbstmord war auch im Circus Sense. An einem gut besuchten Samstagabend brach plötzlich Feuer aus, die 300 Gäste brachten sich glücklicherweise rechtzeitig in Sicherheit, doch damit war die Partyzeit in Gammelsdorf für immer vorbei. Überlegungen, den Circus nach der Renovierung wieder neu zu eröffnen, wurden seitens der Gemeinde abgeschmettert, man war vermutlich froh, dass endlich Ruhe war.

So war dieses Kapitel geschlossen, war auch der Circus Geschichte. Erinnerungen an Gammelsdorf aber bleiben. An den Kini und den Kurt.

21. GRUND

WEIL DIE REGENSBURGER WURSTKUCHL DER ÄLTESTE FAST-FOOD-IMBISS DER WELT IST

Irgendwie musste es immer mit dem Teufel zugehen, in den düsteren Jahrhunderten des Mittelalters und der frühen Neuzeit. Ob bei der Legende vom Teufelstritt in der Münchner Frauenkirche (siehe Grund 40). Oder bei der Sage von der Steinernen Brücke, die mit ihren 16 Bögen, 15 Pfeilern und einer Länge von 336 Metern ein architektonisches Meisterwerk des Mittelalters darstellt, als weltbekanntes Wahrzeichen Regensburgs und als älteste Steinbrücke Deutschlands.

Die Historie der Brücke über die Donau geht sogar noch zurück bis zu Karl dem Großen, der hier Ende des 8. Jahrhunderts eine hölzerne Flussüberquerung errichtet, allerdings mit überschaubarem Erfolg, weil sie durch den reißenden Strom immer wieder einstürzt, und kaum dass sie wieder neu aufgebaut ist, das nächste Hochwasser nur darauf wartet, das Bauwerk mit großem Getöse in den Fluten zu versenken. Die Brücke immer wieder aufzubauen, das ist so etwas wie die Oberpfälzer Variante des altgriechischen Sisyphos. Und dann auch noch der Verkehr, das Aufkommen an Karren, Kutschen und sonstigen Fahrzeugen nimmt so sehr zu, dass es ordentlich knirscht im Gebälk, von wegen Gut Holz und so, die Brücke ist all dem nicht mehr gewachsen.

Dann kommt das Jahr 1135, und die zu üppigem Wohlstand gekommenen Kaufleute Regenburgs, einer der zu jener Zeit blühendsten Städte Mitteleuropas, geben den Auftrag zum Bau einer robusteren Steinbrücke, um Handel, Konjunktur und Umsatz weiter anzukurbeln. Wer über die Donau will, kommt an Regensburg nicht mehr vorbei, es sei denn, man nimmt einen veritablen Umweg in Kauf, es ist die einzige Flussüberquerung zwischen Ulm und Wien.

Über den elf Jahre bis 1146 dauernden Brückenbau entspinnt sich dann auch jene Sage, und die geht so: Der Architekt der Brücke habe mit dem Baumeister des Regensburger Doms darum gewetteifert, wessen Bauwerk als erstes vollendet sei. Der Brückenbauer, schlau wie er war, schloss daraufhin einen Pakt mit dem Teufel. Wenn er ihm bei der Errichtung helfen würde, dann würde er die Seelen derjenigen drei Lebewesen bekommen, die als erste über die Brücke liefen. Der Teufel schlug ein, sicher auch weil es ihm sicher ein Herzensanliegen gewesen sein dürfte, dem Klerus eins auszuwischen, und prompt stand der steinerne Steg auch als Erstes. Und was tat der Bauherr? Er schickte einen Hahn, eine Henne und einen Hund über die Brücke, wie komisch. Der Teufel kam ordentlich in Rage, fühlte sich hinters Licht geführt und wollte die Brücke vor lauter Wut eintreten, allerdings war sie so massiv erbaut, bayerische Wertarbeit eben, dass sie nicht einstürzte, sondern von des Satans Stampfen lediglich ein kleiner, heute noch sichtbarer Buckel hinterlassen wurde.

Eine Legende, die freilich blanker Unsinn ist. Schließlich hatten sie mit dem Dombau erst wesentlich später begonnen.

Die historische Richtigkeit von einer der ältesten Imbissbuden der Welt dagegen ist wesentlich gesicherter. Die Wurstkuchl, direkt neben der Steinernen.

Eine Wurstbraterei, deren Ursprünge auf die Zeit des Brückenbaus zurückgehen. Für die 2.000 Arbeiter, die damals hier schuften, gibt es hier für eine schnelle Mahlzeit zwischendrin eine Garküche mit schmackhaftem Garfleisch. Man sagt, es sei der Welt frühester Fast-Food-Imbiss gewesen.

Heute gibt es hier kein Garfleisch mehr, Anfang des 19. Jahrhunderts stellt man vom gesottenen Fleisch der Garküche auf Bratwürste um, die inzwischen Touristen aus aller Welt anziehen; selbst in amerikanischen und japanischen Reiseführern steht, ein Besuch der Wurstkuchl sei unverzichtbar, deshalb geht es hier auch immer so zu.

Einer, der zu Lebzeiten immer kommt, wenn er in der Gegend ist, ist Franz Josef Strauß, er bestellt hier traditionell sechs Würste mit Sauerkraut und Suppe und dazu zwei Pils, eiskalte Pils.[17] Und wer auch immer kommt, als nicht gern gesehener, unliebsamer, aber regelmäßiger Gast, an den man sich inzwischen schon gewöhnt hat, ist die Donau, das zeigen die zahlreichen Markierungen in der Gaststube, an denen zu erkennen ist, bis wohin das Hochwasser wann ging. Einmal stand es bis knapp unter der Decke.

Harte Zeiten, aber sie haben die Jahrhunderte miteinander und nebeneinander schon ganz gut überstanden, die Wurstkuchl und die Steinerne, auch wenn umfangreiche Sanierungsarbeiten an der Brücke unvermeidbar waren und das Wahrzeichen dafür für viele Jahre gesperrt werden musste.

So weit also zu zwei der bedeutendsten Sehenswürdigkeiten Regensburgs. Nicht überliefert, auch nicht in der Sage, ist allerdings, wohin es den Teufel zog, wenn ihn bei seiner Mithilfe am Brückenbau der Hunger plagte. In der Wurstkuchl hat man ihn dem Vernehmen nach nie gesehen, aber gut, er war ja auch immer schon ein Einzelgänger, ein Eigenbrötler.

Vielleicht war er ja immer mittags beim Italiener ums Eck. Auf eine Pizza Diabolo.

22. GRUND

WEIL SCHON DIE URZEITMENSCHEN IN BAYERN GUT DRAUF WAREN

Mit der Legalisierung von Drogen hat der Freistaat Bayern schon lange ein Problem, also mit Drogen wie Cannabis oder Marihuana. Dabei beheimatet gerade München, zumindest nach den Worten der Grünen-Politikerin Claudia Roth, »die größte offene Drogenszene der Welt«[18]. Sie meint damit das Oktoberfest und den gesetzlich erlaubten Gerstensaftkonsum von jährlich mehreren Millionen Litern, wohingegen man sich mit dem Besitz von wenigen Gramm Cannabis bereits strafbar macht. Ist ein Joint wirklich schädlicher als eine Mass Bier?

Das Thema beschäftigt Politik und Gesellschaft seit Jahren und Jahrzehnten gleichermaßen, immer wieder gibt es Vorstöße von Vereinen, Verbänden und Initiativen zu einer Entkriminalisierung, und vermutlich wird die Debatte auch noch eine Zeit andauern.

Unseren Vorfahren hier im Pflanzenparadies Bayern war das aber einerlei, sie bekifften sich hier so früh wie sonst niemand auf der Welt. Zumindest wenn man dem Archäologenteam um den Prähistoriker Michael Rind Glauben schenken darf. Er entdeckte nämlich den Beleg dafür, dass die Menschen der Hügelgräberkultur zur Bronzezeit vor 3.500 Jahren, also unmittelbar vor Erfindung der CSU, schon Hanf oder Schlafmohn in Pfeifen mit tönernem Kopf und hölzernem Saugrohr geraucht haben: die älteste Haschischpfeife der Welt.

Rind fand in der Nähe des niederbayerischen Bad Abbach einen Tonpfeifenkopf, fast vier Zentimeter hoch, mit einem Durchmesser von 4,5 Zentimetern. Am Fundort des mutmaßlichen Pfeifenkopfes trat auch eine Art Feuerzeug zutage, nämlich ein Feuerstein mit zahlreichen Benutzungsspuren. Laut Rind könnte der Fund die älteste Pfeife der Welt sein.

Lohnte sich schon damals, hierher zu reisen und es sich gut gehen zu lassen. Bayern ist einen Trip wert. Berge, Seen, Wälder – und jede Menge Gras.

23. GRUND

WEIL EIN IDYLLISCHER BIERGARTEN DEN NAMEN EINES TAPFEREN MÄRTYRERS TRÄGT

Wer an einem frühen Morgen die Oberföhringer Straße stadtauswärts fährt, Richtung Norden also, und dann links abbiegt, den steilen Berg hinunter in Richtung Isar, der wähnt sich in einer anderen Welt und in einer anderen Zeit. Die dampfenden Wiesen, wenn der Tau und die Nebelschwaden vom Fluss nebenan herumwabern und einem Ort wie diesem eine leicht gespenstische Atmosphäre geben. Die Schafweiden und die Stadln, die ländliche Umgebung, es wirkt nicht so, als sei man hier noch in München.

Dabei ist hier die Wiege Münchens, die Ursuppe der Stadt, an der historischen St. Emmeramsmühle.

Ein Standbild des Namenspatrons, des Heiligen Emmeram, findet man gleich in der Nähe bei der Isarbrücke, und wenn man sich ihn näher anschaut, dann sieht man einen leicht gebeugten Mann, der ziemlich unglücklich und mitgenommen aussieht. Wenn man die Geschichte vom Emmeram kennt, weiß man aber auch, warum er so viel Trübsal bläst. Recht lustig ist sein Leben nämlich nicht.

Als Missionsbischof zieht er im 7. Jahrhundert durch die Lande, und als er in Regensburg landet, läuft erst einmal alles noch ganz gut, bis sich ihm aber die gute Ota anvertraut, die Tochter des Herzogs. Sie offenbart dem Emmeram, dass sie von einem gewissen Sigibald ein Kind erwarte, nur ein uneheliches Kind in solch einer hoch angesehen Familie, zur damaligen Zeit, das geht gar nicht. Um die Ota, den Sigi und das ungeborene Kind zu schützen, nimmt Emmeram alle Schuld auf sich und sagt, er sei es gewesen, der sie geschwängert habe. Damit ist es um ihn geschehen.

Otas Bruder Lantpert nämlich stellt den Bischof in der Ortschaft Kleinhelfendorf südlich von München nicht wirklich zur

Rede, sondern verstümmelt ihn gleich kurzerhand in einem entsetzlichen Martyrium. Emmerams Begleiter schleppen den schwer Verwundeten noch Richtung Norden, in der Nähe von Aschheim stirbt er, dort vergraben sie ihn auch. Dann aber setzt eine Sintflut ein, ein Regen, der 40 Tage dauert, so lange, bis sie den Emmeram wieder ausgraben und zur Isar bringen. Genau hier, an der Stelle der heutigen Emmeramsmühle, setzt der Kahn mit den sterblichen Überresten dann ab, in der Heiligenvita steht von dem großen Wunder geschrieben, dass das Floß nach der Isarmündung nach links in die Donau abgebogen, also dann stromaufwärts getrieben sei. Wer's glaubt. Jedenfalls liegen die Gebeine des Emmeram heute in der Regensburger Benediktinerabtei, und die heißt natürlich St. Emmeram, wie sonst.

Fünf Jahrhunderte, nachdem der tote Bischof von hier ablegt, kommt dann 1158 Herzog Heinrich der Löwe des Wegs, brennt die hier in unmittelbarer Nachbarschaft über die Isar führende Brücke nieder. Diese Brücke ist die Verbindung der Salzhandelsstraße von Reichenhall nach Augsburg, und weil sie auf dem Gebiet des Bischofs von Freising liegt, kassiert der Bischof bis dahin immer kräftig ab in Sachen Brückenzoll und Marktzoll.

Das tut ab da dann Heinrich der Löwe, der einige Kilometer weiter südlich ungefähr auf heutiger Höhe des Deutschen Museums in dem unscheinbaren Gehöft namens Munichen eine eigene Brücke über die Isar legt und damit auch den Grundstein für den Aufschwung Münchens zu einer prosperierenden Metropole.

Die heutige St. Emmeramsmühle indes wird bereits im 14. Jahrhundert als »Mühle beim heiligen Emmeram« erwähnt. So rund um 1820 kauft der jüdische Kaufmann Samuel Oberndorfer die Mühle, wenig später werden hier die erste Brotzeit und das erste Bier kredenzt, zunächst nur an die Kunden der Mühle. Die Mühle brennt bei einem Feuer bis auf die Grundmauern nieder, als Neubau entsteht 1866 hier ein Gastlokal, das gerade um die Jahrhundertwende zum begehrten Ausflugsziel der Schwabinger Boheme wird. Auf dem linken Isarufer spaziert man am Fluss entlang, auf Höhe der Gaststätte setzt man dann mit der Fähre über. Viel geändert hat sich seitdem nicht, nur dass das Publikum mittlerweile weniger aus Schwabing stammt, sondern aus dem betuchten Bogenhausen. Es ist immer noch ein wenig feiner als anderswo, dafür sitzt man aber auch wunderschön in einem der idyllischsten Biergärten Münchens.

Wenn es schönes Wetter hat.

Wenn nicht und wenn es wieder mal 40 Tage lang durchregnet, dann sollte man schleunigst wieder einen Heiligen ausgraben.

24. GRUND

WEIL DIE BAYERN BEIM BIER ZU GROSSEN REVOLUZZERN WERDEN

Der Bayer an sich wird mancherorts gerne mit einer gewissen Trägheit assoziiert. Es mag vielleicht nur ein billiges Klischee sein, dass die Menschen hier seit Jahrhunderten einer traditionellen und möglicherweise auch vererbbaren Behäbigkeit unterliegen und ihr Daseinsziel vor allem darin besteht, ihre Bewegungen und deren Radius in einem überschaubaren Rahmen zu halten. Jedwede Form von Aktivität, geschweige denn Aktionismus, erfordert demnach ein gehöriges Maß an aufopfernder Selbstüberwindung, das höchste der Gefühle – so zumindest vermittelt es das Bild, das sich dem neutralen Beobachter eines bayerischen Bierzeltpublikums bietet – besteht darin, beim Intonieren der Blaskapelle stehenderweise beseelt in das »Prosit der Gemütlichkeit« miteinzustimmen, dann aber ob der daraus resultierenden, bis an die Grenzen des Machbaren reichenden Anstrengung schnell wieder Platz zu nehmen und sich mit möglichst wenig motorischem Aufwand möglichst viel an Nahrung und Getränken einzuverleiben.

Wie alle Klischees entbehrt auch dieses nicht einer gewissen Wahrheit im Kern. Deswegen heißt es auch nicht umsonst »bierselig« oder spricht man von einer unerschütterlichen »Bierruhe«. Dahin ist es mit selbiger aber in Bayern ganz schnell, wenn es nämlich ums Bier geht. Da schäumt das Volk.

Zugegeben, im November 1918 revoltierten die Münchner unter ihrem Anführer Kurt Eisner auch aus politischen Gründen: Absetzung des Königs, Abschaffung der Monarchie, Ausrufung der Republik, solche Sachen. Das war aber eher ein Ausreißer. Sonst brachte die Leute hier kaum etwas auf die Barrikaden – außer eben wenn's ans Bier ging. An Bayerns Lebenselixier, das fünfte Element.

Das war schon 1844 so. Damals wagte es König Ludwig I., den Bierpreis um sage und schreibe eineinhalb Kreuzer zu erhöhen. Dass er zuvor schon den Brotpreis angehoben hatte, das war ja noch hinzunehmen. Aber fürs Bier mehr zu zahlen, daran hatten die Münchner schwer zu schlucken. Man muss dazu erwähnen, das Einkommen eines Tagelöhners betrug damals 40 Kreuzer, und jetzt für die Mass Bier sechseinhalb statt fünf Kreuzer zu bezahlen, das war dann in der Relation schon eine Menge.

Der Zorn entlud sich dann, ab dem 1. Mai, vier Tage lang, Tausende aufgebrachte Demonstranten zogen durch die Stadt, erstürmten Brauereigebäude und hinterließen verwüstete Gaststätten. Weil die Polizei allein des wütenden Volkes nicht mehr Herr wurde, rief man das Militär zu Hilfe, allerdings ging dieser Schuss nach hinten los. Denn auch die Soldaten waren durstig und schlugen sich auf die Seite der Bierrebellen. Einzig ein königliches Machtwort konnte da noch helfen. Um den Tumulten Einhalt zu gebieten, lenkte Ludwig ein und setzte den Preis wieder herab.

1888 dann folgte hoch droben auf dem Nockherberg, dem Ort des heutigen Derbleckens (siehe Grund 10), dann die berühmte »Salvator-Schlacht«, auch hier ging es um die Erhöhung des Starkbierpreises. 4.000 Münchner waren dort in eine zünftige Massenschlägerei verwickelt, erst eine 50 Mann starke Einheit der Säbel schwingenden »Schweren Reiter«, der Eliteeinheit des Königs, beendete die Keilerei.

Nicht zu vergessen der Bierkrieg von Dorfen, von dem auch einige alte Schwarz-Weiß-Fotografien überliefert sind. Sieht man die Bilder heute, ähneln sie Aufnahmen von Häuserruinen anno 1945, dabei waren es die Überbleibsel von zwei Schenken und fünf Bürgerhäusern, die die Dorfener niederbrannten und in Schutt und Asche legten, weil die Brauereien nach der Erhöhung der Malzsteuer zwei Pfennig mehr für die Mass verlangten. Das konnten sie schon machen, aber eben nicht ungestraft.

Die jüngste Revolution schließlich fand Anno Domini 1995 statt, damals ging es um die rigiden Sperrzeiten in den bayerischen Biergärten. Auslöser war ein Gerichtsurteil im Zusammenhang mit der »Waldwirtschaft«, einem der beliebtesten und schönsten Biergärten im Münchner Süden. Anwohner hatten wegen der Lärmbelästigung geklagt, weshalb der Bayerische Verwaltungsgerichtshof die Sperrstunde auf 21.30 Uhr vorverlegte – dabei aber wohl nicht mit der wütenden Reaktion der Bürger rechnete. Sofort gründete sich der »Verein zur Erhaltung der Biergartenkultur«, fand durch sämtliche Lokalmedien eine Massenmobilisierung statt, die am 12. Mai 1995 in einer Großdemonstration mit 25.000 Teilnehmern in München gipfelte. Unmittelbar darauf erließ die Staatsregierung die Bayerische Biergartenverordnung und legte die Sperrzeit kurzerhand auf 23 Uhr fest. Die Biergartenkultur war gerettet.

Merke also: Im Bayer an sich gärt es eher selten. Beim Bier aber wird er obergärig.

25. GRUND

WEIL DIE BAYERN EINEN MILCHBAUERN ALS LETZTEN KÖNIG HATTEN

Jedes Wochenende war es das Gleiche, vor vielen Jahren, als eine alte Freundin davon erzählte, dass sie jeden Sonntag hinausfahren würde, raus aus der Stadt, aufs Land nach Wildenwart. Weil sie dort in der Schlosswirtschaft so eine unvergleichlich gute Schweinshaxn auf den Tisch zaubern würden, mit so einer herzhaft knackigen Kruste, gerade am Sonntag immer. Und dass man rechtzeitig da sein müsse, weil die Schweinshaxn nämlich so beliebt sind, dass man vielleicht gar keine mehr bekommt, weil sie keine mehr haben, wenn man zu spät ist.

Man fragte sich, was das soll, allein wegen einer Schweinshaxn rauszufahren, über die Salzburger Autobahn, bis hinter Rosenheim, bei dem Verkehr, an einem Sonntag, und dann wieder heim durch den Stau. Einmal fuhr man mit, kam noch gerade recht, viele Haxn waren nicht mehr da, aber es reichte gerade noch. Man kam danach sehr oft wieder, an vielen Sonntagen. Das war eine Haxn zum Niederknien.

Wildenwart ist freilich nicht nur die Heimat einer einzigartigen Schweinshaxn, sondern auch ein Schauplatz von großer historischer Bedeutsamkeit. Ein Ort, an dem ein Stück bayerischer Geschichte zu Ende ging: die Königsherrschaft der Wittelsbacher.

Es waren die letzten Tage des Ersten Weltkriegs, in Europa zählten sie ihre Toten und Verletzten, die Stimmung war aufgewühlt, das Volk zornig, Deutschland lag in Trümmern, eine Zeit des Umbruchs stand an, auch in Bayern. Zu jener Zeit hatte Bayern noch einen Monarchen. Einen Ludwig. Ludwig III.

Als Ludwig II. 1886 im Starnberger See auf mysteriöse Weise ums Leben kommt, wäre eigentlich sein jüngerer Bruder Otto an der Reihe, den Thron zu besteigen. Otto aber ist geisteskrank, deswegen springt Onkel Luitpold in die Bresche, er übernimmt die Regentschaft als Prinzregent, König darf er sich nicht nennen. Luitpold stirbt 1912, ihm folgt sein Sohn Ludwig. Ewig einen provisorischen Interims-Regenten will man in Bayern aber auch nicht haben, das ist nichts Halbes und nichts Ganzes, so ändert man 1913 die Verfassung, spricht dem irren Otto alle Königsrechte ab und inthronisiert König Ludwig III., den Cousin von Otto und Ludwig II.

Der neue und gleichzeitig auch letzte König ist ein volksnaher und leutseliger Mann, unbeschwert geht er in München auf der Straße und trifft sich mit seinen Freunden gerne im »Alten Simpl«, einem bekannten Lokal in der Türkenstraße. Der König wandelt freilich dabei auch ein wenig unbedarft und naiv durch seine Herrschaft und durch seine Stadt und das ganze Leben. Im Volksmund heißt der König auch der »Millibauer«, wegen seiner Leidenschaft für das Leben als Landwirt mit seinen Zuchtrindern und einer ertragreichen Milchwirtschaft.

Als die letzten Kriegstage anbrechen und auch in München der Umsturz durch den Münchner Revolutionsführer Kurt Eisner unmittelbar bevorsteht, als sich die brodelnden Menschenmassen bereits auf der Theresienwiese scharen, da bummelt König Ludwig III. seelenruhig durch den Englischen Garten – bis ihm ein Passant gegenübertritt und nur meint: »Majstät, gehn S' heim, Revolution is.«[19]

Woanders werden Könige bei Revolutionen geköpft, gehängt, gemeuchelt. In Bayern bittet man den Monarchen höflich, nach Hause zu gehen. Liberalitas Bavariae.

Freilich tut Ludwig gut daran, den Rat des Spaziergängers im Englischen Garten zu befolgen, denn sonst würde es womöglich auch mit ihm ein böses Ende nehmen. Als Ludwig in die nahe Residenz zurückkehrt, ist diese bereits weitgehend verlassen, die Wachen haben Reißaus genommen oder sich den Revoluzzern angeschlossen. Am Abend schauten noch Ministerpräsident von

Dandl und Innenminister von Brettreich vorbei, um den König zur Flucht zu bewegen, sonst könnten sie für nichts mehr garantieren. Noch in der Nacht fährt Ludwig mit seiner schwerkranken Frau Marie Therese mit dem Auto auf und davon. Das Auto bleibt ein paar Mal stecken, schließlich aber kommen sie doch noch an am Ziel. In Wildenwart.

Wildenwart ist ein altes Schloss, die Wittelsbacher hatten es einmal geerbt, nun dient es als Zufluchtsort, als Trutzburg. Die Revolutionswirren in der neuen Republik Bayern übersteht das Königspaar dort unbeschadet, allerdings ist die Königin so schlecht beieinander, dass sie nicht mehr lange zu leben hat, am 3. Februar 1919 schläft sie für immer ein und wird zunächst in der Wildenwarter Schlosskapelle beigesetzt.

Der abgesetzte König verbringt seine letzten Jahre auf seinen alten Gütern, er bestellt die Felder, macht auf Landwirt. Am 18. Oktober 1921 stirbt er auf Schloss Nádasdy in Ungarn. Auf dem Rücktransport nach München macht der Leichnam in Wildenwart halt, mit der Eisenbahn treten König und Königin gemeinsam die letzte Reise nach München an.

Die Beisetzung dort wird ein mächtiges Spektakel, mit viel Pomp und Tamtam. Die Straßen sind voll, voller noch als bei der Beerdigung von Luitpold neun Jahre zuvor. Viele Menschen sind resigniert von den nicht gehaltenen Versprechungen der Republikgründer, man steckt mittendrin in der Krise nach dem Krieg. Aber auch alles mit Rang und Namen ist gekommen, die Staatsregierung ist da, vollzählig, ausländischer Adel, kirchliche Würdenträger und militärische. Das Gerücht geht um, dass Kronprinz Rupprecht zum neuen König ernannt werde, manch einer sehnt sich nach der Rückkehr der Monarchie und verflucht sich, den Revoluzzern gefolgt zu sein. Doch die Hoffnung wird enttäuscht.

Rupprecht mag nicht. Klammheimlich schleicht er sich hinten durch die Sakristei der Münchner Frauenkirche hinaus. Die Monarchie kommt nie mehr wieder.

Das Schloss Wildenwart bewohnt heute Max Emanuel Herzog in Bayern. Ein Urenkel von Ludwig III. Man begibt sich also immer noch auf königliche Spuren, bei der Schweinshaxn am Sonntag.

26. GRUND

WEIL EINE KAPELLE AM STARNBERGER SEE AN EINE BAYERISCH-BRITISCHE KRIEGSFREUNDSCHAFT ERINNERT

Ein paar Kilometer nordöstlich von Seeshaupt, nahe der Ortschaft Degerndorf, gibt es einen kleinen Hügel, man nennt ihn den Fürst-Tegernberg. Er ist nicht hoch, ein kleiner Anstieg, zwei, drei Minuten, dann ist man oben und kann einen der großartigsten Rundumblicke genießen, die das Alpenvorland zu bieten hat. Gerade Richtung Süden, mitten hinein in die schroffen Felskanten des Karwendels, die rechts und links von den Gebirgszügen vom Allgäu bis zum Chiemgau flankiert werden. Im Westen der Starnberger See mit seinen an schönen Sommertagen vielen kleinen weißen dreieckigen Flecken, die Segelboote, die in der Distanz wie winzige ferngesteuerte Spielzeugschiffe ihre Linien in das Wasser ziehen. Und im Norden bald hinter Münsing der oft gut sichtbare, sich über der 30 Kilometer weiter gelegenen Großstadt erhebende Dunst, dessen Anblick einen noch seliger werden lässt, weil man weiß, dass es genau die richtige Entscheidung war, an diesem wunderbaren Tag München hinter sich zu lassen und hierherzukommen.

Auf dem Fürst-Tegernberg gibt es einmal im Jahr eines der schönsten Johannifeuer im südbayerischen Raum, und dort oben steht auch eine kleine Kirche, die Maria-Dank-Kapelle. In solchen Gegenden stehen solch kleine Gotteshäuser in der Regel schon sehr lange, manche tun das seit einigen Jahrhunderten. Maria Dank aber ist eine ganz junge ihrer Art, mit Baujahr 1948 ist sie eine Kapelle mit einer ganz besonderen Geschichte. Und die geht so:

Der Krieg nähert sich im Herbst 1944 allmählich seinem Ende, dass es bald vorbei ist, weiß damals aber noch keiner, und so leben auch die Menschen im Oberland in Sorge um Hab und Gut und ums Leben, Tag um Tag, Nacht für Nacht. Die kleine Ortschaft Degerndorf liegt genau in der Einflugschneise der alliierten Bomber bei ihren Angriffsflügen auf München, die Bevölkerung hofft, vom Bombenhagel verschont zu bleiben, was hätte es auch für einen Sinn, ein kleines Nest wie dieses hier in Schutt und Asche zu legen. Im Krieg aber ist das meiste ohne Sinn, und so schlagen direkt neben Degerndorf am 20. November 1944 plötzlich rund 20 Bomben auf den Feldern ein. Man vermutet einen Fehlabwurf, der eigentlich die Bahngleise etwas weiter östlich hätte treffen sollen, um die Transportstrecke der Munitionsfabrik in Geretsried zu zerstören. Zu Schaden kommt zum Glück niemand, doch keine vier Wochen später herrscht wieder große Angst.

Am Abend des 17. Dezember hören die Degerndorfer erneut das Brummen von Flugzeugmotoren, eine Maschine hören sie besonders laut, und die, die es in der Kürze der Zeit wagen, vor die Türe zu gehen, können den Flieger auch sehen. Lichterloh brennend und völlig unkontrolliert rast das Flugzeug aus dem Nachthimmel auf Degerndorf zu, eine britische Lancaster-Maschine, die beim Angriff auf München von der deutschen Flak-Abwehr schwer getroffen wurde. Sie ist voll beladen mit Phosphorbomben, doch kurz bevor sie mitten in Degerndorf abstürzt und ein katastrophales Inferno anrichtet, explodiert sie noch in der Luft.

Ein Chronist von damals schreibt, dass der Phosphor brennend vom Himmel herabgefallen sei und die Felder plötzlich in Flammen standen. »Der Himmel ist hell erleuchtet, und der Weiher zischt von herabfallenden glühenden Teilen. Aber nicht ein Dachziegel ist beschädigt.« Wie durch ein Wunder bleiben alle Degerndorfer unversehrt. Von den sieben Besatzungsmitgliedern der Royal-Air-Force-Maschine sind sechs auf der Stelle tot. Edward Newland, Ronald Bernet, David Muis, Percival Barlow, Hilton Hales und Bertram Tuck.

Am Morgen danach, als die Degerndorfer angesichts der rings um das Dorf verstreuten Flugzeugteile und Phosphorkanister begreifen, was für ein unwahrscheinliches Glück sie hatten, taumelt ihnen plötzlich ein schwer verletzter Mann in die Arme. Es ist der Pilot der Maschine, Charles Samuel Joce. Einige übereifrige Degerndorfer erstatten Meldung an die Polizei in Wolfratshausen, dort heißt es: »Derschlagts ihn glei, dann macht er keine Scherereien mehr.« Doch einer widersetzt sich der Anordnung, es ist Georg Bolzmacher, der Bürgermeister.

Bolzmacher pflegt den Piloten gesund und denkt nicht daran, ihn als Kriegsgefangenen zu melden. Kurz vor Kriegsende, im April 1945, erklärt Pfarrer Ludwig Betzinger in seinem Sonntagsgottesdienst: »Wenn unsere Gemeinde in den kommenden Tagen und Wochen vor Schaden bewahrt wird, wenn kein Haus beschossen wird, kein Bewohner getötet wird, werden wir am schönsten Platz unserer Gemeinde, auf dem Fürst-Tegernberg zu Ehren Marias der Hilfe der Christen und zu Ehren der heiligen Schutzengel eine Maria-Dank-Kapelle bauen.« So geschieht es dann, denn auch von sonstigen Repressalien nach dem Krieg durch die alliierten Siegermächte bleibt Degerndorf verschont. Als die Besatzer erkennen, dass die toten britischen Soldaten nicht wie auf Nazi-Geheiß anonym verscharrt worden waren, sondern eine richtige Beerdigung und ein Grab mit ihrem Namen erhalten hatten, lassen sie den Ort in Ruhe.

Nach dem Krieg, in den 1950er-Jahren, kehrt Charles Samuel Joce nach Degerndorf zurück, um noch einmal seine Retter zu sehen und den Bürgermeister. Maria Dank stand damals bereits auf dem Fürst-Tegernberg, 1948 errichtet aus Schutt und Ziegeln des zerbombten Münchens. Erbaut aus Demut und tiefer Freude, verschont geblieben zu sein von all dem Gräuel. Die Geschichte des englischen Bombers ist bis heute im Inneren der Kapelle nachzulesen – als Sinnbild für Nächstenliebe und Mitmenschlichkeit, in einer entsetzlichen Zeit an einem wundervollen Ort.

KAPITEL IV

SEHENSWERT

27. GRUND

WEIL DER STARNBERGER SEE SCHON POMPÖSE PRUNKSCHIFFE SAH UND NACKTE HERZÖGE

Irgendwann hatten sie sich dann auf fünf festgelegt. Man hätte natürlich auch einfach sich auf zwei beschränken können, auf die beiden größten Gewässer, den Starnberger See und den Ammersee. Andererseits, es wären auch noch viel mehr reinzupacken gewesen in den Namen, hätte man die ganzen vereinzelten Osterseen südlich von Seeshaupt dazugenommen, dann wäre man bei weit über 20 gewesen. Oder den Maisinger See. Oder den Nußberger Weiher Richtung Jenhausen. Oder den Zellsee, direkt an der Staatsstraße 2057, kurz vor Wessobrunn. Aber wie hätte das am Ende geklungen. So etwas wie »Achtundzwanzig-Seen-und-einige-Tümpel-dazu-vereinzelte-Dorfweiher-Land«. Eher umständlich. Das wäre etwas ausgeufert.

Deswegen zogen sie eine Grenze. Und entschieden sich für fünf. Für das »Fünfseenland«.

Das Fünfseenland, Inbegriff der weiß-blauen Bilderbuchromantik. Mit dabei: Pilsensee, Wörthsee, Weßlinger See, dazu eben der Ammersee, und der allergrößte, der Starnberger See. Nein, der Starnberger See ist gewiss nicht der allerruhigste See. Wer sich an einem sommerlichen Sonntagnachmittag im dichten Verkehr über die Ostuferstraße von Kempfenhausen Richtung Ammerland auf der Suche nach freien Parkplätzen und Badeplätzen quält, weiß das leidvoll zu bestätigen.

Aber unbestritten ist der Starnberger See der berühmteste des Quintetts, der geschichtsträchtigste und der geheimnisvollste, der faszinierendste. 20 Kilometer von Nord nach Süd, bis zu fünf Kilometer breit, bis zu 127 Meter tief. Da geht ganz schön was rein, genau 2,99 Milliarden Kubikmeter Wasser.

Schon die Römer kannten den See, sie nannten ihn »Verrus Lacus«. Den Ebersee. Dann hieß er gut 1.000 Jahre Würmsee, von der

Würm, dem einzigen Abfluss, der am Nordufer Richtung München rausplätschert, erst 1962 bekam er seinen heutigen Namen, Starnberger See. Man nennt ihn aber auch »Fürstensee« oder die »Badewanne der Herzöge«, was daher rührt, weil er über Jahrhunderte auch für Adelsvolk ein beliebter Spielplatz war.

So gibt es auch viel Geschichtsträchtiges zu erkunden an den Ufern ringsherum. Man kann sich informieren über Kurfürst Ferdinand Maria, der im 17. Jahrhundert mit seiner Gattin Henriette Adelaide von Savoyen ein vergoldetes, 500 Gästen Platz bietendes Prunkschiff nach venezianischem Vorbild bauen ließ: die »Bucentaur«, um es von 150 Männern an den Rudern über den See zu steuern. Man kann auf die Roseninsel übersetzen (siehe Grund 28) oder zur Votivkapelle in Berg spazieren, die König Ludwig II. gewidmet wurde, nachdem seine Leiche am Pfingstsonntag 1886 hier im See gefunden wurde.

Man kann sich an der Südspitze in Seeshaupt an der alten Badeanstalt der Familie Lidl eine Brotzeit einverleiben und daran denken, wie Herzog Siegfried, einer aus der Seitenlinie der Wittelsbacher Königsfamilie etwas glücklos agierte, als er beim Besuch des Freibads im Sommer 1917 vor den versammelten Badegästen die Hosen runterließ und plötzlich nackig dastand. Dazu muss erwähnt werden, der gute Siegfried war nach einem Sturz auf den Kopf bei einem Reitunfall nicht mehr ganz frisch.

Man kann auch an einem der ältesten Geheimnisse des Starnberger Sees vorbeischlendern: einer alten Säule, 500 Jahre, eine Inschrift lässt die Jahreszahl 1522 erkennen. Verwittert, aus Tuffstein, wissenschaftliche Geschichtsforscher wie auch Hobbyhistoriker haben sich an ihr schon die Zähne ausgebissen.

Einige behaupten, sie habe einst als Wegweiser gedient, andere stellten die These auf, sie sei eine Ufermarkierung für die Boote gewesen. Wie ein Leuchtturm, nur ohne Leucht. Vermutlich aber war es der Ort eines Seegerichts bei Streitigkeiten in den Fischfanggebieten.

Oder man besucht Lothar Buchheims faszinierendes »Museum der Phantasie« in Bernried, an jenem Ort, an dem in der ersten Hälfte des 20. Jahrhunderts die verruchte amerikanische Brauereierbin Wilhelmina Busch ein lasterhaftes Luxusleben in Saus und Braus führte, und wo sie sich an der Seite ihres dritten Ehemannes in einem kitschigen Marmorsarkophag mit der Aufschrift »Love never ends« beerdigen ließ.[20]

Man kann am Starnberger See aber auch einfach nichts tun. Kann am Ostufer bei Ambach auf dem langen Holzsteg sitzen, die Beine bis knapp über dem Wasser baumeln lassen, kann Richtung Zugspitze schauen und hinüber Richtung Westen, bis die Sonne in Richtung Ammersee hinter den sanften Hügeln entschwunden ist und sich dann auf den etwa eine Minute dauernden Fußmarsch begeben, um sich zur Belohnung in der Gaststätte »Fischmeister«, dem Lokal von Schauspieler Sepp Bierbichler, einen dieser formidablen Schweinsbraten mit Knödel und ein zischendes Weißbier zu gönnen. Das ist dann die absolute Glückseligkeit.

28. GRUND

WEIL SICH AUF DEM EILAND VON LUDWIG UND SISI WIEDER ROMANTISCH WANDELN LÄSST

Welch lieblicher Ort, dieses kleine Stück Eiland. Bezirzend, verzaubernd. Die Roseninsel, keine 200 Meter von den westlichen Gestaden des Starnberger Sees entfernt, und doch eine ganz eigene Welt. Anmutig, zart, zephirisch. Kein Wunder, dass sie sich diesen Platz ausgesucht hatten, um sich hier immer heimlich zu treffen. Der Ludwig und die Sisi. Der König und die Kaiserin. Der Adler und die Möwe.

Der Münchner Historiker und Theologe Lorenz Westenrieder schrieb über die Roseninsel so rund um das Jahr 1800: »Groß genug wäre die Insel, um darin irgendeinen Kummer zu begraben, auch groß genug, zwei Herzen aufzunehmen, die jetzt in der süßesten und glücklichsten Schwärmerei ihrer Seelen nichts bedürfen als sich selbst und nichts wünschen als Gebüsche, ihr Glück vor den Augen des Neids zu verbergen.«[21]

Angezogen hat der Ort die Menschheit schon seit jeher, das ergaben archäologische Grabungen und der Fund einer Pfahlbaubehausung, die belegen, dass die Insel schon früh besiedelt war, so um 3700 vor Christus. Also das Jahr 5545 vor Ludwig II.

Dessen Vater Max II. kaufte die damals noch Wörth genannte Insel im Jahre 1850, eine ruhige Sommerresidenz wollte er sich dort einrichten und ließ sich deswegen eine stattliche königliche Villa bauen, das »Casino«, architektonisch eine ganz eigene Mischung aus alpinem Gebirgshaus und oberitalienischer Landvilla, eingebettet in einen oval geformten Rosengarten mit Hunderten von Duftrosen und einer Glassäule in deren Mitte, in Blau und Weiß, deswegen hieß sie ab da Roseninsel.

Gerade für seinen Sohn Ludwig wurde die Roseninsel zu einem Zufluchtsort, zu einem Refugium in einer Welt, die er nicht verstand und die vor allem ihn nicht verstand. Ludwig nutzte die Roseninsel für Empfänge, etwa wenn die russische Zarin Maria Alexandrowna auf Besuch kam oder sein enger Freund und Seelenverwandter Richard Wagner vorbeischaute. Und natürlich traf er sich hier oft mit seiner Cousine, Elisabeth Amalie Eugenie, Herzogin in Bayern, ab 1854 Kaiserin von Österreich, kurz der Sisi, die sich übrigens erst seit der Filmtrilogie Mitte der 1950er-Jahre mit Romy Schneider »Sissi« schrieb.

Sisi kannte sich gut aus rund um den Starnberger See, der damals noch den Namen Würmsee trug, einen Großteil ihrer Jugend lebte sie im nahen Schloss Possenhofen, und auch später kehrte sie noch oft nach Feldafing zurück, um sich im »Hotel Strauch«, dem heutigen »Hotel Kaiserin Elisabeth«, niederzulassen. Fast jeden Tag ließ sie sich in jenen Jahren mit der Fähre auf die Insel übersetzen, verbrachte dort viel Zeit allein und auch zu zweit mit Ludwig.

In die so besondere Beziehung, ob es wirklich Liebe war oder nicht, wurde seitdem in etwa so viel hineininterpretiert wie bei den Spekulationen um die Todesursache, wie und warum Ludwig 1886 auf der anderen Seite des Sees, drei Kilometer nordöstlich der Roseninsel, starb. Sicher war jedenfalls, dass Ludwig und Elisabeth eine einzigartig innige Freundschaft miteinander verband, was nirgendwo deutlicher wird als in den Gedichten, die sich die beiden schrieben und die sie für den jeweils anderen auf der Roseninsel hinterließen. Einmal, es war im Juni 1885, schrieb Elisabeth an Ludwig:

»Dir schickt die Möve der See / Einen Gruß von schäumenden Wogen / Hinauf zum ewigen Schnee / Einst sind wir einander begegnet / Vor urgrauer Ewigkeit / Am Spiegel des lieblichsten Sees / Zur blühenden Rosenzeit / Stumm flogen wir nebeneinander / Versunken in tiefer Ruh / Ein Schwarzer nur sang seine Lieder / Im kleinen Kahne dazu.«

Auf diese Zeilen erwiderte Ludwig drei Monate später: »Der Möve Gruss von fernem Strand / Zu Adlers Horst den Weg wohl fand / Er trug auf leisem Fittig-Schwung / Der alten Zeit Erinnerung / Da Rosenduft umwehte Buchten / Möve und Adler zugleich besuchten / Und sich begegnend in stolzem Bogen / Grüßend aneinander vorüberzogen / Zur Bergeshöh zurückgewandt / Dankt Aar der Möve am Dänenstrand / Und rauschend entsenden seine Flügel / Fröhlichen Gruss zum Meeresspiegel.«

Es war eines der letzten Gedichte Ludwigs, wenn nicht das letzte. Ein Dreivierteljahr später war er tot.

Die Roseninsel verfiel nach Ludwigs Ableben über fast ein ganzes Jahrhundert, erst 1978 erwarb der Freistaat Bayern die verwahrloste Insel und restaurierte das Casino und den Rosengarten. Heute setzen jährlich in den zugänglichen Sommermonaten rund 4.000 Besucher mit dem Fährmann auf die Insel über, die sich durch Verlandung und Aufschüttung von 1,3 Hektar im Jahre 1800 flächenmäßig auf 2,5 Hektar fast verdoppelte.

Die Insel wird immer größer, um Kummer aufzunehmen und zwei Herzen zu begraben.

Noch immer ist es ein betörender Ort, und wenn man am Ufer der Insel weilt, hinausblickt auf den See und dann hinauf in den weißblauen Himmel darüber, dann würde man sich gerne vorstellen, dass da oben über einem gerade zwei Vögel miteinander durch die Lüfte schwingen, Flügel an Flügel, der Adler und die Möwe.

29. GRUND

WEIL DER OLYMPIAPARK NUR DURCH DEN EIERMANN ZUM ARCHITEKTURDENKMAL WURDE

Der Münchner Olympiapark, eines der weltweit bekanntesten Wahrzeichen der Stadt, architektonisches Monument für die Ewigkeit. Mit seiner fabelhaften freischwebenden Zeltdachkonstruktion, mit seinen grünen Wiesen und dem See, mit seinem hohen Freizeitwert, der seit den Sommerspielen von 1972 mehr als 200 Millionen Menschen angelockt hat, Münchner wie Touristen. Ein unvergleichliches Meisterwerk, das viele Väter hatte. Günter Behnisch, Fritz Auer, Carlo Weber, Frei Otto. Vor allem aber Egon Eiermann.

Egon Eiermann gehörte zwar gar nicht zu dem jungen wilden Stuttgarter Architekturbüro von Günter Behnisch, das heute noch für dieses großartige Bauwerk gefeiert wird. Aber ohne Eiermann wäre der Olympiapark gar nie so gekommen. Ohne Eiermann wäre die Geschichte eine ganz andere geworden.

Es war 1967. Ein Jahr davor hatte München den Zuschlag für die Olympischen Sommerspiele 1972 bekommen, nun ging es darum, wie der Olympiapark auf dem Oberwiesenfeld nördlich des Münchner Zentrums auszusehen habe. Ein Wettbewerb wurde ausgerufen, und als es zur Entscheidung kommen sollte, hatten 104

Architekturbüros ihre Modelle eingereicht. Darunter war eben auch jener abenteuerliche Entwurf von Behnisch und seinen Partnern. Ein quer über eine Tischplatte gezogener und auf Zahnstochern aufgespießter Damenstrumpf – so hatten die Stuttgarter ihre Vision von der Zeltdachkonstruktion präsentiert.

Ein Entwurf, der aber gleich einmal durchfiel. Gleich in der allerersten Runde warfen die Juroren das Behnisch-Konzept aus dem Wettbewerb, zu kühn schien ihnen dieses Projekt, zu waghalsig, zu verrückt. Wie sollte das überhaupt in Wirklichkeit halten, stabil bleiben, viel zu unsicher, nicht abzuwägen das Risiko. Überhaupt zu unkonventionell, zu unrealisierbar. Zu utopisch. Doch dann kam Eiermann.

Egon Eiermann war einer der bedeutendsten Architekten der Nachkriegsmoderne der Bundesrepublik. Er baute in Berlin die neue Kaiser-Wilhelm-Gedächtniskirche und in Bonn den »Langen Eugen«, das damalige Abgeordnetenhaus des Deutschen Bundestags.

Eiermann jedenfalls hatte damals den Vorsitz in jener Jury, und anders als seine Fachkollegen war er äußerst angetan von der Behnisch-Idee. In einem flammenden Plädoyer überzeugte er das Gremium, den Entwurf wieder in den Wettbewerb mit aufzunehmen und zumindest in die engere Wahl zu nehmen – und siehe da, die Jury befolgte Eiermanns Wunsch und kürte das freischwebende Zeltdach-Modell doch noch zum Sieger. Es war 1967 im Oktober. An einem Freitag, dem 13. – einem Glückstag.

Eiermann starb 1970, die Eröffnung des Parks erlebte er nicht mehr mit. Irgendwie wurde es so aber doch auch sein Park.

30. GRUND

WEIL NAZARETH IM TAL DER TROTZIGEN BAUERNSCHÄDEL LIEGT

Fährt man durch den Isarwinkel auf der Bundesstraße Richtung Süden, vorbei an Lenggries und überquert dann bei Wegscheid auf der Bretonenbrücke die Isar, beginnt bald eine liebliche Welt, die Jachenau. Eine Gegend mit einem ganz besonderen Menschenschlag, der sich seit Jahrhunderten erfolgreich Wind und Wetter entgegenstemmt und inzwischen sogar noch einer viel größeren Gefahr, nämlich der bayerischen Staatsregierung. Wäre München Rom, dann wäre die Jachenau ein kleines gallisches Dorf.

Ganz besonders ist die Jachenau allein schon deswegen, weil sie eines der ganz seltenen Alpentäler ist, die in West-Ost-Richtung verläuft und dennoch besiedelt ist. Meist ließen sich die Menschen sonst in den Bergen in Nord-Süd-Tälern nieder, mit den Bergen im Westen als Schutzmauer vor den meist von dort heranrückenden Launen der Natur. Es ist darum auch ein Tal der Extreme, im Sommer hat es den ganzen Tag von früh bis spät Sonne, im Winter dagegen verweilen einige am Nordhang des südlichen Bergrückens gelegene Anwesen in ewiger Dunkelheit, der Luitpolder Hof etwa ist zwischen November und Januar zwei Monate ohne direktes Tageslicht. Bayerns kleinste Gemeinde, mit nicht einmal 1.000 Einwohnern, ein Sonnental mit Schattenhöfen.

Die ältesten Urkunden mit Erwähnungen der 129 Quadratkilometer großen Gegend zwischen Walchensee und der Isar reichen zurück bis ins 12. Jahrhundert, die Klosterbrüder von Benediktbeuern nannten das Tal damals »Nazareth«. Das hatte nichts mit der Bibel und der Heimat von Jesus zu tun, vielmehr mit den Wäldern, die dieses Tal durchzogen. Wälder voller Ahornbäume, weshalb die Mönche aus dem lateinischen »in acereto«, im Ahorngehölz, den Namen »Nazareth« ableiteten. Und das Holz wurde so auch zur

Lebensgrundlage der Menschen hier. Umso bedrohlicher wurde es, als sich im Zuge der Säkularisation der Staat Bayern der Forstrechte bemächtigte. Ein langer Kampf gegen die Herrschaftsobrigkeit, der bis in die Mitte des 20. Jahrhunderts dauerte, erst da bekamen die Jachenauer den Großteil ihrer Rechte wieder zurück. Der legendäre Heimatdokumentarfilmer Otto Guggenbichler (1924–2009) bezeichnete die Jachenauer deswegen auch einmal als »Die trotzigen Bauernschädel«. Trotzig waren die Jachenauer aber auch in der allerjüngsten Vergangenheit noch in ihrem Kampf gegen die staatliche Obrigkeit.

Die CSU hatte geplant, auf dem Jochberg, einem der beliebtesten, weil auch leichtesten, bayerischen Wanderberge Oberbayerns, ein monströses Pumpspeicherkraftwerk zu errichten, was nicht nur eine entsetzliche Naturverschandelung unterhalb des Gipfels, sondern auch eine unentschuldbare Zerstörung der so weitgehend unberührten Jachenau zur Folge gehabt hätte. Dreispurige Teerstraßen hätten allein für die Einrichtung der Baustelle das Tal durchschnitten, laut wäre es gewesen und dahin mit dem sanften Tourismus, mit dem die Gemeinde so gerne wirbt. Ein Protest, der Erfolg hatte. Im September 2014 beerdigte die Bayerische Staatsregierung das Projekt. Die Jachenauer hatten gesiegt und endlich wieder ihre Ruhe. So weit.

Nur, warum eigentlich Jachenau, woher der Name? Naheliegend wäre die Ableitung von Jachen, dem kleinen Fluss, der durchs Tal plätschert. Oder von der Au eines gewissen Jacho, war früher mal ein ganz beliebter Vorname, so wie heute Leon, Luca, Kevin. Oder aber vom besagten Jochberg, von dessen Fuß aus die Jachenau sich Richtung Osten erstreckt. Oder vielleicht ganz einfach von einem Joch, unter das sich die Menschen hier niemals schicken ließen. Die gallischen Bauernschädel.

WEIL MAN BEI HARFENKLANG AM AMMERSEE IN ANDEREN SPHÄREN SCHWEBT

Der bedeutende Philosophielehrer und große Romantiker Christian Cay Lorenz Hirschfeld sagte mal einen schönen Satz: »Alles scheint Natur, so glücklich ist die Kunst versteckt.« Hirschfeld war ein leidenschaftlicher Freund schön angelegter Landschaftsparks, er lebte im 18. Jahrhundert und das auch noch weit weg von Bayern. Lübeck, Leipzig, Hamburg, Kiel, irgendwo da droben jedenfalls, und hatte deshalb weder zeitlich noch örtlich die Gelegenheit, diesen verwunschenen Park am Südufer des Ammersees zu besuchen, auf den sein Satz zu vortrefflich gepasst hätte und das heute auch noch tut. Auf den Schacky-Park in Dießen, eine der geheimnisvollsten Grünanlagen, die Bayern zu bieten hat.

Es war kurz vor der Wende ins 20. Jahrhundert, als der königliche Kämmerer und Oberstleutnant Ludwig Freiherr von Schacky auf Schönfeld und seine Gattin Julia diesen Platz hier für sich entdeckten. Die beiden lebten in München, wie aber schon Münchner Generationen davor und danach hatte der Süden mit seiner aberwitzig betörenden Landschaftsschönheit zwischen Seen und Bergen eine magische Anziehungskraft, der zu widerstehen kaum einer imstande ist.

Also zogen sie eines Tages hierher und schufen auf den noch unverbauten Wiesen mit dem pittoresken Panorama auf die Seen und die Alpen ein kleines Elysium, eine eigene Welt, in der sie sich in anderen Sphären wähnten.

Mit Brunnen und Statuten, Hainen und Teichen, eine idyllische Vision, eine heile Welt, die sich der Freiherr und seine Frau hier im ersten Jahrzehnt des 20. Jahrhunderts errichteten, ein Ruhepol in einer politisch so aufgewühlten Zeit, am Vorabend des Ersten Weltkriegs und dreier Jahrzehnte voller Schrecken, Elend, Terror und Armut. Lange konnten die Schackys ihr grünes Idyll nicht genießen, sie starb 1910, er 1913.

Später, in der Nazizeit, gehörte das Land hier den Barmherzigen Schwestern vom Heiligen Vinzenz von Paul, den Vinzentinerinnen. Sie bauten hier Gemüse an und verhinderten in den Kriegsjahren 1941 und 1942 mit Erfolg den Bau eines Rüstungsbetriebs, deswegen ist dieses Paradies in all seiner Pracht bis heute erhalten. Die Vinzenz-Schwestern hielten sich recht gut und recht lange, erst 2003 gaben sie den Park auf, der mit den Jahren aber immer mehr verwildert und zugewuchert war. Ein privater Förderkreis richtete das Kleinod wieder her und machte ihn der Öffentlichkeit zugänglich. Immer ab Mai laden heutzutage Sonntagsmatineen den Besucher auf die Anhöhe mit dem Monopteros. Mit Klassikkonzerten, Harfenspiel oder jazzigen Saxofonklängen, die hinaus schweben über die Weite des Voralpenlandes bis zu den Bergen und darüber hinaus. Momente, in denen man sich komplett entrückt fühlt, in anderen Sphären.

32. GRUND

WEIL IM DORF VON MARKUS WASMEIER DAS ECHTE BAYERN SICHTBAR IST UND KEINE LILA KUH

Es war ein bemerkenswertes Interview, das Markus Wasmeier im *SPIEGEL* gab, kurz vor Weihnachten 1986. Wasmeier sprach über Ängste und Risiken im alpinen Skisport, über so etwas wie die Gratwanderung zwischen Goldmedaille und Krankenhaus, er wetterte darüber, dass die Rennläufer nur Marionetten des Skiverbands und der Veranstalter seien und obendrein im Vergleich zu Formel-1-Fahrern oder Tennisstars wie dem jungen Leimener Boris Becker kolossal unterbezahlt. Natürlich ging es aber auch um Bayern. Und um sein Image.

Von Anfang an:

Markus Wasmeier hatte 1985 bei der Ski-Weltmeisterschaft in Bormio Gold im Riesenslalom gewonnen, eine Sensation, Wasmeier war gerade 21 und hatte bis dahin noch kein einziges Weltcuprennen gewonnen. Die Fahrt war der wilde Husarenritt eines ungestümen Draufgängers, an einer Stelle nahm er mit dem Kopf eine Torflagge mit, dadurch rutschte ihm die Skimütze ins Gesicht, es war eine Zeit, in der man noch Skimützen trug und keine Helme. Wasmeier jedenfalls fuhr erst einmal im Blindflug weiter und meinte später: »Ich hab nur das Strickmuster der Mütze gesehen. Dann hab ich die Brille und die Mütze heruntergerissen, dachte aber, ich hab' keine Chance mehr.«[22]

Hatte er aber doch, im Ziel lag er fünf Hundertstel vor dem haushohen Favoriten, dem entgeisterten Pirmin Zurbriggen. Unvergessen die Episode vom gleichen Abend auf dem Marktplatz des kleinen Ortes im oberen Veltlin, als die Organisatoren bei der Siegerehrung Wasmeiers versehentlich die DDR-Hymne spielten, und Wasmeier später sagte: »Ich dachte, das wäre das Lied von Bormio.«

Deutschland jedenfalls hatte einen neuen Skihelden, und dazu gleich einen, der bei der Nation auf famose Weise das Image des Bilderbuch-Bayern bediente. Sohn eines Lüftlmalers und Restaurators, groß geworden direkt neben dem Anwesen von Gerhard Polt (siehe Grund 73) in einem Bauernhaus südlich vom Schliersee, wo sich die Familie oft zur Stubnmusi einfand, mit Zither, Hackbrett, Schoßgeige. Brauchtumsbewahrung, Traditionspflege, das war ein wesentlicher Bestandteil in der Familie, und wenn man Markus Wasmeier in seiner Tracht über den Münchner Marienplatz spazieren sah, dann war das nicht deswegen, weil er irgendein Klischee bedienen wollte, sondern weil er halt einfach so war, wie er war. Das gehörte einfach dazu zu ihm. Genau wie seine bayerische Muttersprache.

Als er nach seinem WM-Sieg in Bormio im Sportstudio eingeladen war und in seinem Schlierseer Dialekt sprach, blendete das

ZDF den Hinweis ein: »Originalton Süd«. Das fanden viele lustig, andere nicht. Edmund Stoiber, damals noch unter Ministerpräsident Strauß Chef der Bayerischen Staatskanzlei, schickte ein Beschwerdetelex auf den Mainzer Lerchenberg, der Sender musste sich daraufhin öffentlich entschuldigen.

In dem anfangs erwähnten Gespräch mit dem *SPIEGEL* ging es dann eben genau um diesen Stempel, den ihm auch andere Medien aufgedrückt hatten, die *FAZ* etwa, die ihn als »Naturburschen« und »Lederhosentyp« titulierte. Auf die Frage, ob er denn einsehen würde, dass Firmen mehr Interesse daran hätten, »mit einem weltläufigen Boris Becker oder Bernhard Langer zu werben als mit einem in seinem Sport noch so erfolgreichen Seppl-Darsteller«, erwiderte Wasmeier nur: »Aha, jetzt kommt die Platte wieder von den Buam, die aus den Wäldern oder von den Bergen kommen und rein gar nichts mitkriegen.«[23] Und meinte dann noch: »Die Norddeutschen sollen doch nicht so tun, als wären wir die letzten Hinterwäldler, die niemand verstehen kann. Wenn sie zu uns kommen, dann zerbrechen sie sich doch fast die Zunge, um ihrer Aussprache möglichst einen bayerischen Klang zu geben.«

Später, 1994, holte Wasmeier in Lillehammer noch zweimal Olympia-Gold, nach all den Rückschlägen seit 1985 war das mindestens genauso sensationell wie damals in Bormio. Nach der Karriere realisierte er seinen großen Traum, er baute auf rund 60.000 Quadratmetern ein Bauernhofdorf mit teilweise mehrere Jahrhunderte alten historischen Gebäuden, die er dort zusammen mit seinem Vater wieder aufgebaut hatte – einer der Hauptbeweggründe war, wie er in einem persönlichen Gespräch am Rande eines Abfahrtsrennens erklärte, dass er einmal mitbekam, wie eine Gruppe von Kindern bei einem Ausflug in die Berge vor einer Kuhherde stehen blieb und staunend feststellte, dass die ja gar nicht wie in der Fernsehwerbung lila seien.

2007 eröffnete Wasmeier sein Freilichtmuseum, nichts für diejenigen, die mit Bayern diesen widerwärtig volkstümelnden stereotypen Musikantenstadl-Kitsch verbinden, sondern für die, die das echte Bayern erleben wollen. So wie das Leben hier eben war. Unverfälscht und authentisch, so wie er es selbst eben auch ist.

So bittet Wasmeier jedes Jahr von Ostern bis zum Herbst zu Volkstanztagen und Kräuterkundeführungen, zu Maibaumfesten und Schafkopfturnieren. Eine Welt, die man mit allen Sinnen spüren soll, wie er einmal sagte: »Eine Welt, die man sehen kann, riechen kann – und eine Welt, die man hören kann.«[24] Glücklicherweise natürlich im Originalton Süd.

33. GRUND

WEIL GARMISCH EINEN VERWUNSCHENEN KURPARK HAT

Kurpark-Anlagen sind oft nicht besonders aufregend, wobei das auch nicht ihr Sinn und Zweck ist. Aufzuregen. Sie sollen ja eher beruhigen. Mit Kneippbecken und Badehäusern und harmlosen Spazierwegen inmitten bunter Blumenwiesen. Jedenfalls sieht in Bayern ein Kurpark oft wie der andere aus, und oft klingen sie auch gleich, wenn die örtliche Musikkapelle zum Standkonzert bittet. Es gibt jedoch einen Kurpark, der ist ganz anders. Eine der bezauberndsten Grünanlagen in ganz Bayern, ein verwunschener Ort, magisch, fantastisch. Mit einer geflügelten Echse und einem blauen Faun, einem magischen Kräutergarten und einer eingegrabenen Schildkröte – mit einem lieblichen Poetenbaum und einem grünen Rasenlabyrinth. Orte, die erinnern an die betörend hinreißende Literatur eines großen Denkers, Dichters und Schriftstellers – im Michael-Ende-Kurpark von Garmisch-Partenkirchen.

Die Marktgemeinde am Fuß der Zugspitze, hier begann alles, und allein die zufällige Begebenheit, wie die Eltern von Michael Ende sich überhaupt begegneten, könnte aus einem seiner Bücher stammen. Sonst hätten wir vielleicht nie eine unendliche Geschichte zu lesen bekommen, hätten nie von dem Kind Momo gehört, das den Menschen die gestohlene Zeit zurückbringt, und hätten nichts von der Existenz einer Insel mit zwei Bergen namens Lummerland erfahren, die regiert wird von König Alfons dem Viertelvorzwölften und auf der die Frau Waas einen prall gefüllten Gemischtwarenladen führt, bei dem man sich fragte, wie sie das Zeug denn überhaupt los bekommt: Hustenbonbons, Alleskleber, Regenschirme, Leberkas, Körbe, Hüte. Lampen, Bürsten, Blumenkohl und Fensterglas, Lederhosen, Kuckucksuhren, und noch dies, und dann noch das – wo außer ihr, dem Monarchen, dem Fotografen Herrn Ärmel sowie dem Lokomotivführer Lukas und seinem Freund Jim Knopf doch sonst keiner auf dem Eiland wohnt.

Kurzum, es war ein großes Glück, dass es ziemlich regnete an jenem schicksalhaften Tag in Garmisch.

Es ist 1928, als der Hamburger Maler Edgar Ende die heimatliche Hansestadt nach einer geschiedenen ersten Ehe verlässt und quer durchs Land zieht, nach Garmisch-Partenkirchen. Der Liebe wegen, eine Hamburger Schülerin geht hier aufs Internat, die es dem Künstler ziemlich angetan hat und die von ihren Eltern hierher, Hunderte von Kilometern weiter südlich, verfrachtet wurde, um sie vor dem Zugriff Endes zu schützen. Ende quartiert sich in der Hindenburgstraße 11 ein, in der Pension Nirwana, er lernt dort Heinrich Mann kennen, und als er eines Tages durch den Ort bummelt, öffnen sich des Himmels Schleusen, beginnt es aus finsteren Wolken plötzlich sintflutartig wie aus Eimern herunterzukübeln. Aus Schutz vor dem Regengepladder sucht Edgar Ende im nächsten Haus Zuflucht, es ist das sogenannte »Bunte Haus« in der Bahnhofstraße 66. Ende kommt in den Laden von Luise Bartholomä, einer Saarländerin, die nach Garmisch-Partenkirchen umgezogen ist, um hier Edelsteine und arabische Spitzen zu verkaufen.

Als es bei Geschäftsschluss draußen immer noch schüttet, bittet Frau Bartholomä Herrn Ende zu sich in ihre Wohnung in den ersten Stock, sie serviert Tee und tauscht sich mit ihm über Literatur,

Religion und Philosophie aus. Man kommt sich näher, Edgar Ende vergisst die Internatsschülerin, nur wenige Monate später ist Hochzeit mit Luise, im Februar 1929. Im November 1929 kommt Sohn Michael auf die Welt.

Drei Jahre später zieht die Familie nach München, der Bub geht auf die Volksschule und aufs Max-Gymnasium. Im Krieg kehrt er wieder in seinen Geburtsort zurück, zwangsweise, bei der sogenannten Kinderlandverschickung, den Evakuierungen der Münchner Schulen als Folge der zunehmenden Luftangriffe.

Nach 1945 ist Michael Ende dann fort von Garmisch. Lebt in München, Stuttgart und Schleswig-Holstein, schließlich auch in Italien, südlich von Rom.

1990 aber kehrt Michael Ende noch einmal zurück in die alte Heimat – und pflanzt im Garmischer Kurpark eine Kaiserlinde ein, als Zeichen seiner Verwurzelung an diesem Flecken Erde. Nur fünf Jahre später, gerade einmal 65, stirbt Michael Ende, sein Leben ist eine endliche Geschichte, sein Gesamtwerk eine unendliche. Heute lässt sich auf den Spuren von Ende durch den Kurpark wandeln, mit Figuren, Fabelwesen und Schauplätzen aus seinen sagenhaften Büchern. Ein Park in Garmisch und in einer anderen Welt.

Nebenan im Kurhaus gibt es dazu eine Dauerausstellung. Zu sehen sind surrealistische Gemälde von Vater Edgar, einige Figuren aus der Augsburger Puppenkiste, dem Marionettentheater, das mit seinen Aufführungen Endes Werke auch ins Fernsehen gebracht hat. Zu sehen sind Manuskripte, Briefe und Zeichnungen, Ausschnitte aus den Verfilmungen und ein Raum mit dem Himmel voller Bücher. Hier sieht man, wie der Titel der Ausstellung schon besagt, den Anfang vom Ende. Was fehlt, ist ein Raum, in dem es regnet. Hätte gut gepasst. So wie alles begann.

WEIL BAYERN DIE BESTE FILMKULISSE BIETET

Irmgard Ludwig kann sich noch genau erinnern, wie das war. Als sie mit Kirk Douglas vor der Kamera stand und Tony Curtis. Als Komparsin vom Walchensee. Aber dazu später mehr.

Welch großartige Kulisse Bayern zu bieten hat, das wissen Jahr für Jahr Millionen von Urlaubern zu schätzen, aber nicht nur die, sondern auch viele Regisseure und Filmproduzenten. Es gibt zahllose Beispiele, in denen Orte in Bayern als Schauplatz für große Kinostreifen und bekannte Fernsehserien dienten, das gilt natürlich vor allem für jene Produktionen, deren Handlung, das macht Sinn, auch in Bayern spielt.

Eine der schönsten und noch am wenigsten entdeckten Touren eröffnet sich auf der Spurensuche nach den Originalschauplätzen von *Irgendwie und Sowieso*, einer mit starkem Lokalkolorit eingefärbten Serie, die von der Vermittlung eines gewissen bayerischen Lebensgefühls und dem darauf folgenden Kultstatus so einigermaßen an die großen Serien von Helmut Dietl (siehe Grund 74) heranreichen konnte. Mitte der 1980er-Jahre kam sie das erste Mal im Fernsehen, mit dem überragenden jungen Ottfried Fischer als dem schwermütig naiven Jungbauern Sir Quickly und mit stimmungsvollen Aufnahmen eines damals wie glücklicherweise auch heute noch fast unberührten Stück Bayerns. Gedreht wurde im Osten und Nordosten Münchens, im romantisch hügeligen Isental und im Grenzgebiet zwischen Oberbayern und Niederbayern, einer urigen und urtümlichen Gegend.

Ottfried Fischer war es dann auch, der später in seiner Rolle als Benno Berghammer dem Kurort Bad Tölz landesweit zu noch mehr Bekanntheit verhalf. Die Kreisstadt wusste den »Bullen von Tölz« natürlich gut zu vermarkten, mittlerweile gibt es ein eigenes Bullen-Muesum, in der Tourist-Info bietet man Führungen zu den einzelnen Drehorten an, dazu gibt es einen Faltplan mit allen wichtigen Schauplätzen der Serie. Kurhaus, Stadtklinik, Bauernmarkt. Was man in Bad Tölz allerdings nicht findet, ist die Herberge seiner von Ruth Drexel gespielten Mama, die »Pension Resi«. Die steht nämlich gar nicht in Tölz, sondern ist das rund 400 Jahre alte Hollerhaus in Irschenhausen, einem kleinen Ort 30 Kilometer nordwestlich, Richtung München.

Ob die Filme *Fack ju Goethe* mit dem Erlebnisbauernhof in Oberlaus zwischen München und Rosenheim oder *Wer früher stirbt, ist länger tot* mit seiner Gipfel-Location auf dem Wendelstein, oder auch Hollywood-Produktionen wie *Die drei Musketiere* von 2011, bei denen in der Münchner Residenz gedreht wurde wie auch auf der weltlängsten Burganlage in Burghausen oder Schloss Herrenchiemsee, die bayerischen Schauplätze machten sich immer gut vor der Kamera.

Durch die Kulissen eines der erfolgreichsten Kinokassenschlager kann man übrigens noch im Ort Walchensee spazieren. Dort filmte Bully Herbig 2008 *Wickie und die starken Männer*, das Wikingerdorf Flake ist heute ein beliebtes Ausflugsziel, man findet es direkt am Seeufer zwischen der Badewiese vom Café Bucherer und dem Gelände der Wasserwacht. Die wohl größte Invasion von großen Filmstars erlebte der Walchensee aber schon 50 Jahre zuvor, auch damals ging es um das kriegerische Nordmannvolk. Weil es in Norwegen zum Drehen zu kalt war und der Walchensee für die Filmemacher aus bestimmten Blickwinkeln eine große Ähnlichkeit mit einem Fjord aufwies, standen hier Kirk Douglas, Tony Curtis und Janet Leigh vor der Kamera für das Epos *Die Wikinger* – und eben auch Irmgard Ludwig.

Irmgard Ludwig war damals 20 und im Trachtenverein Walchensee, und sie erinnerte sich 50 Jahre später noch, wie eines Tages Regisseur Richard Fleischer beim Vorstand des Trachtenvereins anfragte, weil er noch Statisten brauchte, vor allem junge Wikingerfrauen. »Ob er nicht ein paar junge Damen mit langen Haaren zur Verfügung stellen könnte, blonde Haare wären am besten.«[25] Irmgard Ludwig, die Buchhalterin aus dem Hotel Fischer, hatte blonde lange Haare, und schon war sie dabei, auch wenn ihr Wirkungskreis in ihrer Rolle als Statistin freilich überschaubar war. »Unsere Aufgabe war es, die Wikinger auf ihren Schiffen winkend zu begrüßen oder zu verabschieden.« Gesehen hatte Irmgard Ludwig den Film übrigens nie, beeinflusst hat er sie schon. Mitte der 1970er-Jahre fuhr sie das erste Mal nach Norwegen, 2007 machte sie mit ihrem Mann und zwei Enkelkindern eine Schiffstour entlang der Küste. Auf den Spuren der Wikinger.

Sah fast aus wie daheim am Walchensee.

35. GRUND

WEIL DER BAYERISCHE WALD EIN EINZIGARTIGES NATURPARADIES BEHEIMATET

Und plötzlich dann, ein riesiges Ei. Steht einfach so da. Mittendrin in einer Lichtung. 44 Meter hoch. Mit drei uralten Tannen und Buchen in seinem Inneren, dazu mit einem Weg, der sich in einem sanften Aufstieg kreisförmig rings herum nach oben schlängelt, wo Ausblicke auf die Hausberge wie Rachel und Lusen locken, wo bei einer ordentlichen Fernsicht weit im Süden auch noch vage und etwas verschleiert der Alpenhauptkamm zu erkennen ist und wo man zu meinen glaubt, wären da hinten nicht die Felsberge, dieses Waldmeer erstrecke sich bis zu einem in unendlicher Ferne liegenden Horizont und darüber hinaus. Wo draußen in der Umgebung des ovalen Turms der Weg auf Holzstegen noch über fast eineinhalb Kilometer hoch über dem Boden entlang der Baumwipfel entlangführt. Weswegen die ganze spektakuläre Konstruktion logischerweise auch Baumwipfelpfad heißt, mittendrin im Nationalpark Bayerischer Wald.

Über rund 6.000 Quadratkilometer erstreckt sich der Bayerische Wald zwischen der Donau, der Tschechischen Republik und Österreich, das Gebiet ist fast zweieineinhalb Mal größer als das ganze Saarland. Wenn es um Größenvergleiche geht, muss traditionell immer das Saarland herhalten. Das klingt dann wesentlich dramatischer, als würde man sagen, der Bayerische Wald ist ein Sechstel von Nordrhein-Westfalen oder nicht einmal ein halbes Promille der Mongolei.

Zumindest ist es wesentlich grüner als in der Mongolei.

Zum Bayerischen Wald sagt man auch »Das Grüne Dach Europas«. Ein Dach, unter dem sich viele Tierarten tummeln, die man sonst nirgendwo findet außer höchstens noch auf einigen Listen der vom Aussterben bedrohten Arten. Der Auerhahn, der Luchs, der Fischotter. Natürlich ist es so, dass man den Bayerischen Wald auch auf eigene Faust erkunden kann, aber wenn man wirklich viel sehen, hören und erfahren möchte, dann schließt man sich am besten einem wie Günter Sellmayer an. Es gibt im Osten Bayerns kaum einen besseren Naturlehrer als ihn.

Günter Sellmayer ist einer von 24 Nationalparkwächtern, man kann englisch Ranger zu ihm sagen, und wenn man ihn so sieht, mit seinen rötlich blonden Haaren und seinem langen Kinnbart, dann wäre es auch gut vorstellbar, dass er sich mit seinem beigefarbenen Hemd und seiner tarngrünen Weste zwischen Krokodilen und Kängurus in der gefährlichen Wildnis Australiens herumtummelt. Dabei ist das, was man mit Sellmayer erleben kann, eher eine Safari auf bayerische Art, eine Expeditionstour in die Fauna und Flora des Bayerwalds.

Sellmayer ist eigentlich ein gelernter Hohlglasfeinschleifer; als er mit der Lehre fertig war, arbeitete er in der Autoindustrie, zog von einem Standort zum nächsten, 14 Jahre lang – bis er in der Zeitung eine Stellenanzeige entdeckte, ausgeschrieben vom Nationalpark Bayerischer Wald.

Sellmayer machte zahlreiche Ausbildungen, dazu eine Waldführerschulung, 1995 wurde er übernommen. »Damit ging ein Traum für mich in Erfüllung«, sagte er kurz vor seinem 20-jährigen

Dienstjubiläum, im Frühjahr 2015.[26] Die Wanderungen durch den Bayerischen Wald sind ihm lieber als früher die Wanderjahre beim Autobau.

Jeden Tag bei Wind und Wetter führt Sellmayer nun also Kinder, Familien und Besuchergruppen durch den Wald, lehrt sie spielerisch die Einhaltung der Regeln im Einklang mit der Natur, bietet Hirschbrunft-Führungen an und schlägt eine Lanze für den Borkenkäfer, der in der Öffentlichkeit einen so schlechten Ruf hat wie sonst nur Rechtsanwälte und Journalisten. Schließlich braucht es den Borkenkäfer als Regulativ im Ökosystem Wald, um kranke und schwache Fichten zu befallen, damit die gesunden Bäume sich entfalten können.

Vieles mehr gibt es bei Sellmayers Führungen noch zu bestaunen, zu entdecken, zu erleben. Die Interpretationen der unterschiedlichen Schreie des Eichelhähers. Die 78 Waldvogelarten, die sich im Bayerischen Wald im siebten Himmel wähnen. Oder die Käfer und Pilze, Schwämme und Flechten, die sich auf abgefaultem Totholz eingenistet haben.

Oder auch die Krabbeltiere, die durch den Bayerischen Wald kreuchen und fleuchen, vom Kleinkopfflachkäfer über den Kopfhornschröter bis hin zum Pestwurzfüßler. Die sind übrigens eher klein. Nicht so groß wie das Saarland.

36. GRUND

WEIL EIN KLEINER BIERBRAUER DEM GROSSEN HUNDERTWASSER EIN DENKMAL SETZTE

Friedensreich Hundertwasser, der famose Baumeister und Architekt, hat einige bedeutende Zitate hinterlassen. »Der Mensch hat drei Häute: Er wird in der ersten geboren, die zweite ist sein Kleid, und die dritte ist die Fassade seines Hauses«, sagte er einmal. Oder auch das: »Bei der Stapelung der Wohnungen nach oben geht zuerst der Mensch zugrunde und dann die Natur. Bei der Stapelung in die Breite läuft es umgekehrt.«

Und auch: »Wenn einer allein träumt, ist es nur ein Traum. Wenn viele gemeinsam träumen, ist es der Anfang einer neuen Wirklichkeit.« Eine neue Wirklichkeit erschuf Hundertwasser zumindest mit einem Verbündeten im Geiste, mit dem Brauereibesitzer Leonhard Salleck, und realisierte damit einen Traum, den viele zunächst nur als Spinnerei abtaten, im niederbayerischen Abensberg.

Abensberg im Landkreis Kelheim, mittendrin in Bayern. Bekannt ist die Stadt durch ihren Sportverein, die Judokas des TSV haben in den letzten Jahrzehnten etliche Deutsche Meisterschaften gefeiert, dazu gibt es eine traditionsreiche Speedway-Rennbahn, und seit vielen Jahrhunderten auch eine ortsansässige Brauerei, den Kuchlbauer.

Der Kuchlbauer ist eine typische bayerische Landbrauerei aus dem 15. Jahrhundert, die später einmal in den Familienbesitz der Familie Salleck überging, inzwischen führt Leopold Salleck das Unternehmen in achter Generation. In den 1990er-Jahren traf Salleck den Maler und Künstler, Architekten und Umweltschützer Friedensreich Hundertwasser, beide beschlossen, auf dem Brauereigelände im Industriegebiet am Abensberger Stadtrand eine Art Hundertwasser-Erlebniswelt zu kreieren. Ein Traum, der zunächst am Widerstand von Bürgern und Behörden zu scheitern drohte und auch nach dem Tod des Künstlers im Jahre 2000 nicht mehr realisierbar schien.

Doch Salleck beharrte auf der Realisierung der Vision, und auch wenn der geplante Turmbau zu Abensberg nach langen bürokratischen Querelen und Gerichtsstreitigkeiten mit der Stadt Abensberg aus Denkmalschutzaspekten mit 35 Metern nur halb so hoch sein durfte wie geplant, der Brauereichef hatte sein Ziel erreicht. Im Januar 2010 wurde der geschwungene Turm mit der goldenen Dachkuppel eröffnet, seitdem strömen alljährlich rund eine halbe Million Touristen herbei, um auf den Turm zu steigen und innendrin unter anderem die formidable Anzahl von 4.200 Weißbiergläsern zu begutachten, die Salleck selbst gesammelt hat. Ein bisschen hat sich der Brau-Boss natürlich schon auch selbst ein Denkmal gesetzt damit, und schlecht fürs Geschäft war der Turm auch nicht wirklich.

2014 setzte Salleck noch eins drauf und ließ die alte Stadtvilla seiner Großeltern vom Architekten und Hundertwasser-Baumeister Peter Pelikan im klassischen Hundertwasser-Stil umbauen – mit den typisch bunten Mosaiken aus Fliesen, Wolken und Kugeln, mit einem kleinen schiefen Turm und innendrin auf 300 Quadratmetern einer großen Hommage an den Künstler auf zwölf verschiedenen Ebenen.

Schön schräg das alles, Ecken und Kanten gab es schließlich genug zu überwinden. Jetzt läuft alles recht rund. Die Sache von Braumeister und Baumeister.

37. GRUND

WEIL DAS TIEFE BOHRLOCH IN DER OBERPFALZ FÜR DEN BESTEN AUSBLICK SORGTE

Vor rund 300 Millionen Jahren muss es in Bayern ziemlich gerummst haben. Mitten im Land, so die geologischen Schätzungen, stießen da in grauer Vorzeit die Urkontinente von Ur-Afrika und Ur-Europa zusammen, genaue Belege und Schriften von Zeitzeugen fehlen bedauerlicherweise. Jedenfalls schien die Crash-Location unter der steinalten Oberpfalz genau der richtige Standort zu sein, um hier ein weltweit viel beachtetes Forschungsprojekt zu starten. Das kontinentale Tiefbohrprogramm zur Erkundung des Erdinneren, tief unter uns. Ein abenteuerliches Pionierprogramm, das 1987 begann und bei dem sich ein 12.900 PS starker Roboter Meter um

Meter durchs Gestein in die Tiefe bohrte. Von wegen, in Bayern ginge es recht oberflächlich zu.

1994 aber war dann Ende Gelände, dann biss sich der Bohrer die Zähne aus. Nach 9.101 Metern, wo es außerdem mit 250 Grad viel früher als erwartet ungemütlich warm geworden war. Dann wurde die Förderung eingestellt, es kam der Deckel drauf. Wissenschaftler hatten trotzdem wichtige Erkenntnisse zutage gefördert, in Sachen Geologie, dem Aufbau der Erdkruste, der Seismologie oder der Vulkanologie, auch wenn Kritiker gerne behaupten, dass die 600 Millionen Mark für das Projekt eher sinnlos versenkt worden seien.

Ins Loch rein kann man heute freilich nicht, immerhin hat man obendrauf ein sehr schönes Museum gebaut, das auch dem Laien auf verständliche Art und Weise die Arbeit am Bohrloch erläutert. Einer der Höhepunkte ist die Aussichtsplattform auf dem Bohrturm von Windischeschenbach, von dort aus überblickt man die halbe Oberpfalz, vom fränkischen Jura bis zum Böhmerwald und hat da eh ein besseres Panorama als in neun Kilometern Tiefe.

In geologischen Kategorien freilich war die jahrelange Bohrerei nicht mehr als ein kleiner Nadelstich. Wäre die Erde ein Apfel, dann wäre das ein kaum sichtbarer Kratzer in der Haut gewesen. Denn bis zum Mittelpunkt der Erde sind es ab da unten immer noch gut 6.300 Kilometer. Bis dahin haben es nur die Protagonisten von Jules Verne geschafft, in der *Reise zum Mittelpunkt der Erde*. In der Fantasie. Ohne Bohrer.

KAPITEL V

SAGEN UND MYTHEN

38. GRUND

WEIL UNS DER WATZMANN ERSCHAUDERT UND ERHEITERT

Kein Gipfel, kein Berg im schönen Bayernland so mythenumwoben und sagenumrankt wie der Watzmann. Nicht Zugspitze, nicht Wendelstein. Und auch nicht die Benediktenwand. Wobei es gerade ja um die Benediktenwand die schöne Legende von Pontius Pilatus gibt, richtig, genau von dem. Der römische Präfekt, der Jesus einst zum Tode verurteilt hatte, soll später aus dem Heiligen Land geflohen sein. Dann kam er über den Brenner, das Inntal und den Achensee in den Isarwinkel, stieg auf die Benediktenwand, und weil ihn dort gramgebeugt ob seiner schändlichen Tat zu Jerusalem die Reue packte, sprang er von dort hinunter, auf der Nordseite im Antlitz der Probstenwand, hinab in den Tod. So weit die Sage von Pontius Pilatus.

Aber so angezogen und gleichzeitig auch so abgeschreckt, so erschaudert und so inspiriert wie der Watzmann im Berchtesgadener Land hat sonst kein anderer Bayern-Berg. Landschaftsmaler beispielsweise, die im 19. Jahrhundert mit ihrer Staffelei hierherkamen, um seine beeindruckende Schönheit auf Leinwand zu verewigen. Ob August Leu und Julius Lange, Heinrich Reinhold oder Ludwig Richter. Das berühmteste Bildnis jener Zeit ist das von Caspar David Friedrich aus dem Jahre 1824, und das obwohl der gute alte Caspar David kein einziges Mal vor Ort war, sondern lediglich aus Skizzen und von Zeichnungen abmalte. Vermutlich hatte er sich nicht getraut, dorthin zu fahren. Aus Angst vor dem bösen König Watzmann.

Schon zu jener Zeit erzählten sich die Menschen rund um Berchtesgaden die Schauer-Sage, von dem Berg. Vor langer Zeit herrschte hier nämlich einmal ein ganz böser und wilder König, der sich Watzmann nannte. Ein rücksichtsloser Rüpel, der alles aus dem Weg räumte, was ihm nicht passte, keiner, mit dem gut

Kirschen essen war. Schon als Säugling soll er Blut getrunken haben, aus den Brüsten seiner Mutter, und genau so blutrünstig zog er zusammen mit seiner Gemahlin, der Watzfrau sozusagen, die gemeinsamen Watzkinder auf. Der König verbreitete Angst und Schrecken, aber als er eines Tages eine unschuldige Bauernfamilie samt ihrem kleinen Kind niedermetzelte, da reichte es dem lieben Gott.

Mit einem gewaltigen Poltern bereitete er dem schrecklichen Tun ein Ende und verwandelte den König und seine Familie zu Stein, aus dem Blut des Monarchen und seiner Angehörigen entstand der Königsee, und die geliebten Hunde des Watzmann stürzten von einem benachbarten Berg ab, der seitdem sinnigerweise Hundstod heißt.

Auf vielen Postkarten sieht man auch heute noch die Gesichter eingezeichnet, ganz rechts als höchster Berg des Massivs (2.713 Meter) der König, auf der linken Flanke (2.307 Meter) die Frau, mittendrin auf bis zu maximal 2.270 Meter Höhe wahlweise vier bis sieben Kinder, meistens ist das Ansichtssache, je nachdem, wie viele Köpfe man in den zerklüfteten Gipfelspitzen zwischendrin erkennen mag. Zum Mythos Watzmann trug natürlich auch seine gefürchtete Ostwand bei, eine der höchsten und berüchtigtsten Wände der Alpen, die 2010 ihr 100. Todesopfer forderte und damit mehr Bergsteiger abwarf als etwa die Eiger-Nordwand.

Eine neuzeitliche Hommage erfuhr der Berg 1974 mit dem Musical *Der Watzmann ruft* der drei Wiener Jungkünstler Wolfgang Ambros, Manfred Tauchen und Joesi Prokopetz. Ein parodiertes Bergbauerndrama, viele Textzeilen, Strophen und Sprüche daraus wurden fester Bestandteil der alpinen Popkultur. Watzmann, Watzmann, Schicksalsberg, Du bist so groß, und i nur a Zwerg.

Würde der König Watzmann das Stück selbst einmal sehen, er fände es sicher so lustig, dass er sofort wieder auferstehen und sich zurückverwandeln würde, vom Fels zum Menschen. Es ist nämlich ein wundervoller Schmarrn. Zum Steinerweichen.

39. GRUND

WEIL DER UNHEIMLICHE WALLER IM WALCHENSEE DAFÜR SORGT, DASS BAYERN KATHOLISCH BLEIBT

Wer von Benediktbeuern aus einmal losgewandert ist, vorbei an den »Jägerstuben« hinauf Richtung Windpasselkopf, der kommt auf knapp 1.000 Metern Meereshöhe an einem Geländestück vorbei, das sich »Lissabona« nennt. Ein eigenartiger Name für diese Gegend, man sieht den Namen auch eingezeichnet auf vielen Wanderkarten und hat sich schon oft gefragt, wie die portugiesische Hauptstadt hier Einzug gehalten habe, nordöstlich vom Kochelsee, in Sichtweite der Benediktenwand.

Zu tun hat das mit dem 1. November 1755, jenem Tag, als Lissabon von einem fürchterlichen Erdbeben heimgesucht worden war, einer der verheerendsten Naturkatastrophen in der Geschichte Europas. Fast 85 Prozent aller Häuser wurden damals zerstört, doch das Erdbeben und seine Folgen trafen nicht nur Portugal. Bis zu 20 Meter hohe Tsunamis prallten auf die Küste Nordafrikas, andere Flutwellen rasten über den Atlantik, verwüsteten die Küsten von Martinique und Barbados. Und auch im schönen Oberbayern war die Wucht der Erdstöße zu spüren. So stürzte eben auch eine ganze Bergflanke des Windpassel ein, weshalb die Benediktbeurer Klosterherren von nebenan diesem Berghang ehrfurchtsvoll den Namen »Lissabona« gaben. Auch der Achensee sank um vier Fuß, so will es die Überlieferung, und im Walchensee türmten sich Wellen auf, die so hoch waren, dass sie die kleinen Fischerboote kentern ließen und ihre Insassen über Bord ins Wasser warfen.

Gut, dass die Fischer nicht vom Ungeheuer verschlungen wurden. Vom sagenumwobenen Waller vom Walchensee.

Über den Walchensee haben sie schon in grauen Vorzeiten jede Menge unheimliches Zeug berichtet, aber das bietet sich auch an, mit bis zu 190 Metern geht es hier in unbekannte und nie erkundete

Tiefen hinab, so weit hinunter wie in kaum einem anderen Alpengewässer, und außerdem ist er einer der ältesten mitteleuropäischen Seen überhaupt. Ideale Voraussetzungen für die wildesten Schauermärchen. Früher haben sie sich erzählt, dass der Walchensee über eine unterirdische Wasserader mit dem Meer verbunden sei, was aber auch nicht die Herkunft des ominösen Wallers erklären würde, schließlich ist der ein reiner Süßwasserfisch.

Der Waller wallt die Gemüter der Menschen hier jedenfalls schon seit Jahrhunderten auf. Seit vielen Tausenden Jahren soll er hier am Grund des Sees liegen, mit Augen so groß wie gewaltige Feuerräder und wie ein riesiger Ring, seinen großen Schweif mitten in seinem Maule.

Ein wack'rer Bauersmann soll sich einmal in einem gläsernen Käfig hinabgelassen haben in die dunklen Tiefen des Sees, bis er das Viech erblickte. Im letzten Moment zog der Mann die Glocke und ließ sich wieder nach oben ziehen, schön blöd nur, dass er es nicht sein lassen konnte und meinte, sein Schicksal ein zweites Mal herausfordern zu müssen. Diesmal machte der Waller kurzen Prozess, am Ufer soll dann gurgelnd seine Stimme vernommen worden sein: »Gründst du mich, so schlünd ich dich.« Rülps.

Die Angst der Menschen begründete sich darin, dass der Wels eines Tages nicht nur mit tollkühnen Anwohnern in stolzem Todesmut Tabula rasa machen würde, sondern gleich mit dem ganzen Land. Um den Fisch zu besänftigen, schmiedeten sie in München Jahr für Jahr einen goldenen Ring, den sie nach einer feierlichen Prozession in den See hineinwarfen, so hofften sie darauf, auf ewig Ruhe zu haben. Groß war die Sorge auch, als Ende des 19. Jahrhunderts erste Planungen aufkamen, den Walchensee als Speicherbecken zu nutzen und das Wasser zur Energiegewinnung über einen Stollen mit Turbinen in den tiefer gelegenen Kochelsee abfließen zu lassen – eine Idee, die 1924 dann realisiert wurde, trotz der Befürchtungen vieler Einheimischer, das könne des Wallers Zorn hervorrufen.[27] Der Fisch hielt seitdem still, blieb aber immer noch eine tickende Zeitbombe.

Was den Fisch eines Tages wirklich in Rage versetzen wird, so steht es geschrieben, wäre, wenn das Land in Gottlosigkeit und Sünde verfallen würde. Dann würde der Waller seinen Schweif aus dem Maul nehmen und damit den gesamten Kesselberg am Nordrand zum Einsturz bringen, worauf das Wasser des Walchensees das gesamte Voralpenland überfluten würde. Geschätzt würde das Überschwemmungsgebiet im Westen mindestens bis zur A95 reichen, Höhe Ausfahrt Wolfratshausen, im Osten bis zur 27-Loch-Golfanlage Valley nahe Holzkirchen und im Norden über München hinaus bis zum Fußballstadion in Fröttmaning, mindestens bis zur Mittellinie.

Womit wir nun auch wissen, warum die Menschen in Oberbayern so gnadenlos beharrlich die CSU wählen, auf dass das Land auch ja schön fromm und christlich bleibe und der Waller eben nicht ausrastet. Reiner Selbstschutz. Und weil die Partei deswegen noch in vielen Tausend Jahren das Bayernland regieren wird, bis zum jüngsten Tag und darüber hinaus, wird der Waller ewig ein Gefangener seiner selbst sein und sich in den Schwanz beißen. Mit der Abwahl der CSU, darauf kann er warten, bis er selber schwarz wird.

40. GRUND

WEIL MAN DIE ALTE LEGENDE VOM TEUFELSTRITT IMMER WIEDER GERNE HÖRT

Ortskundigen Spaziergängern fällt's schon kaum mehr auf. Wenn sie zum Beispiel von der Löwengrube her kommen, auf dem Weg zum Einkaufen in die Münchner Fußgängerzone Richtung Kaufingerstraße, dass es dann zwischendrin auf dem Frauenplatz immer ein bisserl ungemütlich wird. Da zieht's und pfeift's, und manchmal, an einem schattig frischen Herbsttag etwa, da tun sie gut daran, sich den Schal noch ein wenig enger zu knoten und den Mantel doch bis ganz oben hin zuzuknöpfen.

Die echten Münchner haben sich längst an diesen Wind gewöhnt, man denkt schon gar nicht mehr dran, wenn es einem wieder um die Ohren bläst, nur manchmal, wenn man etwas näher an die Ziegelmauern der Frauenkirche geht, dann denkt man doch wieder an die Geschichte, die man als Kind so gern gehört hat, die Geschichte, die so spannend war und auch ein wenig schaurig.

Die Legende vom Teufelstritt im Münchner Dom.

Den Teufelstritt in der Frauenkirche findet man direkt unter der Orgelempore im Boden, die Sage dazu gibt es in verschiedenen Varianten. Die eine Version geht so, dass es dem Sparifankel, wie die Menschen in Oberbayern zum Beelzebub auch sagen, aber so etwas von überhaupt nicht passte, dass die Münchner mit der Frauenkirche schon wieder so ein Gotteshaus bauen mussten, und dann auch noch so ein großes. Wutschnaubend machte sich der Höllenfürst aus seiner Unterwelt auf den Weg in Richtung München. Nicht überliefert ist die Route, ob er über Ramersdorf kam oder über Milbertshofen, jedenfalls stürmte er zürnend in die Kirche hinein – bevor er sich vor Heiterkeit kaum mehr einkriegte, ja seine Freude war plötzlich so groß, dass sein Lachen von den kalten Kirchenwänden zurückschallte und er im Überschwang der Gefühle mit dem Fuß so fest aufstampfte, um schließlich im Boden einen großen Abdruck zu hinterlassen. Und warum der ganze Zinnober? Weil er von genau dieser Stelle, an der er stand, keine Fenster sehen konnte und er meinte, die Münchner Baumeister seien so blöd und deppert gewesen, dass sie vergessen hätten, bei der Errichtung der Kirche die Fenster mit einzubauen. Kein Gläubiger würde jemals in dieses stockfinstere Bethaus kommen, höhnte er, und zog wieder von dannen.

Dann aber war der erste Sonntag nach der Fertigstellung, der Teufel hatte sich klammheimlich hinterm nächsten Häusereck versteckt, um sich vielleicht die ein oder andere verirrte Menschenseele, die vor der dunklen Frauenkirche kehrtmachte, gleich einzufangen und mit in den Orkus zu nehmen – traute er seinen Augen kaum, strömten die Münchner tatsächlich in wahren Massen in die Premierenmesse. Da schaute der Teufel doch ein wenig genauer hin und sah von außen die strahlend schönen Domfenster. Außer sich vor Rage verwandelte er sich da in einen Wind und dreht seitdem verzweifelt eine Runde nach der anderen um die Frauenkirche, um sie zum Einsturz zu bringen, was ihm bisher freilich nicht wirklich glückte, völlig umsonst die Mühe, Teufel noch mal.

Version römisch zwei ging so, dass der Baumeister Jörg von Halspach knapp an Arbeitskräften war und jede Hand brauchen konnte. Da schloss er mit dem Teufel einen Pakt, verpflichtete ihn als engagierten Mitarbeiter in seinem Team und versprach ihm dafür seine Seele. Am ersten Arbeitstag kam der Teufel auf seinem Wind dahergeritten, band ihn an der Kirchenmauer an und legte los.

Als die Frauenkirche endlich fertig war, forderte der Teufel seinen Tribut, doch der Herr von Halspach führte ihn zu der ominösen Stelle kurz nach dem Eingang, hinten Mitte, und sagte, er würde seine Seele nicht hergeben, schließlich habe er, der Teufel, höllisch schlecht gearbeitet, aber so was von hundsmiserabel, dass er am Ende sogar die Fenster vergessen habe.

Der dunkle Fürst, wohl nicht wirklich der Allerhellste unter der Sonne, erkannte seinen vermeintlichen Fauxpas, stampfte bitterböse auf und machte sich aufgebracht auf und davon. Er war so echauffiert über sein eigenes Missgeschick, dass er in der Wut sogar vergaß, seinen Wind mitzunehmen, und zu Fuß nach Hause ging. Deswegen ist der Wind heute noch angebunden, und so jagt er seit Jahrhunderten um die Frauenkirche herum. Letztlich war es viel Wind um nichts.

Der Teufelstritt im Dom, den vermutlich irgendwelche Handwerker bei der Ausbesserung der Bodenplatten im 17. Jahrhundert aus reiner Gaudi hinterlassen haben, ist heute längst eine große

Attraktion in der Frauenkirche, für Urlauber wie für die Einheimischen. Man hört sie eben immer wieder gerne, die Geschichte.

Wer übrigens noch nicht davon überzeugt war, dass der Herrscher der Unterwelt in Saus und Braus regiert, maßlos und ungezügelt, dem sei gesagt, dass der Fußtritt die Schuhgröße 46 hat. Ein Beweis dafür, dass der Teufel auf großem Fuß lebt.

41. GRUND

WEIL SICH SEMMELKNÖDEL AUCH ALS EFFEKTIVE WURFWAFFE EIGNEN

Knödel, also für alle Nicht-Muttersprachler Klöße, gibt es in Bayern in den verschiedensten Varianten. Kartoffelknödel und Spinatknödel, Leberknödel und Germknödel, Zwetschgenknödel, Serviettenknödel und natürlich die Semmelknödel. Wobei sich anhand letzterer schon ein großer Geist wie Karl Valentin das Hirn zermarterte, wie die richtigen Bezeichnung im grammatikalischen Pluralkasus denn richtig heißen möge. Semmelknödel wie im Nominativ Singular, oder Semmelnknödel, Semmelknödeln oder gar Semmelnknödeln. Valentin biss sich am Semmelknödel die Zähne aus.

Leider tut man das hin und wieder auch in manchen bayerischen Gasthäusern, wo man in freudiger Erwartung eines geschmeidig lockeren, die feine Bratensoße schwammartig aufsaugenden Semmelknödels jäh enttäuscht wird, wenn sich besagte Beilage als steinharter ungenießbarer Klumpen entpuppt und sich während der Suche nach der unter den Holztisch herausgefallenen Zahnkrone der Gedanke breitmacht, warum der Koch nicht der Einfachheit halber gleich eine Kanonenkugel zwischen das Schweinerne und den Krautsalat platziert hat, der Effekt wäre der gleiche gewesen.

Im Wirtsgarten einer angesehenen und mehrfach ausgezeichneten Landgaststätte im Werdenfelser Land hörte man am Nebentisch vor einigen Jahren einen Gast nach einem ersten schmerzhaften Aufschrei wütend poltern: »Zefix. Da kannst ja jemand derschlagn damit.« Womit wir auch schon beim Thema wären. Beim Knödel als Waffe. Anders gesagt, beim Wurfknödel. Und bei der Deggendorfer Knödelsage.[28]

Die Knödelsage spielt im 13. Jahrhundert, zweite Hälfte. Damals regierte im benachbarten Böhmen König Ottokar II., in Mitteleuropa war er ein recht erfolgreicher Monarch, er war zudem nämlich auch noch Herzog von Österreich, von der Steiermark, von Kärnten und der Krain im heutigen Slowenien. Aus der Krain stammen übrigens auch die Krainer Würste, sehr beliebt in der Variante Käsekrainer, die wegen des auslaufenden heißen Käses in Wien auch gerne »Eitrige« heißt. Wenn der Wiener am Würstelstand »a Eitrige mit an Schoafn, an Buggl und an 16er-Blech« ordert, dann will er damit zum Ausdruck bringen, dass ihn nach einer Käsekrainer mit scharfem Senf, einem Scherzel Brot und einer Dose Ottakringer Bier gelüstet, das heißt so, weil das Viertel Ottakring im 16. Wiener Bezirk liegt. Aber es geht hier ja um Wurfknödel, nicht um Wurfwürstl. Und um König Ottokar.

Eines Tages, es war im Jahr 1266, zog König Ottokar mit seinen Truppen Richtung Westen und Süden und verwüstete dabei Niederbayern und die Oberpfalz. Deggendorf allerdings erwies sich als harte Nuss, die Bürger der Stadt waren gut gesichert, dank des tiefen Stadtgrabens und des zweifachen Mauerrings. In der festen Überzeugung, das Problem löse sich wie schon oft in solchen Fällen schon von allein, spielte der routinierte Ottokar auf Zeit und belagerte die Stadt. Tagelang, wochenlang. Aushungern, so nannte man dieses Prinzip, irgendwann hätten die Leute sicher nichts mehr zu essen und würden schon freiwillig ihre Stadt räumen oder selbst elendiglich zugrunde gehen.

Aber es zog sich hin, aus der Ferne bekam er mit, dass es innerhalb des Walls wohl immer noch recht lebhaft zuging, und das schmeckte Ottokar dann doch nicht. Mächtig entnervt schickte er einen seiner Späher Richtung Stadt und hieß ihn, die Mauer zu erklimmen und zu erkunden, was sich denn in Deggendorf abspiele.

Nun war es so, dass die Frau des Bürgermeisters gerade beim Bereiten des Mittagessens die Knödel aus dem heißen Wasser holte und durch das offene Fenster sah, wie der besagte Spion gerade über die Mauer herüberstieg. Da zögerte die First Lady Deggendorfs nicht lange, nahm einen Knödel und schleuderte dem böhmischen Eindringling den Knödel zielsicher mitten ins Gesicht, dass er wieder rücklings über die Mauer unten in den Wassergraben fiel und seinem König gehorsamst meldete: »Die haben noch so viel zu essen, dass sie sogar mit Knödeln schießen können.« Daraufhin zog Ottokar mit seinen Mannen frustriert ab. Deggendorf war gerettet.

Ob die Sage stimmt? Historisch belegt ist sie nicht. Immerhin erinnert in der Altstadt eine Brunnenfigur an die Knödelwerferin, die man angesichts der Skulptur in Unkenntnis der Geschichte auch als kräftige Kugelstoßerin interpretieren könnte. Entworfen wurde die Figur von der niederbayerischen Künstlerin Erika Einhellinger, gegossen wurde das Denkmal in Bronze. Der Knödelteig jener Bürgermeistersgattin hätte es auch getan, vom Härtegrad hätte das wenig Unterschied gemacht.

Weil an dieser Stelle natürlich auch die Frage nach dem perfekten Knödelrezept gestattet sein darf, bitte sehr. Neun Semmeln vom Vortag in dünne Scheiben schneiden, in einer Schüssel mit einem Viertelliter heißer Milch übergießen und mit einem Tuch zudecken. Eine Zwiebel schneiden, mit einer Handvoll Petersilie in Butter anbraten, besagten Pfanneninhalt mit zwei Eiern, Salz, Pfeffer und den eingeweichten Semmeln durchmischen und zu einem Teig kneten. Den Teig zwei Stunden in den Kühlschrank stellen, danach runde Knödel formen und diese eine Viertelstunde in einem Topf mit siedendem, aber nicht mehr kochendem Wasser ziehen lassen. Ob Sie danach Semmelknödel haben, Semmelknödeln, Semmelnknödel oder Semmelnknödeln, einerlei.

Damit gelingt Ihnen in jedem Fall ein großer Wurf. Viel zu schade zum Werfen.

42. GRUND

WEIL DIE VERSUNKENEN GLOCKEN IM SEE VIELLEICHT DOCH NOCH LÄUTEN

Fast fünf Jahrzehnte danach, es war im Jahre 2003, da stand Georg Hüttl am Brückengeländer, Georg Hüttl war ein alter Mann, er war gerade 80 geworden. Unter ihm und vor ihm breitete sich der große Stausee aus, dann sagte er: »Wenn ich hierherkomme, suche ich immer, wo die einzelnen Häuser standen.« Hüttl streckte seine Hand aus, zeigte mit seinem Finger auf eine Stelle mitten in der großen Weite des Wassers und sagte: »Da drüben müsste es gewesen sein.«[29] Wo die Schule war. Wo er unterrichtete. In der alten Ortschaft Fall. Bevor sie in den Fluten des Sylvensteinspeichers versenkt wurde, Mitte der 1950er-Jahre.

Der Blick von der Brücke hier ist immer ein gewaltiger, gerade in der Abenddämmerung Richtung Vorderriss im Westen, kaum sonst in Oberbayern gibt es so stimmungsvolle Sonnenuntergangsstimmungen zu fotografieren wie hier am Sylvenstein am Südrand des Isarwinkels. Wenn man die Bilder zu Hause dann herzeigen würde, der ruhige See vor der sanften Gebirgslandschaft, dann könnte man das einem Ahnungslosen mühelos auch als einen norwegischen Fjord verkaufen oder als kanadische Wildnis. Mat hat von hier immer viel zu sehen, aber man sperrt nicht nur die Augen auf, sondern auch die Ohren – denn vielleicht hört man sie doch noch, die sagenumwobenen Kirchenglocken des untergegangenen Fall.

Fall war einmal, ganz am Anfang, nur ein einzelner Bauernhof, Ende des 13. Jahrhunderts stand da erstmals etwas darüber geschrieben. Über die Jahrhunderte hinweg dann ein beliebtes Jagdrevier, bekannt wurde Ludwig Ganghofers Roman *Der Jäger von Fall.* Anfang des 20. Jahrhunderts entwickelten sich erste Überlegungen, in der Gegend das Wasser zur Stromerzeugung zu nutzen. 1909, bei einem Wettbewerb der obersten bayerischen Baubehörde, zeigte ein Entwurf genau an der Stelle des heutigen Sees einen Wasserspeicher mit einer Staumauer von monströsen 110 Metern[30] – 66 Meter höher als der heutige Damm mit gerade einmal 44 Metern.

1924 errichtete man das Walchenseekraftwerk und leitete dafür immer mehr Isar-Wasser um. (siehe Grund 39) Die Isar wurde in Trockenperioden zum lächerlichen Rinnsal, nach lang anhaltenden Regenphasen hingegen machte die »Isaria« als »Die Reißende« ihrem Namen alle Ehre und strömte mit tosender Wucht gen Norden. 1954 etwa, bei einem richtig verheerenden Hochwasser, bei dem es auch München noch einmal erwischte. Das letzte Mal. Denn bald war der Bau des Sylvensteinspeichers zur Regulierung der Isar beschlossene Sache – wenn auch auf Kosten des Dorfs Fall und damit seiner Einwohner, deren Heimat dem Stausee geopfert wurde.

Eines der vielen Schicksale damals war das von Georg Hüttl. Er war erst 1953 hierhergekommen, nach einer langen Reise aus dem Egerland, wo er nach dem Krieg vertrieben wurde und danach in britische Kriegsgefangenschaft geriet. In Fall schien seine Odyssee zu Ende, er fand Arbeit als Dorflehrer an der Schule, er war der einzige Lehrer, denn es gab auch nur eine Klasse, Hüttl unterrichtete alle Kinder aller Jahrgangsstufen in allen Fächern. »Es war wie eine Familie«, sagte er. Aber bald war alles vorbei.

1957 mussten die Faller ihre Häuser räumen. Die Bagger und Bulldozer rückten an, sie rissen die Gebäude ein und machten alles platt. Die Wohnhäuser, die Bauernhöfe, das Forstamt, das Wirtshaus Fallerhof, das Pfarrhaus, die Kapelle. Weshalb es natürlich nur eine Mär ist, dass man heute noch die Glocken hören kann. Sicher, die Menschen zogen alle gemeinsam hinauf an das Südufer des neuen Stausees, dort hatte der Staat neue Häuser und Straßen gebaut, es war alles geräumiger, größer, komfortabler. Aber das neue Fall hatte auch deutlich weniger Flair und Ambiente, es war steriler, liebloser, lebloser. Obwohl Hüttl erst vier Jahre im alten Fall gewesen war, empfand er es so, als hätte man ihn das zweite Mal aus seiner Heimat vertrieben.

Kurz bevor die Überreste des alten Falls 1959 in der aufgestauten Isar versanken, in einer Zeit, als an manchen Sonntagen 1.000 Autos und 300 Reisebusse mit neugierigen Ausflüglern kamen, die die neu gebaute Brücke queren und einen letzten schaudernden Blick auf den zerstörten Ort werfen wollten, da fotografierte Hüttl noch einmal die Häuserruinen, zeichnete die Grundrisse auf, ließ sich von den alteingesessenen Fallern alte Geschichten erzählen. Er unterrichtete weiter, nahm die Historie des alten Ortes in den Heimat- und Sachkundeunterricht an der neuen Faller Schule auf.

Auch das neue Schulgebäude war wesentlich angenehmer, man hatte eine Zentralheizung und musste nicht mehr fürchten, dass wie in der alten Schule im Winter die Wasserleitung einfror. Aber so richtig zu Hause an seinem Arbeitsplatz inmitten der neuen Reißbrett-Anlage für die rund 100 umgesiedelten Faller fühlte er sich nicht mehr. 1967 schloss dann auch die neue Schule, zu unrentabel, zu wenige Schüler, unterrichtet wurde ab sofort in Lenggries, 16 Kilometer weiter nördlich. Dorthin zog Hüttl dann auch, der Abschied aus diesem Fall fiel ihm nicht schwer, es gab nichts, was ihn dort hielt. Seitdem lebte er in Lenggries, und manchmal, wenn Journalisten eine Reportage über den Stausee und den versunkenen Ort recherchierten, dann riefen sie bei Hüttl an und baten ihn, mit auf die Brücke des Sylvensteinspeichers zu gehen und zu zeigen, wo denn damals welches Haus gestanden hatte.

Sicher, heute sind die meisten Menschen froh über den Sylvenstein, ohne ihn hätte das heftige Pfingsthochwasser 1999 isarabwärts heftige Folgen gehabt. Zudem ist der Speicher einer der beliebtesten Badeseen der Gegend und Startpunkt für viele Wanderungen und Radltouren und lässt einen auf der Brücke Ewigkeiten stehen bei diesem wundervollen Panorama. Und um heimlich träumend, sich der Illusion hingebend, zu lauschen, ob man sie eben nicht doch hört, die Glocken des versunkenen Fall.

43. GRUND

WEIL DER MÜHLHIASL MIT SEINEN PROPHEZEIUNGEN IMMER RICHTIG LAG

Bei den Propheten fragt man sich ja immer, wie sie das denn gemacht haben mit ihren Vorhersagen. So in die Zukunft schauen und dann damit auch noch richtig liegen. Woher sie das also alles gewusst haben. Andererseits ist das im Prinzip natürlich auch recht logisch, denn natürlich müssen sie alles wissen, sonst wären es ja nämlich keine Propheten.

Man kennt die Propheten aus der Bibel von A bis Z, von Aaron bis Zefanja, von Abraham bis Zacharias, und man kennt die Vorherseher der jüngeren Vergangenheit, einen wie den Nostradamus eben, den französischen Arzt und Apotheker. Zu Risiken und Nebenwirkungen Ihrer Zukunft fragen Sie bitte Ihren Nostradamus.

Nun ist es so, dass aber auch die Bayern ihren Nostradamus hatten, zumindest sagt man das auch heute noch so, wenn vom Mühlhiasl die Rede ist. Gelebt hat der Mühlhiasl in der zweiten Hälfte des 18. Jahrhunderts und noch ein paar Jahre ins 19. Jahrhundert hinein, bis 1805. Eigentlich hieß er Matthäus »Hias« Lang, er war der Sohn eines Müllers aus dem Weiler Apoig in der Nähe von Straubing, darum auch Mühl-Hiasl. Ausgesprochen Muihiasl.

Der Mühlhiasl wurde zum Thema vieler Geschichten und Berichte und auch mancher Lieder. Der querdenkende niederbayerische Liedermacher und Musikvirtuose Hans-Jürgen Buchner alias Haindling widmete dem Mühlhiasl auf der zweiten seiner vieler

Langspielplatten ein Lied, genauer gesagt, dem Mühlhiasl, dem Stormberger und dem Irlmaier. Deswegen hieß das Lied auch *3 Hellseher*, in dem in einem spukigen Sprechgesang unter psychedelischen Sphärenklängen einige Prophezeiungen der bayerischen Wahrsager wiedergegeben wurden. Mitte der 1980er-Jahre war das, zu einer Zeit, in der man sich um das Baumsterben große Sorgen machte und um das Weltgeschehen inmitten des Kalten Krieges mit Nachrüstung und Aufrüstung, und dann zerriss es auch noch Tschernobyl. Des Mühlhiasls Vorhersagen 200 Jahre davor vernahm man also mit einigem Gruseln. »Der Wald wird so licht werden wie des Bettelmanns Rock« oder »Eine Zeit kommt, wo die Welt abgeräumt wird und die Menschen weniger werden«.

Viele seiner Zukunftsdeutungen gingen auch um die Weiterentwicklung des Verkehrs, wie etwa: »Wenn die schwarze Straß von Passau heraufgeht, wenn der eiserne Hund in der Donau heraufbellt, wenn d' Leut in der Luft fliegen können, wenn d' Wagen ohne Roß und Deichsel fahren, wenn die meisten Leut mit zweiradeligen Karren fahren, so schnell, daß kein Roß und kein Hund mitlaufen kann – dann steht's nimmer lang an.« Autos, Schiffe, Eisenbahn, Flugzeuge, Motorräder, sagte er alles voraus. Respekt, und einmal mehr wunderte man sich, woher diese Eingebung. Oder auch der Klimawandel: »Wenn man Sommer und Winter nicht mehr unterscheiden kann.« Allerhand.

Oft soll der Mühlhiasl wie von einer fremden Macht beseelt im Delirium herumfabuliert haben, vielleicht lag das aber auch am Starkbier.

Und auch mit seiner allerletzten Vorausschau sorgte er für Aufsehen, als er meinte: »Ich komm Euch als Toter noch aus.« Als sein Leichenwagen dann über die Brücke der Regen in Zwiesel gekarrt wurde, soll die Deichsel gebrochen sein, weshalb der Sarg herunterpolterte, der Deckel sich öffnete,und der leichenstarre Arm herausragte, um in Richtung Himmel zu zeigen. Dann aber machten sie den Deckel wieder zu.

Aber ob das wirklich alles so war? Und ob er jemals gelebt hat und deswegen auch überhaupt gestorben ist? Bayerische Historiker streiten sich seit vielen Jahren über die Existenz des besagten Waldpropheten, manche vermuten bei vielen Prophezeiungen eine nachträgliche nach einem Geschehen in die Vorhersagung hineingedichtete Schönfärbung, um den Mühlhiasl gut dastehen zu lassen, eine sogenannte »vatinicium ex eventu«, also eine »Weissagung vom Ereignis her«, andere behaupten forsch, den Mühlhiasl hätte es gar nie nicht gegeben.

Der *SPIEGEL* schickte 1986 zur Spurensuche bei den abergläubischen Menschen im Bayerischen Wald einen Reporter ins tiefste Niederbayern, und wenn der *SPIEGEL* das tut, dann lässt sich auch schon erahnen, was am Ende zu lesen sein wird, so war das auch damals. Vom »Mystizismus der Hinterwäldler« stand geschrieben, vom »Land der Seher, der Ur-Heimat von Sonderlingen, Weltscheuen, Rutengängern und Menschen mit dem zweiten Gesicht«.[31] Auf eher spöttische Art und Weise machte man sich lustig über die eigenwilligen Schrate, die Jünger der Apokalypse, die auch heute noch der Weissagungen des Muihiasl Glauben schenken.

Natürlich, die Einheimischen haben sich davon nicht beirren lassen, die Gemeinde Hunderdorf, zu der Apoig heute gehört, preist sich am Ortseingang qua Hinweisschild stolz als »Heimat des Mühlhiasl«, erzählt man dort den Kindern auch heute noch die unheimlichen Verkündigungen.

Womit der Mühlhiasl in jedem Fall noch immer recht gehabt hatte, war, als er sagte: »Alles hat ein End.« So wie dieses Kapitel jetzt. Woher er das nur gewusst hat.

WEIL EIN OBERPFÄLZER SAGENSAMMLER MIT DER RÜBEN-PRINZESSIN SPÄT ZU WELTRUHM KAM

Hier liegt er also, an seiner letzten Ruhestätte im Alten Nordfriedhof in München, in einem unscheinbaren Grab, versteckt und weit hinten. Man darf annehmen, Franz Xaver von Schönwerth ist zufrieden mit diesem Platz, war ihm doch schon zu Lebzeiten im 19. Jahrhundert jeder Rummel zuwider. Scheute er sich vor diesen neumodischen Fotoapparaten wie der Teufel vor dem Weihwasser, weil er glaubte, diese Kästen könnten ihm das Innerste seiner Seele rauben. Und sträubte er sich davor, sich auf einem Gemälde in Öl verewigen zu lassen. Weshalb keiner mehr weiß, wie er eigentlich ausgesehen hat, dieser so geheimnisvolle und mysteriöse Oberpfälzer Geschichtenschreiber, der lange vergessen war und der es erst zu Beginn des 21. Jahrhunderts zu großem und spätem Ruhm brachte – und dessen Märchensammlung in England und den USA zu einem wahren Bestseller wurde.

Franz Xaver Schönwerth, Jahrgang 1810, Sohn des Königlichen Zeichenprofessors Joseph Schönwerth. Besuchte das Gymnasium seiner Heimatstadt Amberg, übersiedelte dann nach München zum Studium der Kameralwissenschaft, Buchführung, Rechnungswesen, danach Rechtswissenschaften. Schönwerth machte bald Karriere, kam zur Regierung von Oberbayern, wurde 1845 der Privatsekretär von Kronprinz Maximilian, und als dieser 1848 den Thron bestieg, sein Kabinettschef. Später wurde er noch Ministerialrat im bayerischen Finanzministerium, eine klassische Beamtenkarriere, würde man heute sagen.

Doch ab 1852 zog es ihn auch immer mehr wieder zurück in seine Oberpfalz, in diesen ganz eigenen Landstrich mit seinen vielen Legenden und Mythen. Schönwerth, der 1858 in den Adelsstand erhoben wurde und dann das »von« dazubekam, machte sich auf und erkundete seine Heimat, er wollte von den Menschen Geschichten hören, die eigenen Lebensgeschichten genauso wie die Fabeln und Erzählungen, die in den Familien über Generationen weitergegeben wurden.

Anfangs kam dabei nicht viel dabei heraus, Schönwerth, ganz der Beamte, verteilte nämlich massenweise Fragebögen – bis er feststellte, dass viele der einfachen Bauersleute Analphabeten waren. Also machte er sich, wofür er von König Max II. dann sogar hochoffiziellen Diensturlaub bekam, immer wieder persönlich auf den Weg und besuchte die Menschen auf ihren teilweise sehr abgelegenen Höfen. Schaffte Vertrauen, indem er mit ihnen in ihrem Dialekt sprach.

An die 500 Märchen und Sagen trug er so bis zu seinem Tod 1886 zusammen, in zeitgenössischen Autorenkreisen hatte von Schönwerth auch einen guten Namen. »Nirgendwo in ganz Deutschland ist umsichtiger, voller und mit so leisem Gehör gesammelt worden«[32], sagte schon 1858 niemand Geringerer als Jacob Grimm, einer der beiden Märchenbrüder. Doch während die Grimms mächtig Karriere machten, blieb von Schönwerth auf seinem Hauptwerk *Aus der Oberpfalz – Sitten und Sagen* sitzen, seine Geschichten waren auch anders als die der Grimms. Kein mit dem Mainstream kompatibles »Es war einmal«-Gesäusel, nein, bei Schönwerth ging es von vornherein zur Sache, gleich beim Einstieg medias in res. »Die Prinzessin war krank« oder »Der Prinz hatte sich im Wald verlaufen«. Eine Geschichte handelt von einer schönen Maid, die einer bösen Hexe entkommt, indem sie sich in einen Teich verwandelt. Die ahnungslose und dürstende Hexe trinkt den Teich leer, verschluckt damit das junge Mädchen, die dann ein Messer benutzt, um sich aus der Alten wieder herauszuschneiden.

Von Schönwerth schrieb auch eine schöne Liebesgeschichte vom Mond und der Sonne auf, in der beide heiraten, doch in der Hochzeitsnacht den ersten Streit miteinander haben, weil sich der kalte Mond als ein schlechter, weil zu zurückhaltender Liebhaber für die heiße und leidenschaftliche Sonne erweist. Zankend schließen die beiden eine Wette ab: Wer am nächsten Morgen als Erster erwache, dürfe fortan bei Tag scheinen. Die Sonne gewinnt und gelobt in ihrer Enttäuschung, dem Mond nun immer aus dem Weg zu gehen. Doch die Liebe und die große Sehnsucht zwischen den beiden bleibt, weshalb sie manchmal doch wieder zusammenkommen – bei Sonnenfinsternis.[33]

Doch die Geschichten, die von Schönwerth in drei Bänden publiziert hatte, gerieten in Vergessenheit, bis sich 120 Jahre nach seinem Tod die frühere Deutschlehrerin Erika Eichenseer auf Spurensuche begab – und in den verstaubten Archiven des Historischen Vereins Regensburg und Oberpfalz 40.000 Blätter entdeckte, geschrieben mit Tinte in altdeutscher Schrift. Ein unermesslicher literarischer Schatz, den sie auswertete und aus dem sie aus bis dahin unbekannten 500 Märchen gut 100 auswählte und im Jahre 2010 unter dem Titel *Prinz Roßzwifl* herausbrachte.

Die Erstauflage war sofort vergriffen, auch im Ausland wurde man hellhörig, der renommierte englisch-amerikanische Penguin-Verlag übersetzte das Buch und veröffentlichte es als *The Turnip Princess*. Die Rüben-Prinzessin. Die Rezensenten waren begeistert, vom *Guardian* über den *Economist* bis hin zum *New Yorker*, im englischsprachigen Raum wurde das Buch ein Bestseller.

Es wäre im Zuge des plötzlichen Erfolgs einiges auf Schönwerth zugekommen, hätte er das noch erlebt: Pressetermine, Interviewanfragen, Homestories, Talkshows. Und natürlich Berichterstatter mit vielen neumodischen Fotoapparaten.

Vielleicht ist er ganz froh, dass er es nicht mehr erleben muss.

KAPITEL VI

MAGISCHE ORTE

45. GRUND

WEIL DER HEILIGE BERG IN ANDECHS AUCH DEN AUSSERIRDISCHEN GEFÄLLT

Im Sommer 2012 wurde es rund um Andechs lustig. Ein Ballonfahrer entdeckte auf dem Feld des Landwirts Georg Zerhoch einen riesigen Kornkreis. Zwölf Zacken reihten sich aneinander zu einem beeindruckenden Stern, die drei Kreisringe am äußeren Rand wirkten wie ineinandergeflochten. Die Schönheit und Eleganz interessierte die Polizei freilich weniger, sie taxierte einen Sachschaden von rund 1.800 Euro und ermittelte gegen unbekannt.

Für Gaby Teroerde indes war ganz klar, wer als Urheber des Kornkreises zu gelten habe, weshalb ihrer Theorie folgend die Polizei auf der Fahndung nach den Tätern einen kleinen Abstecher ins Weltall hätte unternehmen müssen. Gaby Teroerde nennt sich selbst nämlich ein Medium, auf ihrer Webseite bietet sie etwa Intensiv-Seminare zu Meditationen und die Anbindung an die geistige Welt an, dazu gibt es einen umfangreichen Online-Shop. Eine persönliche mediale Fernberatung (Lieferzeit drei bis vier Wochen) gibt es auf CD für 230 Euro, Gespräche mit dem Erzengel Gabriel gibt es auch als MP3-Download, kostet nur läppische zwölf Euro, und natürlich gibt es auch viele tolle Veranstaltungen wie im März 2015 in Salzburg einen Abend für gelebte Spiritualität mit Kurzvortrag, Meditationen, praktischen Übungen und, jetzt kommt's, »persönlichem Live-Channeling mit Mutter Maria«. Eintritt: nur 18 Euro. Heiliger Bimbam. Wer muss da noch für teures Reisegeld nach Lourdes, Tschenstochau oder Fatima, wenn man mit Maria so günstig im Live-Chat zusammenkommt.

Man kann daran glauben oder das alles für einen großen Schmarrn halten, das ist jedem selbst überlassen. Frau Teroerde und ihr Mediumsmitstreiter Siegfried Trebuch jedenfalls waren damals im Sommer 2012 im Angesicht des Andechser Kornkreises der festen Überzeugung, dies sei ein Werk von Außerirdischen. »Wir dürfen uns diese Wesen nicht als Menschen vorstellen, vielmehr als Energieformen«[34], sagte Trebuch und gab auch nähere Details preis, und zwar, dass die Energieformen aus dem Sternensystem Sirius A stammten. Nicht etwa wie man ja auch hätte denken können, von Sirius B oder Sirius C, aber nein, sie war sich da ganz sicher, sie kämen von Sirius A.

A wie Andechs.

Ein in der Tat spiritueller Ort, schon lange bevor die Sirianer hier ihre Kreise zogen. Andechs ist Bayerns Heiliger Berg, die Anfänge gehen zurück ins 10. Jahrhundert. Damals soll der Andechser Graf Rasso von einer Pilgerfahrt ins Heilige Land als Mitbringsel eine Handvoll Reliquien von Jesus persönlich zurückgebracht haben. Ein Stück aus der Dornenkrone, ein Stück vom Kreuz Christi sowie ein Teil des Schweißtuches. Dazu auch Textilreliquien, wie die »Stola« des Heiligen Johannes Evangelist, der »Gürtel« Maria Magdalenas.

Nach der Zerstörung anno 1246 lag die gräfliche Burg in Trümmern, und womöglich wäre Andechs auch heute noch eine kaum beachtete Ruine, wenn nicht 1388 bei einer Messfeier in der alten Burgkapelle eine – so steht es geschrieben – kleine Maus aus einer kleinen Ritze einen Zettel hervorgeschleppt hätte. Der Hinweis auf den Verbleib des Reliquienschatzes, den man kurz darauf nach intensivem Graben und Buddeln dann auch fand.

1455 gründete Herzog Albrecht III. von Bayern-München (so hieß damals noch kein Fußballverein, sondern eines der spätmittelalterlichen Teilherzogtümer der Wittelsbacher) das Benediktinerkloster Andechs, 1751 baute Johann Baptist Zimmermann die Klosterkirche im Rokoko-Stil um, bei einer Restaurierung im Jahr 2005 wurde übrigens auch die Maus von damals verewigt, als Denkmal in den Stufen des Hochaltars.

Heute gilt Andechs neben Altötting (siehe Grund 94) als wichtigster Wallfahrtsort Bayerns. 30.000 Gläubige strömen Jahr für Jahr der Pilgerei wegen auf den Heiligen Berg, sie kommen teilweise von weither, mit Fußmärschen von bis zu 50 Kilometer am Tag.

Gemütlicher und weniger lang ist es mit der S-Bahn, von der Endstation Herrsching führt ein netter Waldweg hinauf zum Kloster, das sich als prosperierendes Unternehmen seit Jahrhunderten selbst finanziert. Mit seiner Landwirtschaft, seinem Tagungs- und Kulturzentrum, mit seinen jährlichen Carl-Orff-Spielen und natürlich mit den Wirtslokalen, dem rustikalen Bräustüberl und dem etwas gehobenen Klostergasthof, wo es überall das hauseigene Brauereibier in sieben verschiedenen Sorten zu verköstigen gibt.

Kurzum, Andechs ist insgesamt ein recht gutes Geschäft geworden, man sieht das vor allem an sommerlichen Sonntagen, wenn der große Parkplatz am Fuß des Bergs bis zum späten Vormittag komplett dicht ist und der Biergarten oben auch.

So gesteckt voll, da haben nicht einmal mehr Sirianer Platz.

46. GRUND

WEIL AUS DER WIESKIRCHE, DEM BERLINER FLUGHAFEN DES 18. JAHRHUNDERTS, EIN WELTKULTURERBE WURDE

Am Anfang stand eine Entschuldigung, im Vorwort zum dritten Band. Der Raistinger Pfarrer Franz Sales Gailer war damals im 18. Jahrhundert gerade dabei, eine Beschreibung des Bistums Augsburg in einer mehrteiligen Buchform herauszubringen, als er merkte, dass er für das Dekanat Weilheim weit mehr Platz benötigte als für alle anderen Gemeinden und Diözesen. Aber hier, in dieser Gegend, waren einfach auch weit mehr Kirchen und Klöster, Kapellen und Pfarreien als sonst wo in der Gegend. Und wohl auch mehr als in irgendeinem anderen Gebiet irgendwo auf der Welt. Gailer prägte für diese von prächtigen Klerikalbauten übersäte Region darum auch den treffenden Namen »Pfaffenwinkel«.

Der Pfaffenwinkel erstreckt sich von der Loisach im Osten bis zum Lech im Westen, bis zur Grenze nach Schwaben. Die wohl berühmteste Kirche der Region ist die Wieskirche, erbaut um 1750 von den Brüdern Johann Baptist und Dominikus Zimmermann. Ein Meisterwerk des Rokoko von einer überwältigenden Schönheit, seit 1983 auch Teil des Weltkulturerbes. Ein Ort für Wallfahrer und Touristen, jährlich strömen bis zu einer Million Besucher in die Wies, an manchen Tagen stehen an die 100 Busse auf dem Parkplatz 200 Meter von der Kirche entfernt.

Der Parkplatz ist übrigens gebührenpflichtig, für Autos die ersten beiden Stunden zwei Euro, für Busse drei. Das sei an dieser Stelle vermerkt, weil Geld bei der Wies immer schon eine große Rolle gespielt hat. Das ging los beim Bau, als die Kosten explodierten. Eine exorbitante Diskrepanz zwischen den anfangs veranschlagten und letztlich tatsächlichen Baukosten ist also keine Erfindung der Moderne (Berliner Flughafen, Elbphilharmonie, Stuttgart 21), das war schon früher so. Hatten die Bauherren zunächst mit 39.000 Gulden kalkuliert, kamen am Ende 180.000 Gulden zusammen, die die Wies kostete. Das Kloster Steingaden als Auftraggeber stand kurz vor der Insolvenz, hielt sich aber immerhin noch bis zu seiner Auflösung im Zuge der Säkularisation 1803. Die Wies als heiligen Wallfahrtsort aber ließen die Säkularisierer dankenswerterweise stehen.

Gut 200 Jahre später ging es bei der Wies wieder einmal ums Geld, weil der Pfarrer beim Sammeln für die neue Orgel die Spenden erst auf seinem Privatkonto gesammelt und dann ans Bistum überwiesen hatte und sich dafür selbst Spendenquittungen ausstellen ließ. Für den Fiskus ein klarer Fall von Steuerhinterziehung, letztlich aber blieb es bei einer Rüge. »Im lobenswerten Bemühen wurden die säkulären und kirchlichen Gesetze nicht beachtet«, ließ ein Bistumssprecher damals verlauten[35], der Pfarrer musste eine Nacherklärung einreichen, diesmal ohne Spendenquittung, damit war der Fall erledigt.

Dann konnte er sich beruhigt an die Orgel setzen. Pfeif drauf.

WEIL DIE FRAUENINSEL DAS SCHÖNSTE KLEINOD IM CHIEMSEE IST

Herrenchiemsee, auch so ein Ort, an dem sich der Kini mal wieder ausgetobt hatte. 1873 hatte Ludwig II. die Herreninsel im Chiemsee gekauft, um dort nach Neuschwanstein, dem Schachen (siehe Grund 19) und Linderhof sein viertes Schloss zu erbauen, es sollte, was er da noch nicht ahnen konnte, auch sein letztes werden, und als er 1886 im Starnberger See starb, da war es auch noch gar nicht fertig.

Die Insel Herrenchiemsee und der nach Abbild des Schlosses Versailles errichtete Palast sind heute Ausflugsziel, Jahr für Jahr kommen so um die 400.000 Besucher aus aller Welt hierher, die Insel steht schließlich auch in jedem Reiseführer, Pflichtprogramm für jeden Bayern-Touri. Das Eiland ist auch noch Heimat des Augustiner-Chorherrenstifts, man kann durch einen großen Park streifen oder durch den idyllischen Rosengarten.

Viele der Gäste fahren nach dem Besuch mit dem Schiff gleich wieder zurück ans Festland, am Westufer des Chiemsees, vermutlich, weil dort der Reisebus zur Weiterfahrt wartet oder weil sie gar nicht ahnen, dass die etwas kleinere Nebeninsel von Herrenchiemsee die eigentlich viel reizvollere ist. Die Fraueninsel, über die Erich Mühsam bei einem Besuch 1907 einmal schrieb: »Feucht war die Luft, und trübe Nebel lagen / Rings um die Berge, Regen drohte schwer, / Als ich ins Boot stieg, ärgerlich und leer, / Um mich, wenn's ging, der Sorgen zu entschlagen.«

Eine Insel mit einem urtümlichen Charme, ganze zwölf Hektar groß, mit 50 Häusern und 300 Einwohnern und einer noch viel längeren Geschichte, die zurückreicht bis 782, als Herzog Tassilo hier das Kloster gründete. Das Kloster hat einen Klosterturm, der ein wenig klein und gedrungen wirkt, und wenn man sich mit dem

Schiff der Insel nähert, bekommt man immer das Gefühl, der Turm wolle seine bauchig gezwiebelte Spitze einziehen und sich hinter den Linden und Kastanienbäumen verstecken, damit man ihn und dieses schöne Kleinod inmitten des Chiemsees nicht entdeckt.

Im 19. und 20. Jahrhundert entstand hier eine Künstlerkolonie, das Zentrum der »Münchner Schule« mit zahlreichen Malern, Dichtern und Bildhauern. Heute leben kaum noch Künstler hier, es gibt eine Töpferei, eine Galerie, eine Handvoll Fischer. Spaziert man in gemütlichem Tempo gegen den Uhrzeigersinn am Uferweg um die Insel, ist man leicht in einer halben Stunde herum, erreicht man zum Abschluss auf dem Weg zum Ablegesteg das erwähnte Kloster, die Benediktinerinnen-Abtei Frauenwörth. Die Brotzeit im Klosterwirt, der Abstecher in den Klosterladen mit seinen selbst gemachten Marzipankreationen, seinen Likören und seinen Lebkuchen, eine Wonne. All das ist jedenfalls für jeden Besucher hier Pflichtprogramm.

Ein freiwilliges Programm haben in den 1990er-Jahren die Ordensfrauen von Frauenwörth entwickelt, und zwar mit Seminaren zur Selbstfindung. Diese Kurse erfreuen sich immer größerer Beliebtheit, unter anderem auch bei gestressten Managern. Diese Kurse dienen laut Beschreibung der Einkehr und Besinnung, Inhalte sind bildende Kunst, Tanz, Musik und Bewegung; im Angebot hat es Seminare für Herzpatienten, Weiterbildungen für Mitarbeiter von Unternehmen der freien Wirtschaft und des öffentlichen Dienstes sowie internationale Kongresse. Konkret auf dem Plan stehen Blockflötenkurse, sogenannte Spiraldances, Körperspürübungen mit Atemtechnik und Meditation bis hin zu ayurvedischen Kochkursen.

Dass die Seminarbesucher aus aller Welt kommen, das hört man abends im Klosterwirt, wenn die Gäste englisch sprechen oder japanisch, es ist im Wirtshaus die logische Fortsetzung des Tagesprogramms, sozusagen die Einkehr nach der Einkehr.

Oft braucht es das aber auch gar nicht, sich in den Klosterkursen in andere spirituelle Sphären zu begeben, die Welt ganz bewusst hinter sich zu lassen und ihr zu entrücken. Manchen reicht es auch, einfach hierher auf die Fraueninsel zu kommen, das Panorama mit den Chiemgauer Bergen im Süden auf sich wirken zu lassen, unter der tausendjährigen Tassilolinde zu stehen und in der Abenddämmerung mit einem Gefühl innerer Glückseligkeit den Blick auf das letzte Schiff zu werfen, wie es gerade ablegt und zurückfährt Richtung Prien, bis es im Westen verschwunden ist und die stille Oberfläche des Sees die letzten Bugwellen verschluckt hat.

Weiter weg kann die Welt dann gar nicht sein. Der Sorgen enthoben.

48. GRUND

WEIL KAISER UND MINISTER ZUM GEHEIMEN KORBINIANSBRÜNNLEIN PILGERTEN

Eng und dunkel zieht sich der Stollen in den Fels hinein. In der Mitte des Gangs ein Blumenstrauß, hinten drei Teelichter in einem Halbkreis. Daneben tröpfelt Wasser aus der Wand. Ein kleines Rinnsal, das dann im Boden verschwindet. Das Korbiniansbrünnlein, die Heilquelle am Südhang des Weihenstephaner Berges. Eines der ältesten Quellheiligtümer Bayerns. An dessen Wirkung seit einem Jahrtausend sogar die Mächtigen des Landes glauben. Früher Kaiser. Heute Mitglieder der Staatsregierung.

Ein traumhaft schöner Ort, ein besinnlicher. Manchmal kommen Menschen zum Meditieren her. Die im Diesseits leben und mit dem Jenseits reden. Einmal, Herbst 2005, trifft man sich hier mit einer Frau, die sich als Medium sieht. Sie sagt, wenn sie hierherkäme, dann würde sie Wesen aus der Engelswelt sehen. »Wassernymphen, Feuergeister.«[36]

Metaphysisch realitätsfernes Esoterikgeschwafel, mag manch einer denken, andererseits: Wenn Menschen daran glauben, sollen sie doch. Und glauben tun sie hier schon sehr früh.

Angefangen hat alles mit dem Korbinian. Um 720 weiht er als Bischof von Freising auf einem Hügel eine Kapelle. Das Gotteshaus, das er dem heiligen Stephan widmet, ist der Vorläufer der heutigen Abtei Weihenstephan. Ein schöner Ort, aber ziemlich hoch droben, und so müssen die bedauernswerten Mönche der Kirche Tag für Tag ins Tal hinuntersteigen und Trinkwasser aus dem Bächlein namens Moosach schöpfen. Das ist zwar gut für die Fitness, aber schlecht fürs Kreuz.

Eines Tages gehen sie zu Korbinian und beschweren sich, dass sie sich ja nur den Rücken krumm schleppen würden, also nimmt Korbinian seinen Hirtenstab, rammt ihn am oberen Südhang des Hügels mit wuchtiger Vehemenz in den Boden, und schon sprudelt, ein Wunder, ein kleines Bächlein hervor. Was Moses in der Wüste gelingt, schafft Korbinian am Freisinger Bergerl. Wasser marsch.

Wie es die Überlieferung des späteren Freisinger Bischofs Arbeo will, versiegt die Quelle aber just in dem Moment, als Korbinian 725 in Südtirol stirbt. Und erst als seine Gebeine 40 Jahre später nach Freising zurückgebracht werden, plätschert das Brünnlein wieder.

Ein magischer Ort also schon damals, und als sich Kaiserin Beatrix (1140–1184), die Frau von Kaiser Barbarossa, mit dem Wasser wäscht und sich dadurch von ihrem lästigen und wenig ansehnlichen Aussatz geheilt wähnt, spricht sich das Mirakel schnell herum. Bald kommen sie von nah und fern, vor allem bei Augenleiden wird der Quelle heilende Wirkung nachgesagt. Freising wird zur Pilgerstätte, das Brünnerl zum oberbayerischen Lourdes des Mittelalters.

Aber die Jahrhunderte vergehen, die Korbinianskapelle, in der später Gemälde von Cosmas Damian Asam hängen, verfällt immer mehr und wird schließlich zur Zeit der Säkularisation 1803 zerstört, für solch klerikalen Schnickschnack haben sie damals wenig übrig. Eine halbrunde Ruine belassen sie damals nur, um das Abrutschen des Hanges zu verhindern. Es kommen immer weniger Menschen, die an das Quellheiligtum glauben.

Die Alpenkette am Horizont weit hinter dem nahe liegenden Isarauwald bleibt die gleiche, dann beginnen ein paar Kilometer weiter die Bagger anzurücken, um den neuen Flughafen aus dem Erdinger Moos zu stampfen, während der heilige Ort immer mehr verwittert und mit hässlichem Graffiti-Geschmier immer mehr verschandelt wird.

Dann kommt eines Tages eben besagte Frau mit ihrem Gespür fürs Spirituelle. Sie habe gemerkt, sagt sie, dass es diesem Ort besonders schlecht gehe, dass der Platz keine Energie mehr habe. Doch die kehrt wieder, weil sie beginnt, sich um die Quelle zu kümmern. Und auch wegen Otto Wiesheu.

Für alle, die es nicht mehr wissen: Otto Wiesheu war ein führender CSU-Politiker, ein Bauernsohn aus dem Freisinger Landkreis, der nicht wie sein Vater auf dem Mähdrescher Karriere machte, sondern in der Bayerischen Staatsregierung.

Wiesheu ist einer von denen, über die man gerne sagt: »A Hund is er scho«, was so viel bedeutet wie gerissen sein, verschlagen, bauernschlau, aber das mit der Bauernschläue ist ja schon genetisch bedingt. Zwölf Jahre ist er Wirtschafts- und Verkehrsminister, kaum ist er es 2005 nicht mehr, sitzt er auch schon im Vorstand der Deutschen Bahn. Das sorgt für heftige Kritik, die zeitliche Nähe zwischen Politik und Wirtschaftskarriere wirft ethisch-moralische Fragen auf, was dem Wiesheu aber einerlei ist, das aber freilich ist ein anderes Thema.

Mit dem Korbiniansbrünnlein hat es nur insofern etwas zu tun, als dass Wiesheu zu seinem 60. Geburtstag Ende 2004 für dessen Erhaltung sammelt. So kommen 41.000 Euro an Spenden zusammen, zur Restaurierung des geschichtsträchtigen alten Orts, der ihm selbst noch etwas bedeutet. Nebenan am Domberg war Wiesheu als Bub in die Schule gegangen, und in den Freistunden oder an den Nachmittagen sei er oft hierhergekommen, sagt er. »Ein wunderbarer Fleck mit einem herrlichen Ausblick. Ich kann mir gut vorstellen, dass Menschen dorthin kommen, um sich zu besinnen. Das ist ein sehr meditativer Ort.« Auch er habe sich an der heilenden

Kraft der Quelle versucht. »Ich habe mir früher oft die Augen mit dem Wasser gewaschen. Vielleicht ein Grund, dass ich bis heute keine Brille brauche.« Oft genug hat er sie sich aber nicht gewaschen, sonst hätte auch er sie sicher gesehen. Die Weihenstephaner Wassernymphen und die Freisinger Feuergeister.

49. GRUND

WEIL EINE KURPFUSCHERIN KAISERIN UND KÖNIGIN IN DEN MÜNCHNER NORDEN LOCKTE

Auf einem sanften Höhenzug, zwischen Ampermoching und Röhrbrunn, liegt Mariabrunn. Der Ort bietet an klaren Tagen mit föhniger Fernsicht eine tolle Sicht auf die Silhouette Münchens knapp 20 Kilometer weiter südlich und die Alpenkette weit dahinter. Stadt und Berge auf einen Blick, von kaum einem anderen Platz im Münchner Norden sieht man sie so beeindruckend wie von hier von Mariabrunn aus – von diesem mystischen Platz, der einst eine gewisse Amalie Hohenester weltberühmt machen sollte, als die Doktorbäuerin.

Mariabrunn ist ein Ort der traditionellen bayerischen Dreifaltigkeit. Kirche, Wirtshaus, Biergarten. Das Gasthaus bietet eine phänomenale Küche mit lauter regionalen Produkten, die Biopute stammt vom Bauern aus Goppertshofen, das Fleisch vom Metzger aus Petershausen und das Wild von den einheimischen Jägern. Das Gute liegt so nah, das Gute erlegt man nah. Im Biergarten gibt es kleine Schmankerl, gutes Bier und viel Schatten durch die Kastanienbäume, und in der Kapelle mit dem doppelten Zwiebelturm, da gibt es dann zu lesen, wie sich das hier alles zutrug, mit dem Heilwasser, mit der Bäuerin und mit der Kaiserin Sisi.

Man schreibt das Jahr 1662, als der Mochinger Bauer Stephan Schlairboeck bei der Arbeit im Wald gar schrecklich vom Durst geplagt wird. Schlairboeck geht es ganz generell nicht gut, jahrelang schleppt er sich mit Krankheiten herum, mal zwickt es hier, mal dort, das ganze Leben ist kein Zuckerschlecken, eine rechte Schinderei. Dann entdeckt er hier auf der Suche nach Wasser diese Quelle, trinkt daraus, und, nein, nicht nur sein Durst ward gestillt, er ist plötzlich wieder ein gesunder Mann. Die Quelle, ein Jungbrunnen.

Die heilende Wirkung des Wassers spricht sich wie ein Lauffeuer bis nach München herum, Kurfürst Ferdinand Maria fackelt nicht lang und lässt eine Kapelle und ein Badehaus errichten. Mariabrunn wird zum Wallfahrtsort. Wer sich geplagt fühlt, schwach und schlecht beieinander, der pilgert ab sofort hierher. Ob Magen oder Darm, Niere oder Blase, Auge oder Ohr, selbst bei Geschlechtskrankheiten – Mariabrunn wirkt Wunder. Glaubt man zumindest. Im Jahre 1850 notiert der Chronist Josef Bogner in seinem Aufsatz »Das Mirakel von Mariabrunn« 48 Beispiele von Kranken, die hier durch den Genuss des Wassers wieder gesundeten, dabei führte er die Genesenen und ihre geheilten Krankheiten auch gleich namentlich auf. Vom erblindeten Caspar Zehentmayr aus Ampermoching, der plötzlich wieder »einen hellen Schein sehen und ohne fremde Hilfe auf Weg und Steg gehen« konnte, über die von ihrem langjährigen Seitenstechen geplagte Elsbeth Sedlmayrin bis hin zum Bäcker Balthasar Brandl, dem, man mag sich das angesichts seiner Arbeit in der Backstube lieber nicht vorstellen, »der Hinterleib zwölf Jahre lang ausgegangen« war.

Seine Glanzzeit als Heilort von Weltruf sollte Mariabrunn aber erst noch bevorstehen, ab 1863, als eine gewisse Amalie Hohenester das damals etwas in die Jahre gekommene Heilbad kauft. Amalie Hohenester, geboren 1827 in Vaterstetten im Osten Münchens, ist das zwölfte und letzte Kind der berühmt-berüchtigten Haberl-Familie, die seit Generationen als Wilderer und Räuber im Isartal Angst und Schrecken verbreitet. Ihre Brüder machen die Gegend als »Haberl-Bande« unsicher, einige von ihnen werden verhaftet, einer endet am Galgenstrick. Später wird Amalie Hohenester behaupten, sie habe die ganze Welt bereist, was nicht ganz richtig ist, immerhin kommt sie aber bis Frankfurt, wo sie den Behörden bereits mit kleinen Gaunereien auffällt und deswegen wieder nach Bayern abgeschoben wird – die hessische Polizei agiert dabei bereits nach dem späteren Slogan der CSU: »Wer betrügt, der fliegt.«

Zusammen mit ihrem Mann Benedikt Hohenester kauft sie dann eben Mariabrunn, kommt als »Doktorbäuerin« zu Ruhm. Den Kranken, die zu ihr kommen, stellt sie Diagnosen aus der Analyse des Urins und verschreibt ihnen daraufhin Heilkräutertees oder lange Spaziergänge. Sie ist ein Genie in Sachen Selbstvermarktung, macht vorzügliche PR in eigener Sache. Würde es damals schon das Fernsehen geben, man würde eine Homestory nach der anderen über sie sehen. Dass sie sagt, sie sei bei ihren Rezepturen durch die Lektüre alter ägyptischer Medizinbücher beeinflusst worden, obwohl sie gar nicht lesen kann, tut ihrem Starkult genauso wenig Abbruch wie der permanente Ärger durch die akademische Ärzteschaft, die ihr unlautere Kurpfuscherei vorwirft.

Zur Doktorbäuerin strömen sogar die Schönen und die Reichen und die Adligen. Russlands Großfürst Nikolaus Nikolajewitsch, die Großfürstinnen Vera und Alexandra, die Königin von Schweden und sogar Sisi, die Kaiserin von Österreich, finden den Weg zu ihr nach Mariabrunn. Und alle sind angetan von ihren Methoden und ihrer Behandlung, die Monarchen verehren sie wie eine Heilige.

Sich selbst aber kann Amalie Hohenester nicht heilen, in den 1870er-Jahren geht es ihr zunehmend schlechter, im März 1878 stirbt sie, man vermutet, es war Brustkrebs. Danach verfällt das Gelände, erst durch den Kauf des jungen Braumeisters Heribert Breitling geht es wieder aufwärts, er baut ein neues Sudhaus, weshalb Mariabrunn nun vor allem wegen seiner Gaststätte und nicht mehr wegen des Heilwassers ein beliebtes Ausflugsziel wird. Dennoch, auch ohne Doktorbäuerein und Heilquellwasser, Mariabrunn ist auch heute noch genau der richtige Ort, wenn es einem nicht gut geht. Eine kühle Maß in einem Biergarten wie diesem, das hat noch immer Wunder gewirkt.

50. GRUND

WEIL VOR FRANCK RIBÉRY SCHON LANDSMANN NAPOLEON IN FRÖTTMANING VORBEISCHAUTE

Das Ehepaar Maile kam eine Viertelstunde vor Anpfiff. Sie saßen im Unterrang, in Block 104, Reihe 22, ziemlich genau auf Höhe der Mittellinie. Hildegard Maile sagte ergriffen: »Mei, so was Schönes.« Und auch ihr Mann, der 77-jährige Ludwig, blickte ringsherum und durch das große Loch im Dach über dem Spielfeld in den frühen Abendhimmel und schwärmte: »Des Stadion is einfach a Wucht.«

Es war der 19. Mai 2005, der Tag, an dem die große Allianz-Arena, der neue prächtige Fußballtempel Münchens, ihr allererstes Spiel erlebte, das Aufeinandertreffen der beiden Traditionsmannschaften des FC Bayern und des TSV 1860. Maile schaute aufs Spielfeld hinunter und sagte mit einem Schmunzeln: »Da unten hab' ich vor ein paar Jahren noch Kartoffeln und Weizen angebaut.«[37] Maile, der Stadion-Nachbar.

35 Jahre lang war Ludwig Maile Gutsverwalter auf dem städtischen Gut Großlappen im Münchner Norden, von der Heidemannstraße im Süden bis hinauf nach Garching. Dort lag auch der Acker, den Maile bis 1995 zu bewirtschaften hatte, bis die Stadt München beschloss, das Areal gewerblich zu nutzen – und bis sie dann nach einer langen und zähen Suche nach einem Standort das neue Stadion hierher bauten und im Mai 2005 eröffneten, ein Jahr vor der WM.

Wenige Stunden vor dem ersten Spiel stand Maile noch auf dem Fröttmaninger Hügel gegenüber der Autobahn unter dem Windrad, deutete hinüber: »Das da drüben ist eine richtige Dreifelderwirtschaft. Erst Kartoffeln, dann Weizen, jetzt das Stadion.«

Um das Gelände drüberhalb der Autobahn brauchte er sich nicht mehr zu kümmern, dort pflügten jetzt Fußballer das Geläuf um. Aber es gab noch diesen kleinen Ort am Fuße des Berges, östlich der Autobahn A9 Richtung Nürnberg und weiter nach Berlin, ein kleines Refugium, ein winziges Idyll, das Maile damals täglich hegte und pflegte. Die Heilig-Kreuz-Kirche, Münchens ältestes Gotteshaus.

Versteckt liegt es hinter den Bäumen, und selbst wer beim Anmarsch von der U-Bahn zum Stadion mit geschärften Augen über die A9 hinüberblickt, sieht nur bei genauem Hinschauen das kleine Dreiecksdach aus den Baumwipfeln herausspitzen.

Fast 1.200 Jahre war die Kirche bereits alt, die Schenkungsurkunde der Kirche datiert aus dem Jahre 815, ein Jahr nach dem Tod Karls des Großen. Und knapp 350 Jahre, bevor München überhaupt einmal gegründet wurde. Ein gutes Jahrtausend blieb es ruhig, dann kamen der Müllberg und die Kläranlage und die Autobahn und im Jahre des Herrn 1969 die Idee der Stadt, das Kircherl ganz abzureißen, weil sie das nördliche Autobahnkreuz hierher hinbetonieren wollten. »Auf eine alte Kirch' mehr oder weniger kommt's doch ned an«, musste Maile damals hören, doch weil er und viele Bürger das anders sahen, regte sich Widerstand, und das so erfolgreich, dass sie die Ausfahrt zur Salzburger Autobahn weiter in den Norden verlegten.

Alles schien gut. Aber dann kam das Stadion.

Maile verfolgte die jahrelange Standortsuche, und schon vor der Entscheidung sagte er zu seiner Frau: »Bevor's nirgendwo hinkommt, kommt's zu uns.« Maile behielt recht, und anfangs war ihm ziemlich mulmig bei dem Gedanken an den neuen Nachbarn.

Nicht weil die Sonne dank des monströsen Bauwerks im Westen der Kirche jetzt früher untergeht als in den letzten 1.200 Jahren. »Ich hab einfach befürchtet, dass es jetzt vorbei ist mit der Ruhe.« Deswegen ging er wieder auf die Barrikaden, als er von den Plänen hörte, dass gleich neben der Kirche eine Brücke über die Autobahn zum Stadion geplant ist.

Mailes Protest hatte wieder einmal Erfolg, die Brücke wurde 200 Meter weiter in den Süden verlegt, und wieder hatte Maile so tapfer und bravourös um seine Kirche gekämpft wie ehedem Asterix um sein kleines Dorf. Maile, der kleine Gallier des Münchner Nordens.

Dagegen, dass es jetzt viel lauter werden sollte, war Maile aber auch nicht gefeit.

Maile erzählte die Episode, wie eines Tages ein Bekannter aus Freimann zu ihm kam und sagte, dass er sich ja schon gerne auf dem kleinen Friedhof neben der Heilig-Kreuz-Kirche eingraben lassen würde, dann, wenn der Herrgott meint, dass es so weit ist. »Aber weißt«, sagte der Mann dann noch, »da gleich neben der Autobahn zu liegen, da is' doch so laut. Meinst, ich hab da meine Ruh'?« Maile wirkte auf den Mann ein und beruhigte ihn: »Da liegst ein Meter achtzig unterm Boden, da hörst nix mehr.« Nach einer kurzen Pause fuhr Maile fort: »Bloß, wenn's im Stadion a Tor schießen«, ergänzte er, »des kriegst dann sicher mit.«

An jenem 19. Mai schossen sie im Stadion fünf Tore, drei die Löwen, zwei die Bayern. Viele sprangen auf von ihren Sitzen, schrien und ballten die Fäuste. Das Ehepaar Maile blieb sitzen. Wie es sich eigentlich an solchen Orten gehört.

Denn für Ludwig Maile war es ein besonderer Ort. »Ein magischer Ort«, sagte er. Gegenüber der alten Kirche Fröttmanings, in der neuen Kathedrale des Fußballs.

Maile sprach von den Parallelen zwischen Kirche und Stadion, zwischen Gotteshaus und Kickertempel. Beides sehen Menschen als Heiligtümer, als Wallfahrtsstätten, zum Stadion pilgern sie am Samstag, zur Kirche am Sonntag, in beiden Stätten wird zelebriert, hier die Messe, dort der Fußball. Nur dass es beim Gottesdienst keine Halbzeitpause mit Seitenwechsel gibt.

»Beides sind Orte der Freude«, sagte Maile auch, »denn wenn man den Glauben richtig lebt, dann hat man viel mehr Freude als andere Menschen.« Mehr Freude als ein leidender Sechzger-Fan etwa. Aber das ist auch nicht schwer.

Maile störte sich auch nicht am überstrapazierten Begriff vom »Fußball-Gott«, er sei schon froh, dass die Menschen so wenigstens überhaupt von einem Gott sprechen. Und überhaupt sei der Fußball nur eine Zeiterscheinung, denn in weiteren 1.000 Jahren, so sagte er, wird das Stadion nebenan nicht mehr stehen. »Dann gibt's auch keinen Fußball mehr. Unsere Kirch' hoffentlich schon noch.«

An jenem Donnerstagabend gingen die Mailes zwei Minuten vor dem Abpfiff in Richtung U-Bahn. Sie waren glücklich über den Besuch, und so fuhren sie zufrieden heim in ihre kleine Wohnung nach Freimann.

Es war ziemlich genau neun Jahre später, Ende Mai 2014, als man wieder an der Kirche vorbeischauen und sich mit dem Herrn Maile treffen wollte. Ludwig Maile war da bereits 86, am Telefon sagte seine Frau, es ginge ihm leider nicht gut, er liege seit Monaten in der Klinik, und ob er jemals wieder heimkommen würde, das sei mehr als ungewiss. Aber man solle sich bitte an seinen Nachfolger wenden, den Herrn Freyberger, der würde sich jetzt um die Kirche kümmern.

So verabredete man sich eben mit Franz Freyberger, auch das war eine sehr interessante Begegnung, ein informativer historischer Exkurs, Freyberger zeigte nicht nur im Mittelgang die kleinen Fußabdrücke zwischen den Bankreihen, die wohl von kleinen Kindern stammen mussten, die beim Kirchenbau im feuchten Lehm herumgetapst waren, er sprach auch von der bedeutenden Handelsstraße, die viele Jahrhunderte lang an der Kirche vorbeiführte, sogar Napoleon Bonaparte sei hier einmal vorbeigekommen. Er blieb der berühmteste Franzose, der je in Fröttmaning agierte. Bis Franck Ribéry 200 Jahre später.

Mit Franz Freyberger ging man auch noch über den kleinen Friedhof vor der Kirche, dort hatte sich Ludwig Maile bereits viele Jahre zuvor einen Grabplatz reserviert.

Nur drei Tage nach dem neuerlichen Besuch hörte man die traurige Nachricht, dass Ludwig Maile gestorben war. Nun liegt er hier, ein Meter achtzig unter der Erde.

In aller Ruhe. Es sei denn, es fällt drüber im Stadion ein Tor.

51. GRUND

WEIL DIE GOLFER BEI PASSAU MIT YIN UND YANG IN SCHWUNG KOMMEN

Birdies, Eagles, Albatros, geflügelte Worte in der Welt des Golfsports. Ziel eines jeden Spielers, eine Bahn mit ein, zwei oder drei Schlägen besser zu spielen, als der Platzstandard vorgibt. Das ist auf der ganzen Welt so, auch auf den Golfplätzen im schönen Bayernland, die in den vergangenen Jahrzehnten wie Schwammerl aus dem Boden schossen und das Land mit ihren Greens, Fairways und Bunkern übersäten. Schaut man auf die Homepage des Bayerischen Golfverbandes, entdeckt man eine Landkarte, in der rote Fahnen stecken, um den Ort einer Golfanlage zu markieren.

München und sein Süden sind darauf nicht mehr zu erkennen. Dort sieht man nur noch rot.

Es ist ein berechtigter Ansatz, zu behaupten, eine Anlage sehe im Prinzip so aus wie die andere, überall auch das gleiche Champagner-Publikum und draußen auf dem Parkplatz die gleichen Luxuskarossen wie sonst auch. In Ostbayern aber ist das ein bisschen anders, zumindest in der Nähe von Passau, in Fürstenzell. Auf dem allerersten Feng-Shui-Golfplatz Deutschlands.

Feng Shui, Yin und Yang, das Gleichgewicht von Schatten und Sonne, passiv und aktiv, weiblich und männlich, Kühle und Wärme. Ein Ort, an dem man die richtige Schwingung bekommen soll, für den perfekten Schwung.

Die Idee dazu hatte zunächst ein österreichischer Architekt, nach einem Burn-out beschäftigte er sich erstmals mit den philosophischen Lehren Ostasiens, das half ihm ganz gut, wieder zu sich zu kommen und Kraft zu tanken, und so beschloss er, einen Golfplatz nach Vorbild der Feng-Shui-Lehre zu errichten. Das Problem nur, so sehr er sich um das innere Gleichgewicht der Golfspieler kümmerte, so sehr geriet er finanziell in Schieflage, der Mann musste Insolvenz anmelden.

Im März 2015 dann übernahmen fünf Passauer Geschäftsleute als neue Investoren die Anlage, sie beließen es beim ausbalancierten Feng-Shui-Prinzip.[38] Mit einem zentralen Zen-Garten, der von allen Himmelsrichtungen zugänglich ist und in dessen Mitte ein sogenannter Reinigungspunkt zum Verweilen lädt, wo eine Klangharfe die Musik des Windes lauschen lässt. An den Abschlägen mit in den Boden eingelassenen Bergkristallen, zur Hebung des Energieniveaus. Dazu zwischendrin auf den Bahnen und daneben immer wieder aufgetürmte Steinmenhire, weswegen die Anlage manchmal auch anmutet wie ein niederbayerisches Stonehenge im Kleinformat.

Benannt sind die 18 Bahnen übrigens nach verschiedenen Elementen, Pflanzen und auch nach Tieren. Bahn 1 ist der Delfin, Bahn 4 der Gingko, Bahn 11 die Schildkröte, Bahn 13 der Stein.

Bahn 17 ist der Adler. Da wird's dann höchste Zeit für einen Eagle.

52. GRUND

WEIL IN DER OBERPFALZ DIE UNTERWELT VIELE GEHEIMNISSE BIRGT

Bei der Erschaffung Bayerns, so könnte man meinen, muss einiges schief gelaufen sein. Zumindest entstand dem ersten Anschein nach ein ziemliches Ungleichgewicht. Die einen im Süden bekamen alles. Einen weiß-blauen Himmel, prächtige Schlösser und Seen, fetten Boden und den FC Bayern. Die anderen jenseits der Donau, vor allem im Nordosten in der Oberpfalz, bekamen den mickrigen Rest mit ein paar schönen Titeln. Erdäpfelland, Steinpfalz, Grenzland. Früher auch Zonenrandgebiet. Die Einwohner nannte man Moosbüffel, wegen ihrer störrischen Sturschädel, und beinahe hätte man in Wackersdorf in den Achtziger Jahren noch eine Wiederaufbereitungsanlage bekommen, also eine atomare Resteverwertung.

Und doch hat die Oberpfalz etwas, was die da im Süden in Oberbayern in so einer Vielzahl nicht haben. Sehenswürdigkeiten, die man gar nicht sieht. Weil sie tief unter der Erde liegen. Karst, Kalkstein und Sinterquellen haben im Lauf von Jahrtausenden im Oberpfälzer Jura und angrenzenden Gebieten eine Unterwelt erschaffen, wie es sie sonst kaum gibt. Voll mit großen und kleinen Höhlen, Grotten und unterirdischen Labyrinthen. Am bekanntesten: die Osterhöhle bei Sulzbach, die Maximiliansgrotte, der Schwandorfer Felsenkeller oder die König-Otto-Höhle bei Velburg südlich von Neumarkt. In die werden wir ein wenig später noch hinabsteigen.

Sicher, das Glück mit ihrem Höhlenschatz hatten die Oberpfälzer auch nicht immer. Die große Maximiliansgrotte bei Neukirchen etwa lag zwar über Jahrhunderte dummerweise direkt auch auf der Grenze zu Mittelfranken. Deshalb erhoben vor einigen Jahren die Franken Anspruch auf die attraktive Grotte und gewannen schließlich im Höhlenstreit. Die Oberpfälzer schauten in die Röhre.

Noch größer waren die Verluste schon lange vorher, als durch die Oberpfalz im 19. Jahrhundert die ersten Eisenbahnstrecken gebaut wurden, etwa die Schienentrasse von Nürnberg nach Regensburg. Im Jahre 1859 waren es die Bahnarbeiten, durch die eine große Höhle im Oberpfälzer Jura zunächst entdeckt wurde – bevor man sie gleich der Stabilität der Trasse wegen wieder zumauerte. Noch schlimmer traf es die Räuberhöhle von Waltenhofen bei Regensburg. Auch sie fand man erst durch den Bau der Schienen, danach wurde sie sicherheitshalber gleich einmal weggesprengt.

Aber dennoch, es gibt sie noch, wunderbare Schatzkammern wie die besagte König-Otto-Höhle. 1898 von einem Schäfer entdeckt, wurde sie schon kurz darauf eröffnet, am Namenstag von Bayern-König Otto, der ihr auch den Namen gab. Die gesamte Grotte ist voll mit kleinen und großen Tropfsteinen, die im Kalkstein seit Jahrtausenden millimeterweise weiterwachsen zu bizarren Gebilden. Zu Pyramiden und Säulen, Zapfen und Röhren. Erst vor kurzer Zeit wurde neben der bekannten Höhle eine weitere entdeckt, die Adventhalle mit glänzend weißem Gestein, da noch nicht vom Fackelruß angeschwärzt.

Eine eigene und faszinierende Welt, tief unter der Oberpfalz. Wer braucht da schon einen weiß-blauen Himmel oder einen FC Bayern.

KAPITEL VII

FESTE

WEIL BEIM WIESN-ANSTICH IMMER OZAPFT IS UND EINMAL IZAPFT OS

Alles erstunken und erlogen, die Legende vom Anbeginn der Anzapferei. Die Geschichte vom Wimmerdammerl und dem Schottenhamel, sie klang dabei eigentlich immer so schön. Sie ist aber völlig falsch.

Die besagte Anekdote ist jedes Jahr zu lesen und zu hören, immer Mitte September, wenige Tage vor dem Auftakt der Wiesn, es geht dann immer darum, was es auf sich hat mit der Tradition des ersten Fassanstichs durch den Münchner Oberbürgermeister. Es soll Menschen geben, die glauben, so wäre das schon bei der aller ersten Wiesn gewesen, anno 1810, als Kronprinz Ludwig seine Prinzessin Therese ehelichte und am Ende der tagelangen Feiern auf der nach der Braut benannten »Theresiens Wiese« ein Pferderennen abgehalten wurde. So ging das ja überhaupt hier erst los, mit der jährlichen Festivität, die anfangs noch gar nichts mit einem riesigen Populärspektakel wie heute zu tun hatte, erst nach und nach kamen Kletterbäume und Kegelbahnen dazu sowie Losstände gerade für die ärmeren Menschen Münchens.

Aber auch da zapfte noch keiner an.

Und auch noch nicht Ende des 19. Jahrhunderts, als die Wiesn sich langsam zum Volksfest mauserte mit seinen Bierzelten, Fahrgeschäften, Imbissbuden und Attraktionen. Erst nach den beiden verheerenden Kriegen hörte man das erste Mal, dass »ozapft is«, es war im Jahre 1950.

In München regierte Thomas Wimmer, die Leute nannten ihn den Wimmerdammerl. Dieser war ein couragierter Sozialdemokrat, auch in der Nazizeit. Er saß im Gefängnis in Stadelheim, kam in Gestapogewahrsam und 1944 für einige Wochen ins KZ nach Dachau. Nach der Stadtratswahl 1948 war er Oberbürgermeister, berühmt wurde er für seinen Spruch »Rama dama«, übersetzt: »Räumen tun wir«, der Aufruf an die Bevölkerung, gemeinsam anzupacken, die Trümmer zu beseitigen und die zerbombte Stadt wieder aufzubauen. 1950 also, so geht die Mär, soll Thomas Wimmer am ersten Wiesn-Tag, dem 16. September, auf dem Weg zum Oktoberfest zu Fuß unterwegs gewesen sein, als plötzlich eine Kutsche neben ihm hielt, darin saß Michael Schottenhamel. Der Wiesn-Wirt bat ihm darauf eine Mitfahrgelegenheit an (»Warum gehen S' denn zu Fuß, steigen S' doch ein«)[39], nahm den vor Dank gerührten Oberbürgermeister in seiner Kutsche mit und bat allerdings als kleine Gegenleistung darum, dass Wimmer in seinem Zelt das erste Fass anzapfen möge. Das tat Wimmer dann auch.

Nur, und jetzt kommt's, dass Wimmer höchstpersönlich das erste Wiesn-Fass ansticht, das war entgegen der heute verbreiteten Meinung bereits lange vorher geplant. So verkündete nämlich der *Münchner Merkur* bereits am 14. September, also zwei Tage davor: »Oberbürgermeister zapft den ersten Banzen an.« Alles Quatsch also, das mit der Kutsche und dem Schottenhamel.

Nicht berichtet wurde im *Merkur* dagegen, dass die Anzapfpremiere für Wimmer ein kolossales Fiasko wurde. Am Montag, zwei Tage danach, stand nur zu lesen: »Umringt von Münchner Kindln und Photographen band sich Oberbürgermeister Wimmer schmunzelnd den Schurz um, krempelte die Hemdärmel auf und zapfte mit ein paar kräftigen Schlägen an.« Dass es katastrophale 17 wurden, das verschwieg das Blatt geflissentlich.

Seitdem wurde das Anzapfen zu einem der wichtigsten Programmpunkte im Jahresterminkalender der Münchner Oberbürgermeister. Hans-Jochen Vogel brachte das einmal wunderbar auf den Punkt, als er sagte: »Es hat schon eine besondere Bedeutung, dass in München die emotionalste Beziehung zwischen dem Oberbürgermeister und dem Leben der Stadt in dieser Amtshandlung besteht.«[40]

Vogel war von 1960 bis 1972 Oberbürgermeister, er selbst hatte so großen Respekt vor der Anzapferei, dass er in seinem ersten Amtsjahr seinem damals noch lebenden Vorgänger, dem Wimmerdammerl eben, den Vortritt ließ, damit der das Zeremoniell zelebriere. In den Jahren darauf schlug er sich passabel, rückblickend waren es zwölf erfolgreiche Jahre als OB, Vogel holte die U-Bahn nach München und die Olympischen Spiele und benötigte zu seinen besten Zeiten nur vier Schläge beim Anzapfen.

Nachfolger Georg Kronawitter dann überraschte mit einem geglückten Debüt, er brauchte nur drei Hiebe, um den Wechsel in das Holzspundloch hineinzuhämmern. Blöd war nur, als er den Zapfhahn aufdrehte, bekam er nasse Füße. Der Maßkrug hatte unten ein Loch im Boden.

Am heitersten war es unter Erich Kiesl, dem einzigen Münchner OB, den die CSU seit 1948 stellte. Das war zwischen 1978 und 1984, und man darf guten Gewissens ohne Untertreibung behaupten, es war die miserabelste Amtszeit eines Münchner Oberbürgermeisters nach dem Krieg, deswegen wählte ihn das Volk nach sechs Jahren auch gleich wieder ab. Symptomatisch für seine Glücklosigkeit war, dass er in einem Jahr nach dem Anzapf-Vollzug die obligate Erfolgsmeldung »Ozapft is« vergaß – und er im Jahr darauf vor lauter Aufregung die Vokale verwechselte und rief: »Izapft os.«

Zum absoluten Großzapfmeister mauserte sich ab 1993 Christian Ude, insgesamt 20 Mal stand er am ersten Wiesn-Samstag Punkt zwölf Uhr im Schottenhamel-Zelt zum rituellen Oktoberfest-Opening (mit Ausnahme 2001, nach den Anschlägen vom 11. September fiel die Gaudi damals aus) und egalisierte dabei mehrmals die von ihm selbst aufgestellte Bestmarke von zwei Schlägen. Der Traum von nur einem einzigen Schlag, der sollte Ude verwehrt bleiben.

Udes Nachfolger Dieter Reiter, der wie Vogel, Kronawitter, Kiesl und Ude bei der Brauerei ins Trainingslager ging, um sich dort unter fachkundiger Anleitung der Münchner Schankkellner-

Legende Helmut Huber nacheinander an einem leeren Fass, einem Wasserfass und dann einem Original-200-Liter-Bierfass zu versuchen, Reiter also brauchte bei seiner Premiere 2014 vier Schläge, was ihm von den Gefühlen übermannt ein herzhaftes und via Mikrofon gut vernehmbares »Scheiß drauf! Wurscht!« entlockte.

Reiter galt bis dahin eher als spröde, sachlich und langweilig. Die Resonanzen auf den Kraftausdruck seitens der Bürgerschaft waren in den Zeitungen und Internet-Foren so überwältigend positiv, dass er mit diesem emotionalen Exklamat zumindest temporär die Herzen der Münchner eroberte.

Mit einem Schlag.

54. GRUND

... WEIL MAN NIRGENDWO SO ORDENTLICH GEKÖPFT WIRD WIE BEIM WIESN-SCHICHTL

Marie Antoinette ist 25 und noch verdammt scharf. Marie Antoinette liegt in einer Garage im Münchner Stadtteil Solln. Demontiert. Auseinandergebaut. Da liegt sie immer, das ganze Jahr. Hat noch Pause, bis Mitte September wieder Köpfe rollen. Marie Antoinette, Erzherzogin von Österreich, schillernde Figur der Französischen Revolution. 1793 enthauptet auf dem Schafott. Ein schöner Name für eine Guillotine. Marie Antoinette gehört Manfred Schauer, einem Schausteller-Urgestein, einem Münchner Original. Manfred Schauer ist der Schichtl von der Wiesn.

Manfred Schauer, groß geworden im Münchner Viertel Sendling, die Eltern sind Obsthändler in der Großmarkthalle. In der Früh um fünf fährt der kleine Manfred jeden Tag mit an den Stand, schläft bis halb acht im Büro weiter, geht dann rüber in den Unterricht in die Gotzinger Schule. Er lernt Speditionskaufmann, eröffnet selbst in der Halle einen Laden für Tannengrün. Christbäume,

Adventsgestecke, Beerdigungskränze. Sein Motto: »Keine Trauer ohne Schauer«.

1985 hört Schauer, dass die legendäre Schichtlin, Franziska Eichelsdörfer, den Familienbetrieb verkaufen will. Der Schichtl ist schon damals eine Institution, es gibt ihn seit 1869. Schon damals zieht das Zaubertheater der Künstlerfamilie des Michael August Schichtl und seiner Brüder Franz August und Julius das Publikum in seinen Bann. Höhepunkt jeder Veranstaltung ist die Enthauptung einer lebenden Person auf offener, hell erleuchteter Bühne mittels Guillotine. »Eine der ältesten, seriösen Münchner Wiesn-Traditionen«, wie heute auf der Schichtl-Homepage nachzulesen ist: »Fast so alt wie der Frühstücksrausch und deutlich älter als das Bierzelt-Zusperren.«

Schichtls Ziehsohn Johann Eichelsdörfer übernimmt später das Theater, nach seinem Tod 1954 übernimmt es seine Frau Franziska. Diese führte den Betrieb weiter. Bis 1985.

Manfred Schauer bewirbt sich bei der Stadt München – und bekommt den Zuschlag. Doch der Anfang ist schwer, das Zelt ist eine Bruchbude, zudem hat er gleich mit dem ersten Delinquenten, den er hinrichtet, gewaltigen Ärger, der Mann beschwert sich über das Theaterblut am Hemdkragen und droht mit dem Anwalt.

Doch danach laufen die Geschäfte wie die Guillotine gleichermaßen wie geschmiert.

In den 50 Wochen des Jahres, in denen Schauer nicht hinschichtlt, steht er wieder in der Großmarkthalle bei seinem Tannengrün. Bis 2005, dann macht er einen sauberen Schnitt. Schauer bietet auch in der wiesnfreien Zeit des Jahres Veranstaltungen an, von der Firmenfeier bis zur Floßfahrt. Dazu organisiert er 1995 die Biergartenrevolution, den unbewaffneten und absolut pazifistischen Widerstand gegen die drohenden Sperrzeiten in den Biergärten (siehe Grund 23), als eine Art Mahatma Gandhi des bayerischen Brauchtums.

Munter weiter köpft er dafür auf dem Oktoberfest, bis heute. 25 Enthauptungen am Tag, 400 pro Wiesn, im März 2013 sagt er:

»Alles miteinand hamma bei uns schon elftausend und ein paar Zerquetsche hingerichtet.« [41]

Darunter auch Prominente, Christian Ude, David Copperfield, Rainhard Fendrich. Auch fachkundiges Publikum besucht seine Vorstellungen, Edmund Stoiber etwa, der Hobby-Henker aus Wolfratshausen, der laut eigener Aussage gerne auch mal eine Blume im Garten hinrichtet.

Es gäbe schon noch einige, die er gerne unters Fallbeil schieben würde, sagt er. Gerhard Schröder etwa, dem bietet er einmal an, dass seine damalige Gattin als Scharfrichterin in Aktion tritt: »Dann hätt ich gesagt: Doris Schröder, köpf!« Der Schröder kommt nicht.

Vielleicht kommt Angela Merkel noch. Die hat der Schauer auch eingeladen. Die würde bestimmt sagen, der Schichtl sei alternativlos.

Und tatsächlich, eine Wiesn ohne Schichtl – undenkbar, und das soll auch noch lange so bleiben. Wer sich ordentlich hinrichten lassen will, soll auf jeden Fall zu Schauer gehen, dem Spezialisten. Hier wird noch mit Herzblut geköpft. Schauer, das Oberenthaupt der Wiesn.

55. GRUND

WEIL DAS NOSTALGISCHE RIESENRAD DER ROMANTISCHSTE ORT DER WIESN IST

Auf der Wiesn 2012 bekam Herbert Koppenhöfer netten Besuch. Ein älteres Ehepaar schaute vorbei, und als sich die beiden bei ihm an der Kasse zwei Karten kauften, schwelgten sie ihm gegenüber in nostalgischen Erinnerungen, wie sie sich vor vielen Jahrzehnten kennengelernt hatten. Genau hier im Riesenrad, weil sie damals aus reinem Zufall zusammen in einer Gondel gesessen hatten. Wie ein Riesenrad eben ein ganzes Leben verändern kann, ein Leben oder auch zwei. An einem der nostalgischsten Orte auf dem Münchner Oktoberfest.

Solche Geschichten hatte Herbert Koppenhöfer in all den Jahren oft gehört, auch von anderen Münchnern, über zahllose erste Busserl, die sich in den Jahrzehnten in seinem Fahrgeschäft ergeben hatten – von Menschen, die jedes Jahr wiederkommen und erst den eigenen Kindern und später den Enkeln erzählen, wie das alles so war früher, mit den ersten Annäherungen, hier im romantischen Riesenrad. Und irgendwie fand ja auch Herbert Koppenhöfer nur durch sein Riesenrad zu seiner großen Liebe. Zur Andrea, seiner Lebensgefährtin, die wie er jedes Jahr auf dem Oktoberfest dem ganz normalen Wiesn-Wahnsinn ausgeliefert ist. Er dreht mächtig am Rad, und sie wird kräftig in den Strudel hineingezogen. An ihrem Mehlspeisen-Standl unterhalb der Bavaria.

Aber los geht ja alles mit dem Opa. Josef Esterl, Schausteller und Großvater von Herbert Koppenhöfer, lässt 1925 in einer Karussellfabrik in Thüringen die Russenschaukel, wie sie damals heißt, zusammenbauen und zieht damit quer durch die Lande und über die Grenzen hinaus. Norwegen, Schweden, auf den Tivoli nach Kopenhagen und in den Luna Park in Venedig. Ja, mir san mimm Radl da, und zwar mit dem Riesenradl. Die Schaukel ist eine Schau, fürs große Volk und auch für den kleinen Herbert.

Herbert Koppendörfer kommt 1946 auf die Nachkriegswelt. Seine Mutter ist die Tochter vom alten Esterl, und wenn Wochenende ist oder Schulferien, dann fahren die beiden immer dem Riesenrad hinterher, zum Vater und zum Opa, und leben auf den Jahrmärkten mit der ganzen Familie beieinander. »Für mich war das immer ein großer Abenteuerspielplatz.«

Das Riesenrad wird für den Herbert immer kleiner, weil er selber größer wird. Als er mit der Schule fertig ist, lernt er Mechaniker, Schlosser, Schreiner – Berufe, die man als Schausteller gut brauchen kann, und nachdem beim Opa die letzte Runde eingeläutet ist und er 1965 stirbt, übernehmen Herberts Mama und Papa das Geschäft.

Er selbst steigt 1971 ins Fahrgeschäft ein, nach dem Tod der Mutter. Seitdem ist er mit seiner Schwester Edith und dem Riesenrad dreimal im Jahr auf der Auer Dult am Münchner Mariahilfplatz und eben auch auf dem Oktoberfest.

Zwei Volksfeste, die so weit auseinanderliegen wie ein voll eingeschenkter Bierkrug von einer Wiesn-Mass. Auf der Wiesn, in der Schaustellerstraße, wirkt das Riesenrad mit seiner alten Konzertorgel von Jahr zu Jahr mehr wie ein Anachronismus, kaum hörbar zwischen dem alles zuballernden Gedröhne der neumodischen Fahrgeschäfte ringsherum, die immer größer werden, immer schneller, immer lauter. Auf der Dult dagegen ist das Rad das Höchste, es scheint wie fest gewachsen mit dem Boden der Au, überragt nur vom Turm der Mariahilfkirche.

Auf der Dult schließlich geschieht es ja auch, dass sich die beiden kennen- und lieben lernten, der Herbert und die Andrea. Andrea Maier, deren Eltern wie auf der Wiesn seit 1977 auch auf der Dult ein Standl haben. Strudel, Dampfnudeln, Pavesen, Auszogne gibt's es immer in der Querstraße, kurz vor der Bavaria rechts. Andrea Maier sagt später einmal, dass sie sich blendend ergänzen würden, sie und der Herbert. »Bei mir kriegen die Leute was zum Essen. Und wenn sie beim Herbert mit dem Riesenrad fahren, werden sie es wieder los.« Dann lachte sie, und der Herbert lachte auch.

Während des Oktoberfests sehen sie sich kaum, nur für ein paar Stunden in der Nacht zum Schlafen. Im kleinen Wohnwagen hinter dem Riesenrad. Und nach der Wiesn geht es dann gleich noch mal in die Au, auf die Kirchweih-Dult, die letzte des Jahres, dann überwintern die Gondeln in einer Lagerhalle im Münchner Stadtteil Trudering.

Herbert Koppenhöfer sagt, es wäre ihm nie in den Sinn gekommen, was anderes zu machen. »Das war mein Leben, das ist mein Leben. Viele haben ja so romantische Vorstellungen vom Beruf des Schaustellers. Aber romantisch ist da gar nix. Das ist harte Arbeit.« In schlechten Jahren ist sie noch härter, wenn die Kundschaft ausbleibt, wenn er mit seinen anderen Buden quer durch Bayern tingelt, mit seinen Ballonspickern, dem Schießstand, der Kinderschaukel, aufs Land zu Festen vom Schützenverein oder der Feuerwehr, Klassiker in der Provinz. Und wenn das Geld nicht reicht, dann arbeitet Koppenhöfer im Winter neben seinem Christbaumverkauf immer noch dazu in Trudering, an der Tankstelle gegenüber von der Wohnung.

Die Zukunft, die ist für einen Schausteller wie ihn seit jeher eine unsichere. »Ich mach's, so lang's noch geht.« Er selbst hat keine Kinder, immerhin dank seiner Schwester Edith drei Nichten und Neffen, vielleicht mag von denen einer weitermachen, sicher ist das aber nicht. Ein Neffe von Koppenhöfer zumindest hat eine große persönliche Affinität. Als er einmal mit der neuen Freundin anrückt, bittet er seinen Onkel Herbert um eine Sonderfahrt und ob er die Gondel nicht für fünf Minuten ganz oben lassen könnte.

Die Erde jedenfalls wird sich erst einmal weiter drehen, und noch viel wichtiger, auch das alte Riesenrad. Bleibt schon noch Zeit für erste Busserl.

56. GRUND

WEIL AUF DER WIESN EIN HENDL AUS DREI HÄLFTEN BESTEHT

Alles Schwindel. Erstunken und erlogen. Auf dem Oktoberfest haben sie den Besuchern doch schon immer alles Mögliche für bare Münze verkauft und ihnen irgendetwas vorgemacht.

Das heißt, ganz am Anfang, in den ersten Jahren ab 1810, war es noch ganz harmlos. Die Besucher frönten so eigenwilligen Belustigungen wie Sackhüpfen, Hosenrennen oder Baumsteigen, es ging beschaulich und gemächlich zur Sache, und auch der große Komponist Felix Mendelssohn Bartholdy schwärmte einst von der wunderbar friedlichen Stimmung auf der Theresienwiese, als er schrieb: »Wenn in München sonst schon die Tage und die Zeit so schnell forteilen, daß man am Ende immer zweifeln möchte, ob sie wirklich dagewesen seien, so ist das im Octoberfeste erst recht der Fall. Man geht da jeden Nachmittag um 3 Uhr auf die weite, grüne Theresienwiese hinaus, wo es von Menschen wimmelt, und kommt vor Abend nicht fort; denn überall giebt es Bekannte und etwas zu sprechen oder zu sehen: einen Wunderochs, ein Scheibenschießen, ein Wettrennen, schöne Ringelhäubchen u. a. m. Was man zu borgen hat kann man da abmachen, denn die ganze Stadt ist draußen, auf der Wiese, und erst wenn die Nebel anfangen aufzusteigen, bewegt sich der Schwarm wieder den Frauenthürmen zu. Dabei sind alle Menschen in Bewegung, laufen hin und her, – die Schneeberge in der Ferne sind so klar und friedlich, daß sie immer wieder einen kommenden frohen Tag versprachen und hielten; – und was die Hauptsache ist: lauter lustige, unbesorgte Gesichter.«[42]

Kurz: Es herrschte Wiesn, Freude, Eierkuchen.

Mit Beginn der Elektrifizierung wandelte sich das Volksfest aber sehr schnell zu einem großen bunten Spektakel, in den beleuchteten Bierzelten konnte nun auch noch nach Einbruch der Dunkelheit ausgeschenkt werden, dazu drehten sich die hell illuminierten Fahrgeschäfte immer wilder und schneller. Etwa zur gleichen Zeit, es war gerade die Phase, in der die Weltmächte einen Heidenspaß daran fanden, ferne Länder zu kolonialisieren und die Einheimischen vor Ort zu unterdrücken, da gewann auch die Exotik des Fremden einen immer größeren Reiz. Der Unternehmer und Lichtspieltheaterbetreiber Carl Gabriel zeigte 1901 mit einem »Beduinen-Lager« erstmals eine Völkerschau. 1903 folgte das ghanaische Aschanti-Dorf, ein Jahr später gab es »Tunis in München« zu bestaunen. 1910 gastierte Samoa und 1930 der Stamm der Sara-Kaba mit den »aussterbenden Lippennegerinnen«. Und in einer »Ausstellung: Alaska Kanada« gab es »Seltsame Menschen und Tiergeschöpfe« zu bestaunen.

Überhaupt sorgte die Zurschaustellung seltsamer und als abnormal bezeichneter Kreaturen beim Oktoberfestbesucher gerne für einen leichten Gruselschauer. 1926 etwa, die drei dicksten Mädchen der Gegenwart, Elsa, Bertha und Elvira, die zusammen etwa 1.200 Pfund auf die Waage brachten. Andere Attraktionen waren »Lionella, das Löwenmädchen«, die tätowierte Dame und eine Stadt in Liliput-Format. Und natürlich immer wieder gerne gesehen, die Dame ohne Unterleib, die natürlich nur so aussah, als hätte sie keinen, hatte sie freilich schon, es sah eben nur so aus. Womit wir wieder beim Schein wären, beim So-tun-als-ob. Beim Verkaufen.

Die allerbesten Verkäufer sind natürlich die Wiesn-Wirte. Wer es als Münchner Gastronom zu einem Bierzelt auf dem Oktoberfest gebracht hat, der hat es geschafft, der braucht sich je nach Größe des Zelts um die nachfolgenden drei bis elf Generationen keine finanziellen Sorgen mehr zu machen. »Der hat ausg'sorgt«, sagt man dazu dann gerne.

Ein Wiesn-Zelt ist ein Selbstläufer, was sich allein daran schon zeigt, dass meist im Frühling schon sämtliche Plätze für die 16 Tage ausgebucht sind und sich an den drei Oktoberfest-Wochenenden die ersten Menschen bereits im Morgengrauen vor den Eingangsportalen die Beine in den Bauch stehen, um viele Stunden später am Vormittag Einlass zu finden und um dann für gut zehn Euro einen Liter Bier zu trinken. Sieht man es positiv, könnte man sagen, der Preis für die Mass Bier liegt wenigstens über dem gesetzlichen Mindestlohn.

Allerdings besteht der Inhalt eines gefüllten Masskrugs nur selten auch wirklich aus einem Liter Bier. Auf dem Oktoberfest gelten nämlich besondere, im wahrsten Sinne, Maßeinheiten, so ist es immer wieder erstaunlich, wie Schankkellner aus einem 100-Liter-Fass Bier bis zu 130 Masskrüge füllen können.

Der inoffizielle Rekord stammt aus dem Jahre 1982, damals wurden aus einem 200-Liter-Fass 289 Mass Bier herausgezaubert. Hex, hex – und ex.

Gemeine Vorwürfe, es könne sich hier um Vorsatz und absichtliche Manipulation handeln, konterte die unvergessene Münchner Schankkellner-Legende Biwi Wallner bereits 1974 mit den Worten: »A Wies'n-Maß war no nia koa Liter net.« Das war übrigens genau jener Wallner, dem einmal das biblische Wunder gelang, ein ganzes Hendl in drei Hälften zu zerteilen.

Dass uns die Wiesn-Wirte aber in einem noch ganz anderen Punkt sauber einschenken, das erfuhr die Öffentlichkeit im März 2015. Da stellte sich nämlich heraus, dass statt der offiziell zunächst angegebenen 6,5 Millionen Liter Bier 2014 weitaus mehr konsumiert wurde, nämlich 7,7 Millionen Mass. Woran das lag, dass auch in den Jahren zuvor deutlich weniger vermeldet wurde, als sich die Gäste tatsächlich reinschütteten, das war zunächst noch nicht zu ermitteln.

Möglicherweise, weil man nicht den Eindruck erwecken wollte, das Oktoberfest sei ein einziges Besäufnis. Selten so gelacht, das setzt dem Ganzen die Schaumkrone auf.

Natürlich haben die Wiesn-Wirte in der Tat bis auf den letzten Milliliter Kenntnis von der genauen Ausschankquote. Dafür sorgen inzwischen elektronische Hightechsteuerungen der Schankanlagen, denen kein Tropfen mehr unerkannt und klammheimlich entrinnen kann. In einigen Zelten zeigen übrigens animiert weinende Holzfässer auf den Displays, wenn weniger Bier ausgeschenkt wird als gewünscht. Es könnten einem wahrlich die Tränen kommen.

Aber das ist ja auch so ein Charakteristikum des Wiesn-Wirts. Der Hang zum bitterlichen Wehklagen an sich, dass das Leben für ihn ja ein ach so hartes sei und ein ungerechtes obendrein, und dass sich Gott und die Welt schon seit jeher gegen ihn verschworen hätten. So ist er, der Wiesn-Wirt.

In ein paar Jahrtausenden wird es das Oktoberfest nicht mehr geben. Nach der Katastrophe von Anno Domini 11810, als am Vorabend der Jubiläumswiesn zur 10.000-Jahr-Feier die zentrale unterirdische Bierleitung platzt und nicht nur die für das erste

Oktoberfest-Wochenende in allen Zelten veranschlagten 27 Billiarden Hektoliter die gesamte glücklicherweise menschenleere Theresienwiese so sehr überfluten, dass nur noch die oberste Gondel des großen Riesenrads aus dem goldenen Biersee lugt, sondern sich dadurch auch herausstellt, dass sich die verschiedenen Münchner Großbrauereien seit jeher zur Oktoberfestzeit zu einem Kartell zusammengeschlossen haben, in dem aus Kostengründen in allen Biertempeln die identische Plörre ausgeschenkt wird, was völlig egal ist, weil das im Vollsuff eh keiner mehr herausschmecken kann, nach dieser skandalösen Enthüllung also hat es mit der Wiesn ein Ende.

Im Münchner Stadtmuseum gibt es einige Jahre danach in einer viel beachteten Rückschau eine Ausstellung mit den sonderbarsten Gestalten, die sich je auf dem Oktoberfest tummelten. Dabei gibt es sechs Vitrinen. In den ersten dreien stehen die dicken Mädls Elsa, Bertha und Elvira, in eine allein hätten sie nicht reingepasst. Daneben folgen die Dame ohne Unterleib und eine Lippennegerin.

Zum Schluss kommt der Wiesn-Wirt.

57. GRUND

WEIL MAN SICH NACH EINER WIESN-SCHLÄGEREI WIE EIN GROSSER DICHTER FÜHLT

Für einige Münchner sind die zwei Wochen Ende September und Anfang Oktober die beste Zeit des Jahres. Die beste Zeit für einen schönen Urlaub. Eine Reise-Online-Metasuchmaschine hat 2013 ermittelt, dass rund 27.000 Münchner genau in diesen zwei Wochen des heimatlichen Oktoberfest-Trubels in die Ferne gereist sind. Bangkok, Kopenhagen, Lissabon, Istanbul und New York. Hauptsache, weit weg von dem ganzen Wahnsinn.

Wer da bleibt, erkennt dann oft seine eigene Stadt nicht mehr – dieses so nette beschauliche München, in dem es sich so gut leben lässt, das in diesem einzigartigen unvergleichbaren Konstrukt zwischen behäbig provinzieller Bräsigkeit und lässig entspannter Weltoffenheit so formidabel existiert, das diese vermeintlichen Widersprüche auf wundersame Weise entzückend miteinander vereint und diesen Ort genau deswegen so liebenswert macht.

München, laut Werbeslogan die Weltstadt mit Herz. Beim 16 Tage lang andauernden Oktoberfest aber wächst das einen stets beschleichende Gefühl, es ist eine Weltstadt ohne Hirn.

Dabei haben sich selbst viele große Dichter und Denker der Faszination der Wiesn nicht entziehen können, ob angezogen oder abgeschreckt, es beschäftigte viele Künstler und Literaten auf ganz eigene Weise. 1929 etwa schrieb Erika Mann zum Zustand der Stadt und seiner Menschen in den Tagen dieses Spektakulums: »Keiner denkt in diesen Tagen ernstlich ans Arbeiten, der ›Wiesenmagen‹ heißt die populäre Krankheit, und viele kommen vor Bier ohnedies nicht recht zu sich.«[43] Der Morbus Wiesn.

Und auch Erikas Vater Thomas Mann diagnostizierte in seinem *Doktor Faustus* leicht befremdet und irritiert das Oktoberfest als eine »wochenlange Monster-Kirmes« mit einer »trotzig-fidelen Volkhaftigkeit, korrumpiert ja doch längst von modernem Massenbetrieb«.

Oskar Maria Graf (siehe Grund 68) notierte in seiner autobiographischen Schrift »Die wunderbare Isis« von 1932 über seinen allerersten Wiesn-Besuch 1908 als damals 14-jähriger Bub: »Wenn ich zurückdenke an das Oktoberfest 1908, da geht mir direkt heute noch das Gesicht aus dem Leim.« Im Sinne von: was war er erstaunt, perplex, von den Socken.

Einen festen Platz in der Literaturwelt fand das Münchener Oktoberfest im 1932 erstmals aufgeführten Volksstück *Kasimir und Karoline* von Ödon von Horváth, das Stück spielt während der Weltwirtschaftskrise und behandelt den Kontrast zwischen der ausgelassenen Oktoberfeststimmung und den tristen Lebensumständen seiner Helden, denen es nicht vergönnt ist, aus ihrem trostlosen Dasein auszubrechen.

Der Schriftsteller, der am allermeisten mit dem Oktoberfest verbandelt sein sollte, das war interessanterweise ein Amerikaner. Thomas Wolfe, der 1900 geborene Schriftsteller aus North Carolina, der in den wenigen 38 Jahren seines Lebens immer wieder in jenen Frühherbsttagen in die bayerische Landeshauptstadt zurückkehrte, weil er nicht mehr loskam, weil er süchtig war nach dieser berauschenden und rauschvollen Zeit, in der München schon damals eine Stadt im Ausnahmezustand war. Wolfe war gewissermaßen ein Wiesnholic, auch wenn er in einem Brief an seine Mäzenin Aline Bernstein 1928 leicht befremdet schrieb: »Sie essen, trinken und atmen sich in einen Zustand tierischen Stumpfsinns hinein. Das ganze Lokal wird zu einer heulenden, brüllenden Bestie, und wenn die Musik eins von den Trinkliedern spielt, stehen sie an allen Tischen auf, steigen auf die Stühle und schaukeln mit untergehakten Armen hin und her.«[44] Es hat sich seit damals bis heute nichts geändert.

Dass sie ihm im Rahmen einer veritabel herzhaften Schlägerei einmal den Masskrug über den Schädel gezogen hatten, und er mit gebrochener Nase und Schnittwunden im Gesicht in der Klinik landete, einerlei, es hinderte Thomas Wolfe nicht daran, Jahr für Jahr auf die Wiesn zurückzukehren, vielmehr schrieb er beschwichtigend und in euphemistischem Überschwang über die Wesensart der Oktoberfest-Besucher: »Ihre schweren Leiber rammten und rempelten einander plump und unsanft an, aber es gab keinerlei Groll zwischen ihnen. Sie brüllten einander und aller Welt einen Gruß oder ein neckisches Wort zu.«[45]

Nur wehe, der andere versteht dieses neckische Wort am Ende falsch. Dann hat man gleich wieder den Masskrug im Gesicht. Auch das ist heute noch so.

Ist einem selbst ja auch schon mal widerfahren. Vor vielen Jahren, an einem verregneten Freitagabend im Löwenbräu-Zelt. Es war eng, sehr eng, und der Hintermann von der nächsten Bierbank, mit dem man ganz dicht Rücken an Rücken saß, war schon sehr voll. Beim Ansetzen des Masskrugs lehnte er sich immer weit nach hinten, und weil er das Glas sehr oft ansetzte, es könnte sicher seine neunte oder zehnte Mass gewesen sein, wurde man selbst unweigerlich so weit mit dem Oberkörper samt Kopf nach vorne Richtung Biertisch gedrückt, dass die beiden auf dem Brotzeitteller im Obatzden (siehe Grund 88) hineingesteckten Salzstangerl den eigenen Nasenlöchern schon bedenklich nahe kamen.

Die Hoffnung, mit einer höflichen Intervention und einem Klaps auf die Schulter des gefühlt auf etwa dreieinhalb Zentner geschätzten Hintermannes eine Beendigung dieser permanenten ungewollten Beugungen zu erzielen, sollte sich indes als fataler Trugschluss erweisen. Ruckartig drehte sich der Koloss von der Hinterbank um, exklamierte unter überschaubarer Appetitlichkeit, Speichel spotzend: »Wos host gsagt?«, und landete zunächst mit einem treffsicheren Fausthieb so intensiv auf dem Os Nasale, dem Nasenbein also, dass die beiden eben erwähnten Salzstangerl, hätten sie sich zu jenem Zeitpunkt bereits im Naseninneren aufgehalten, zweifelsohne auf einen Schlag atomisiert worden wären.

Schließlich umfasste der Mann mit seinen erstaunlich großen Pranken mühelos den gesamten Hals des leicht überraschten Bittstellers, um dann seinem Gegenüber mit einem leichten Druck auf den Kehlkopf unglücklicherweise jedwede Möglichkeit zu nehmen, seine Frage bereitwillig zu erwidern. Als man benommen zu Tisch sackte, glücklicherweise neben und nicht in dem Obatzden, das hätte sonst nur eine unschöne Sauerei gegeben, war das Letzte, was noch zu vernehmen war, dass die Blaskappe einige Meter weiter unter dem heiteren Johlen der ausgelassenen Bierzeltbesucher wieder einmal aufspielte. Das Prosit der Gemütlichkeit. Oans. Zwoa. Gsuffa. Danach wurde es finster.

Am nächsten Morgen wachte man zu Hause im Bett auf, man hatte keine Erinnerung mehr an das, was dazwischen war. Im Laufe des Vormittags begann man, der Geschichte etwas Positives abzugewinnen und dachte sich, so in etwa musste es Thomas Wolfe nach seiner Schlägerei damals auch gegangen sein.

Schön, sich wenigstens einmal wie ein großer Schriftsteller fühlen zu dürfen.

58. GRUND

WEIL DIE RAUCHZEICHEN AUS DER OBERPFALZ AUCH WINNETOU ZUM BERGFEST LOCKTEN

Jeden Sommer, so zwischen Ende Juni und Anfang September, steigen dicke Rauchzeichen von den Hügeln der Mittleren Oberpfalz auf. Sie verkünden den heimischen Stämmen, dass auf ihren Bergen, wie sie die nicht besonders hohen Erhebungen nennen, an offenen Feuerstellen und Grillrosten Bratwurststände aufgebaut sind und daneben in großen Zelten viel Bier ausgeschenkt wird, sehr viel Bier.

Beim Amberger Maria-Hilf-Bergfest schaute gelegentlich sogar der 2015 verstorbene Pierre Brice, seines Zeichens Häuptling der Apachen und seit 1981 mit der Ambergerin Hella Krekel verheiratet, auf eine Mass und eine Wurst vorbei. Einmal wankte da ein vom Alkoholgenuss schon ziemlich gezeichneter Einheimischer an seinem Tisch vorbei und rief ihm zu: »Häi Winnetou, wou houstn dein Gaal.« Er wollte damit sagen: »Winnetou, wo ist dein Pferd?« Also Iltschi, das Ross vom Winnetou war ja die Iltschi und nicht, wie viele meinen, Hatatitla. Hatatitla war der Gaal vom Schätterhänd.

Von Amberg aus zieht die Bergfest-Karawane dann immer in insgesamt vier Etappen weiter, zunächst nach Westen zum Annaberg nach Sulzbach, danach zum Fronberg bei Hahnbach und zuletzt im September zum Mausberg bei Gebenbach. Dazwischen gibt es zur Erholung der durstigen Stämme jeweils eine kurze Pause. Der Ursprung dieser tradtionellen Festtour ist allerdings weniger prickelnd. Als vor Jahrhunderten auch in der Oberpfalz Pest und Cholera und andere Seuchen wüteten, riefen die Bürger ihre

Schutzpatrone als Nothelfer an und errichteten für diese auf Anhöhen Kirchen und Kapellen. Die waren lange Zeit das Ziel von Wallfahrten und Pilgerprozessionen.

Die Prozessionen auf die Hügel gibt es heute auch noch. Aber eben eher von weltlicher Natur. Das Kommando auf den Bergen haben jetzt die Brauereien, Wirte und Würstlbrater. Den Opferstock haben sie jetzt auch unter Kontrolle. Und der ist meist sehr gut gefüllt, bei den vier traditionsreichen Bergfesten, von denen jedes einzelne immer genau eine Woche dauert.

Auf dem Sulzbacher Annaberg hat man von der Höhe zwei unterschiedliche Ausblicke. Nach Süden hin sieht man auf die schon vor Jahren stillgelegte Ruine der Maxhütte, die einmal das größte Stahlwerk der Oberpfalz und ganz Bayerns war. Auf der anderen Seite des Festplatzes aber geht der Blick nach Nordosten bis an den Böhmerwald und ans Fichtelgebirge, und mittendrin die Basaltkegel längst erloschener Vulkane, der Parkstein und der Rauhe Kulm.

Die beiden letzten Etappen der sommerlichen Tour de Bergfest, die etwas kleineren Hügel, der Fronberg und der Mausberg, wirken vielleicht etwas weniger spektakulär, haben es aber durchaus in sich, vor allem deswegen, weil man in der Regel ja schon von den Strapazen der ersten beiden Bergfeste gezeichnet ist. Schließlich ist es für jeden Einheimischen Ehrensache, jedes Jahr jeden Festhügel mindestens einmal zu besuchen, mit der Betonung auf mindestens.

Und dann ist Mitte September wieder Ruhe eingekehrt auf den Höhen der Oberpfalz, sind die letzten Rauchzeichen allmählich verdampft. Und Winnetou reitet jetzt in den Ewigen Jagdgründen.

WEIL SIE AUF EINEM VOLKSFEST IN DER OBERPFALZ VIELLEICHT AUF ELVIS TREFFEN

Ende der 1950er-Jahre war der Rock 'n' Roll schon längst in Bayern angekommen. Aber dann kam auch noch der »King of Rock'n'Roll« höchstpersönlich. Und das war ein großes Ereignis. Elvis Presley war damals auf Deutschlandtournee, allerdings weniger als Sänger sondern vielmehr als Soldat. Er war 23 und musste trotz seines Weltruhms noch seinen Wehrdienst ableisten, so wie andere junge US-Amerikaner in seinem Alter auch. Seine Rundreise durch mehrere amerikanische Truppenstandorte führte ihn dabei auch für sechs Wochen in die Oberpfalz, zum Manöver nach Grafenwöhr.

Die kleine Stadt wurde schon zu Beginn des 20. Jahrhunderts Truppenübungsplatz, zunächst als Schießplatz für die Königlich Bayerische Armee, später dann unter den Nazis für die Wehrmacht. Nach Kriegsende kam das Gelände unter amerikanische Verwaltung, in einer Zeit, in der sich viele junge Einheimische dem Lebensgefühl und dem Rhythmus der US-Musik verschrieben, dem Jazz, dem Swing, in den 1950er-Jahren dann auch dem Rock 'n' Roll. Mit dazu bei trug vor allem der Soldatensender AFN, aber auch die Army-Clubs der hier stationierten GIs. Und von den Clubs gab es in der Oberpfalz nicht wenige, speziell in und um Grafenwöhr.

Überhaupt war hier bald eine Art »Klein-Amerika« entstanden. Natürlich war der Übungsplatz, unweit des Eisernen Vorhangs nahe der Grenze zur Tschechoslowakei, streng abgeriegelt, verfügte er über einen eigenen Flugplatz und einen eigenen Bahnhof. Darum herum aber, an den Hauptzufahrtsstraßen oder in Grafenwöhr selbst, entwickelte sich bald ein amerikanischer »way of life«. Es mutete schon bizarr an, erschien kaum ein anderer Ort in ganz Bayern internationaler und kosmopolitischer als die Provinzstadt im Oberpfälzer Hügelland. Hier entstand das erste Schnellrestaurant im ganzen Freistaat, dazu auch die modernste Bowlingbahn der gesamten amerikanischen Besatzungszone, es gab Snackbars, Saloons und Diskotheken, eine große Shopping-Mall, obendrein sogar Striptease-Lokale und auch noch eine eigene Zeitung, die *Bavarian Times*.

Und dann gab sich auch noch seine Majestät des Rock 'n' Roll während seiner Zeit hier die Ehre, einmal trat er in der damals legendären »MickyBar« auf und gab dort ein noch viel legendäreres Konzert. In einer eigenen Ausstellung, die an den Aufenthalt von Elvis Presley hier erinnerte, war 2012 unter anderem auch der Flügel zu besichtigen, an dem Elvis himself damals in die Tasten haute. Andere Exponate waren Zeitungsausschnitte aus jener Zeit, Schallplatten, Bücher und Poster und sogar der Toaster, den Elvis in Deutschland benutzt hatte.

Im Zuge der Wiedervereinigung war die Zukunft des Grafenwöhrer Truppenübungsplatzes, eines der größten seiner Art in ganz Europa, ungewiss, stand Klein-Amerika auf dem Prüfstand. Am Ende durften die Amis bleiben. Gefeiert wird immer noch, jedes Jahr gibt es im Sommer drei Tage lang ein großes deutsch-amerikanisches Volksfest, einen Vergnügungspark mit allerlei spektakulären Fahrgeschäften. Es gibt auch viel zu essen: Burger, Hotdogs, Steaks und überhaupt viel Fleisch. Rind, Schwein, Huhn. Leopard, Luchs und Marder gibt es auch. Allerdings nicht zum Essen. Sondern als Panzer, so heißen die nämlich.

Verkleidet sind dann hier auch immer viele Menschen, manche laufen als Darth Vader herum, als Micky Maus oder Donald Duck. Und was, wenn tatsächlich Elvis hinter einer dieser Masken steckt? Wenn er wirklich noch, wie viele seiner Fans glauben, leben sollte? Dann tut er es vielleicht ja hier. Nicht in Memphis, Tennessee. Sondern in Grafenwöhr, Oberpfalz.

KAPITEL VIII

STARKE FRAUEN

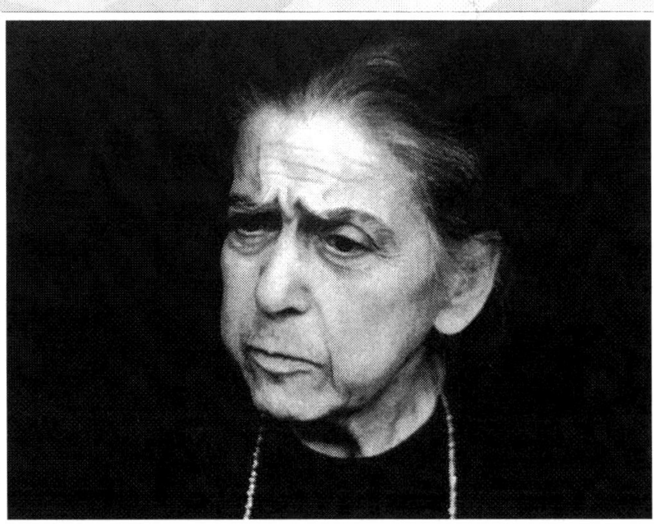

60. GRUND

WEIL DER GOLD-ROSI DIE GERANIEN MEHR BEDEUTETEN ALS DIE OLYMPIA-MEDAILLEN

Es war ein heißer Tag, Ende Juli 2010, Hochsommer. Die Sonne stand weit oberhalb des Zugspitzgipfels, als man in einer kleinen Seitenstraße in Garmisch im Haus von Rosi Mittermaier vorbeischaute. Ihr 60. Geburtstag stand an, Anfang August, tags davor hatte es ein Telefonat gegeben, ob sie denn da sei, ein kleines Interview zu ihrem bevorstehenden runden Jubiläum. Rosi Mittermaier war bei dem Anruf ein wenig zurückhaltend, viel Wirbel um ihre eigene Person, das mag sie normalerweise gar nicht, oft sagt sie dann: »Muaß des denn sei?« Es war deswegen nicht abzusehen, wie das Gespräch verlaufen und wie lange es dauern würde.

Es dauerte schließlich sehr lange, denn Rosi Mittermaier hatte auch sehr viel zu erzählen, aus dem bewegten Leben einer bemerkenswerten Frau. Rosi Mittermaier, die Gold-Rosi. Die Doppelolympiasiegerin von Innsbruck 1976. Alpin-Heldin einer ganzen Nation. »Aber so viel bedeutet haben mir meine Olympiasiege nicht«, sagte sie damals, »da hat es viel wichtigere Dinge geben.«[46]

Dass es mehr gibt als Ruhm und Ehre und Medaillen, lernt sie schon früh, in einer einfachen, aber auch einer, wie sie sagte »wundervollen Kindheit«. Auf der Winklmoos-Alm über Reit im Winkl.

Eine Kindheit, die gleich am Anfang, 1950, von einem schweren Schicksalsschlag überschattet wird, Rosi Mittermaiers Zwillingsschwester Helene stirbt nur eine Stunde nach der Geburt. Es ist der zweite Todesfall in kurzer Zeit, Rosis Bruder Heiner, 1945 geboren, stirbt als Zweijähriger an einer zu hoch dosierten Spritze gegen seine Diphterie. Die Eltern erzählen die Geschichte ein einziges Mal der Rosi und den jüngeren, später geborenen Schwestern Evi und Heidi. Statt über den Tod zu sprechen, reden sie lieber über das Leben. Der Vater sagt oft: »Genießt jeden Tag, den ihr leben dürft.«

Es geht auch ums Leben, ums Überleben, bei der Bewirtschaftung der Alm, das ist hartes Brot. Statt Ski zu fahren, steht Rosi oft den ganzen Tag in der Küche, schält eimerweise Kartoffeln. Trotzdem startet sie die Alpin-Karriere, debütiert 1967 im Weltcup und gewinnt 1976 zweimal Gold in Abfahrt und Slalom, dazu Silber im Riesenslalom. Plötzlich ist die Rosi von der Winklmoos ein Weltstar. Die *New York Times* nennt sie »Miss Lächeln«, sie bekommt Zehntausende Briefe: Autogrammwünsche, Liebesbriefe, Heiratsanträge, und daheim auf der Alm wächst kein Gras mehr, weil die Fans tagtäglich nach ihr gieren und um Einlass bitten. Gerade an den Wochenenden kommen die Ausflügler in ganzen Busladungen angereist, und während Evi und Heidi vorne an der Tür die Meute abwimmeln, steigt Rosi hinten aus dem Fenster und geht allein im Wald spazieren, da hat sie ihre Ruhe.

Die Rosi beendet ihre Karriere, was soll auch noch kommen, es reicht ihr. Als sie 1980 zu den Spielen nach Lake Placid fährt, ist sie selbst als Fan dabei, für ihren Verlobten, den besten deutschen Slalomläufer Christian Neureuther. Ihn trifft sie das erste Mal 1965 bei einem Juniorenrennen im Allgäu, vielleicht wäre die Geschichte anders verlaufen, wenn Neureuther damals ins Ziel gekommen wäre. »Ich stand so auf dem Hang auf halber Strecke«, erzählt Mittermaier an jenem Tag auf der Terrasse, »als einer dann direkt vor uns rausflog. Der lag im Schnee und hat fürchterlich gelacht, und das hat mir imponiert, weil ich mir gedacht habe: Der Bursch hat Humor, der nimmt das auch nicht so ernst.«

Die Romanze zwischen den beiden bleibt lange eine heimliche, sie schreiben sich Briefe, sie strickt ihm Mützen. Weiße Mützen. So wie die Mützen von Toni Sailer, den verehrt Neureuther als großes Vorbild.

1980 dann, nach den Spielen von Lake Placid, heiraten sie, 1981 kommt Tochter Ameli auf die Welt, 1984 Sohn Felix. Die beiden Kinder lernen natürlich früh das Skifahren, beide haben enormes Talent, nur Ameli hat bald keine Lust mehr. Als Teenager merkt sie, dass sie etwas anderes sucht als eine Karriere im Skisport, und sich immer die Vergleiche anhören muss, als Tochter der berühmten Eltern. Ameli wird später eine erfolgreiche Designerin und Mode-Stylistin. Felix aber steigt in die Fußstapfen, in die Skispuren von Mama und Papa. Dass seine Mutter Olympiasiegerin ist, erfährt er als Kind zufällig beim Durchblättern eines alten Bildbandes von Innsbruck 1976, die erfolgreiche Karriere ist sonst kein Thema im Haus in Garmisch.

Aber die Fragen nach den berühmten Eltern verfolgen ihn die ersten schweren Jahre in der Ski-Nationalmannschaft, Jahre, die geprägt sind von vielen Misserfolgen und Rückschlägen. Auch Felix selbst denkt an Rücktritt, dann aber startet er durch und wird gemessen an der Zahl der Weltcup-Siege der erfolgreichste deutsche Skifahrer der Geschichte.

Zu Hause in Garmisch geht das Leben normal weiter, das ist auch an jenem Sommertag 2010 zu sehen. Rosis Ehemann Christian kommt am Nachmittag mit einem Kuchen aus der nahen Konditorei an, daneben im Garten schneidet Ameli ihrem Bruder Felix die Haare, tags darauf geht es für ihn weiter ins Sommertrainingslager, für sie zurück nach Berlin.

Ganz am Ende des Gesprächs geht es noch um ihre Wünsche zum 60. Geburtstag, als Rosi Mittermaier sagt: »Da hinten, meine Geranien.« Die Geranien? »Ja, die Geranien hier im Garten. Die habe ich schon über den letzten Winter gebracht, die hätte ich gerne noch länger.«

Als man heimfährt, über die B2 und den Farchanter Tunnel zum Autobahn-Anfang der A95 Richtung München, steht die Sonne weit im Westen, irgendwo über dem Allgäu. Der Tag wirkt nach, und man denkt, worauf es wohl im Leben ankommen mag, und dass sie sicher ganz recht hat, die Rosi. Kartoffeln schälen, Mützen stricken, Blumen pflegen. Das ist bedeutender als jede Goldmedaille.

WEIL DAS GRAB DER DICHTERIN LENA CHRIST EIN KURIOSES TODESDATUM ZEIGT

Fast 65.000 Gräber gibt es auf dem Münchner Waldfriedhof. Eines der unscheinbarsten, an dem man leicht vorbeiläuft, ist in Sektion 44 das einer großen bayerischen Schriftstellerin, die einmal in ihren großen Selbstzweifeln fragte, ob sie ein »Garneamand« sei, ein Garniemand. Es ist aber auch eines der sonderbarsten Gräber. Mit dem Todesdatum 31. Juni. Dazu gleich mehr.

Wenn es auf Friedhöfen in München bedeutende Persönlichkeiten zu verabschieden gilt, herrscht oft großer Andrang. Man kann das Gefühl bekommen, wenn nun also der gleiche Mensch in einer anderen Gegend bestattet würde, dass dann wesentlich weniger Leute zum letzten Geleit kämen. Ob es damit zusammenhängen mag, dass der Münchner ähnlich wie etwa der zu ihm gar nicht so wesensunverwandte Wiener ein leichtes Faible für das Morbide hat, ist wissenschaftlich noch nicht erwiesen, Feldstudien jedoch führen in diese Richtung. Es ist dabei nicht so, dass den gemeinen Bayern zeit seiner irdischen Daseinsberechtigung eine unstillbare Sehnsucht nach dem Jenseits verzehrt und er es kaum erwarten kann, bis ihn der Boandlkramer (siehe Grund 106) abholt. Aber in einer gottesfürchtigen Gesellschaft wie hierzulande hat der Tod über Jahrhunderte schon zum Leben dazugehört wie die Brezn zur Brotzeit und die Gans zur Kirchweih. Der Herrgott gibt's. Der Herrgott nimmt's. Und guad is. Eine schöne Leich' hat man in Bayern jedenfalls noch selten ausgeschlagen.

Am 12. März 1918 etwa ist das auch so, bei einer der größten Beerdigungen, die die Stadt je erlebt. Mehrere Tausend Menschen kommen, um Abschied zu nehmen von Frank Wedekind, dem Schriftsteller und Dramatiker, der die Folgen einer missglückten Blinddarmoperation nicht überlebt hat. Thomas Mann ist auch da, aber nicht lange, während der Trauerfeier macht er sich wutschnaubend vom Acker, vom Gottesacker sozusagen, als Heinrich Mann anfängt, die Grabrede zu halten. Thomas und Heinrich, die beiden Literatenbrüder, sind zu jener Zeit längst über Kreuz, das zeigt sich auch am Friedhof.

Das Familiengrab der Wedekinds (1970 wird hier noch seine Witwe Tilly beigesetzt, 1994 die gemeinsame Tochter Kadidja) mit der eingetragenen Nummer W-88 in Sektion 17 ist seitdem mit seiner Steinsäule, seiner Goldkugel und dem tanzenden Pegasus obendrauf eine der prachtvollsten Ruhestätten auf Münchens größtem Friedhof. Der Waldfriedhof im Münchner Südwesten ist der zweitgrößte im ganzen Land, hinter dem in Hamburg-Ohlsdorf. Er war auch der weltweit erste seiner Art, angelegt vom damaligen Stadtbaurat Hans Grässel im alten Hochwaldforst von Schloss Fürstenried.

Viele haben sich hier mit kolossalen Monumentalbauten verewigt; wenn man schon gestorben sein muss, dann gleich richtig. Die Schottenhamels, die von der Münchner Wirte-Dynastie, haben hier ihr Prunkgrab genauso wie etwa auch Paul Heyse, dessen Totenstätte ein wenig griechisch ausschaut, ein kleiner Tempel.

Paul Heyse, das nur zur Information, war ein deutscher Schriftsteller und Dramatiker, er war der erste deutsche Belletristikautor, der den Literaturnobelpreis bekam, das war 1910, vier Jahre vor seinem Tod. Nur weiß das fast keiner mehr, weil Heyse zwar zu Lebzeiten einer der beliebtesten Autoren des deutschen Bürgertums gewesen war und man ihn sogar schon gerade seiner Novellen wegen im Überschwang mit Goethe verglichen hatte, seine literarische Hinterlassenschaft in der späteren Rezeption jedoch nicht so gewürdigt wurde wie die anderer Zeitgenossen und sein damaliger Ruhm ziemlich schnell verblasste.

An Heyse erinnert heute noch seine Villa in der Münchner Luisenstraße 22 und vor allem der Straßentunnel unter den Gleisen des Hauptbahnhofs zwischen der Bayerstraße und der Arnulfstraße. Den Namen Paul Heyse hört man heute also weniger in den Feuilletonsendungen des Kulturradios Bayern 2 als vielmehr einige Frequenzen weiter in den Verkehrsnachrichten auf Bayern 3.

Neben diesen stolzen und prunkvollen Prachtgräbern gibt es im Waldfriedhof aber auch Grabstätten nicht minder bedeutsamer Persönlichkeiten, die aber in ihrer Form wesentlich bescheidener sind. Wie eben das schlichte Holzkreuz von Lena Christ. Die hier liegt. Und die hier starb.

Lena Christ, geboren 1881, die als das weibliche Pendant zu Bayerns Vorzeigedichter Ludwig Thoma gesehen wird, die durch Gewalt und Übergriffe seitens der Mutter und ihres ersten Ehemanns traumatisiert in ihrem ersten großen Buch *Erinnerungen einer Überflüssigen* ihr schweres Leben auf erschütternde Weise aufschreibt und darin eben fragt: »Bin i Garneamand?« Ob sie also gar niemand sei, ohne Berechtigung auf eine Existenz. Eine, die auch mit den *Lausdirndlgeschichten* und der *Rumpelhanni* bleibende Werke hinterlässt. Nach dem Ersten Weltkrieg geschwächt von einer Tuberkulose und von finanzieller Not fälscht sie eher plump Bilder, der Betrug fliegt auf, doch bevor sie ins Gefängnis kommt, wählt sie den Freitod, ihr letztes groß inszeniertes Stück. Mit der Straßenbahn fährt sie am 30. Juni 1920, mit 38 Jahren, zum Harras, geht zu Fuß weiter zum Waldfriedhof und nimmt am Grab ihres letzten Geliebten in Sektion 45 Zyankali. Weit hat sie dann nicht mehr, ihre letzte Ruhestätte findet sie in Abschnitt 44.

Ein kleines Holzkreuz erinnert heute an die große bayerische Heimatliteratin, allerdings steht als Todesdatum dort sonderbarerweise ein Datum, das es gar nicht gibt, der 31. Juni.

Ob das als unkonventioneller Abschiedsgruß ihrer drei Kinder gedacht war, es wird wohl immer ein Rätsel bleiben. In der großen Lena-Christ-Biografie *Die Glückssucherin* schreibt die Autorin Gunna Wendt dazu: »Hier gibt jemand keine Ruhe, fügt sich nicht, sondern begehrt auf.« Zum Beweis, dass sie eben doch jemand ist. Und kein Garneamand.

62. GRUND

WEIL SICH DIE MAMA WELL ÜBER JEDEN TAG VOM HERRGOTT FREUTE

In einem der vielen Nachrufe in den Münchner Zeitungen, da war noch einmal dieses schöne Foto zu sehen, es war eines der letzten Fotos von ihr. Wie Gertraud Well mit ihrer roten Trachtenweste und der weißen Bluse aufrecht vor einer Zither sitzt, dem Instrument, das sie immer so gerne gespielt hat. Wie sie sich mit den Armen auf dem Tisch leicht aufstützt und in die Kamera schaut, mit einem feinen und leisen Schmunzeln auf ihren schmalen Lippen. Und mit einem Gesicht, das nicht gezeichnet wirkte von einem harten und anstrengenden Dasein, eher gemalt. Geprägt von der Freude an jedem Tag, den ihr der Herrgott geschenkt hatte. Geprägt von der Freude am Leben, einem Leben, das im Januar 2015 zu Ende ging. Als sie friedlich einschlafen durfte, Gertraud Well, die Mutter von 15 Kindern, die Mama der Biermösl Blosn und der Wellküren.

Als Gertraud Effinger war sie auf die Welt gekommen, 1919, da war gerade der Erste Weltkrieg vorbei. Gerne hätte sie in den 1930er-Jahren Medizin studiert, aber die Zeiten waren nicht so gut, die Eltern konnten sich das nicht leisten, die Ausbildung war zu teuer. Sie traf den Dorflehrer Hermann Well, verliebte sich in ihn, sie heirateten und lebten in einem Nest namens Günzlhofen, mittendrin im westoberbayerischen Grenzgebiet zu Schwaben, zwischen München und Augsburg. Das Paar lebte in der Schule, fließend Wasser gab es nicht, das Wasser holte Traudl Well jeden Tag aus dem Dorfbrunnen. In den 1950er-Jahren, als schon die ersten Kinder auf der Welt waren, verdiente Hermann Well 350 Mark im Monat, und wenn man Gertraud Well fragte, wie das damals war, dann sagte sie einen Satz, den sie ganz oft sagte: »Is aa ganga.«[47] Irgendwie also, so sollte das heißen, ging es schon, und es ging irgendwie auch immer weiter. Jammerei und Wehklagen, das kannte sie gar nicht, dafür wäre aber auch gar keine Zeit gewesen.

Anfang der 1960er-Jahre, mit der Geburt von Moni, dem 15. Kind, war es dann gut mit dem Kinderkriegen, auf Familienbildern standen sie gerne da wie die Orgelpfeifen, eng aneinandergerückt beisammen, sonst hätten sie auch gar nicht draufgepasst. Eng war es auch in der Wohnung, gefrühstückt wurde immer in Schichten, und in der Badewanne saßen sie oft zu dritt. Ein Leben ohne Schnörkel und mit vielen Entbehrungen. Ein Leben, das auch keinen Grund bot, im Nachhinein als schöne Kindheitsromantik verklärt zu werden, früher sei doch alles besser gewesen.

Hans Well, einer der drei Brüder des einzigartigen Musik- und Kabarett-Trios »Biermösl Blosn«, schrieb in seiner Biografie einmal ohne jegliche Verklärungstendenz, es sei schwer gewesen, »angenommen und gemocht zu werden«, und dass diejenigen der Brüder und Schwestern mehr zu essen bekommen hätten, die besser musizieren konnten. Denn die Hausmusikabende waren ein unverzichtbarer Bestandteil im Hause Well, mit alter Volksmusik, altbayerisch, traditionell. Es gab darum auch Konflikte mit der Mama und dem Papa, als der Hans, der Stofferl und der Michael mit ihrer Biermösl Blosn aufmüpfig wurden, aufbegehrten gegen die Staatsmacht CSU, gegen den Strauß, gegen die Kirche, all das, was in Bayern so unverrückbar schien. Aber die Eltern gewöhnten sich daran, so wie auch an das Geschwister-Trio, die Moni, die Burgi, die Bärbi, die als die Wellküren auftreten sollten, mit alten Instrumenten, wie Harmonika, Harfe und Hackbrett, aber auch mit hintergründigen, satirischen und kritischen Texten.

Die neue Interpretation der alten Tradition, damit taten sich die Eltern schwer. Is aber aa ganga.

Es ging auch weiter, als Hermann Well 1996 starb. Traudl Well fühlte sich nicht bereit fürs traurige Witwendasein, dafür war immer noch zu viel los in ihrem Leben. Jeden Tag schaute ein anderes der längst fortgezogenen Kinder bei ihr vorbei, zum Mittagessen, zum Ratschen, zum Musizieren. Bis 2010 gab sie Kurse an der Volkshochschule in Olching, 20 Kilometer weg von Günzlhofen, im gleichen Jahr dann trat sie in einem viel umjubelten gemeinsamen Programm mit all ihren Kindern auf, der Titel des Hausmusikabends: *Fein sein, beinander bleiben*. Am Ende der Aufführung schritt immer noch eine der Well-Töchter vorne an den Bühnenrand und sagte: »Aus is und gar is und schod is, dass wahr is.« Dann gab es immer große Ovationen, vor allem für die kleine, alte Frau, für die Mama Well.

2013, im Alter von 93, hatte Gertraud Well eine Operation an den Herzklappen, es ging ihr nicht mehr so gut, viele dachten, mehr als ein paar Monate wären nicht mehr drin. Aber sie war eine Kämpferin, wie sie es immer schon war. Kurz vor Weihnachten 2014 hatte sie ihren letzten öffentlichen Auftritt, bei der Adventsmusik in der Wallfahrtskirche Herrgottsruh in Friedberg. Mitte Januar war ihre Zeit vorbei, friedlich schlief sie ein, im Beisein ihrer Tochter Christa, die bei ihr war, bis zum Schluss. Ein friedlicher Tod, ein versöhnlicher.

Wenn man sie fragen würde, wie es gewesen sei, zu sterben, vermutlich würde sie dann sagen: »Is aa ganga.« Aber schad is, dass wahr is.

63. GRUND

WEIL DAS ERBE DER GROSSEN MUTTER COURAGE IN EINEM KOFFER WEITERLEBT

Therese Giehse, Tochter des jüdischen Kaufmannsehepaars Gertrude und Salomon Gift, geboren 1898. Wohnhaft Schumannstraße 4, Telefonnummer 40987. Die Adresse im Münchner Stadtteil Bogenhausen steht vorne im Notizbuch. Handgeschrieben, im Jahr 1933. Kurz vor der Flucht ins Exil.

Oder ihr britischer Pass mit der Nummer 37711, nach der Heirat mit dem britischen Schriftsteller John Hampson-Simpson, einer Zweckheirat, eigentlich liebte Therese Giehse ja Frauen. Oder weiter unten in diesem Sammelsurium an Büchern, Zetteln und Erinnerungsstücken, in einem kleinen Kalender von 1969, Ende August, die vielen Eintragungen, fast täglich: »Erika im Krankenhaus besuchen«. Und dann unter dem 30. August der nüchterne Vermerk: »Erika Beerdigung«. Nach dem Tod ihrer langjährigen Lebensgefährtin Erika Mann.

Es ist eine Schatztruhe, dieser kleine alte Koffer, den die Münchner Schauspielerin Renate Schmidt hütet, hegt und pflegt. Es ist der Nachlass von Therese Giehse, einer der bedeutendsten Frauen, die je in München gelebt und gewirkt haben.

Wie Renate Schmidt an die Hinterlassenschaft kam, an 46 Tagebücher und Notizkalender, an Ausweise und Dokumente, an viele persönliche Schriften und Aufzeichnungen, das ist eine ganz besondere Geschichte.

Renate Schmidt kommt noch im Krieg auf die Welt, in Gelsenkirchen, weit weg von München, weit weg von Giehse. Therese Giehse ist längst in die Schweiz emigriert, zusammen mit dem Kabarett »Die Pfeffermühle«, das sie am Neujahrstag 1933, kurz vor der Machtergreifung der Nazis, noch gegründet hat. Nun muss sie fliehen, vor ihrem Nachbarn quasi. Vor Hitler, der 1933 in eine Wohnung am Prinzregentenplatz gezogen war, nur 100 Meter von der Schumannstraße.

In Zürich spielt sie ihre Paraderollen in Stücken von Bert Brecht, als Mutter Courage oder in *Herr Puntila und sein Knecht Matti.*

Therese Giehse gastiert nach dem Krieg auch wieder in Deutschland und Österreich. München, Berlin, Wien, sie ist ein gefeierter Bühnenstar. Renate Schmidt fängt da gerade erst an, sie ist 14, als sie auf eine Schauspielschule geht, bald aber will sie weg aus dem Ruhrpott, die Welt ist klein und eng, die Luft schlecht, miefig, stickig. Sie kommt nach München, in eine andere Welt, voller großer Künstler, Denker, Schauspieler. Am engsten befreundet ist sie mit Fritz Kortner, Regisseur an den Kammerspielen. Kortner wohnt in der Wurzerstraße 12. In der Wurzerstraße, schräg gegenüber von den »Kammerspielen«, wohnt auch Therese Giehse. Hausnummer 16.

Ende der 1960er-Jahre trifft Renate Schmidt erstmals Giehse auf der Maximilianstraße, eine zufällige Begegnung, zusammen mit Kortner. Man spricht wenig, ganz kurz, dann verlaufen sich die Wege wieder. Schmidt geht nach Rom, 1970, im Jahr, als Kortner stirbt.

In Cinecittà, dem Geiselgasteig Italiens, lernt Renate Schmidt Fellini kennen; als sie nach sieben Jahren zurückkehrt, ist Therese Giehse tot. Renate Schmidt liest Giehses Biografie, geschrieben von Monika Sperr, der Schriftstellerin, die sich 1984 mit 43 Jahren das Leben nimmt.

Renate Schmidt kommt nicht mehr los von Therese Giehse, es ist eine große Faszination, 1993 sucht sie eine neue Wohnung – und landet in der Wurzerstraße. Nummer 10. Nur wenige Häuser neben Kortners und Giehses alter Bleibe. Beruflich steigt Schmidt aus dem Theaterbetrieb aus, sie startet eine Solokarriere, unter anderem mit einer Hommage an Therese Giehse, zum 20. Todestag.

Premiere ist im Januar 1995, in der Black Box des Gasteig, wenige Minuten vor der ersten Aufführung steht plötzlich eine ältere Frau bei Renate Schmidt in der Garderobe. Sie legt ihr den englischen Pass von Therese Giehse auf den Tisch, ein Türschild »Th. Giehse-Hampson«, ein Behördendokument aus Giehses Exil in Zürich, und sagt, sie habe noch viel mehr und würde es ihr gerne anvertrauen.

Die Besucherin ist Ärztin, eine Freundin von Monika Sperr. Sperr hatte den Nachlass Giehses seit der Biografie behalten und ihn vor ihrem Selbstmord an ihre Bekannte, die Ärztin, weitergegeben. Auf Schmidts Frage, warum gerade sie das persönliche Erbe bekommen sollte, sagt die Besucherin, weil sie nach so vielen Jahren endlich jemanden gefunden habe, der sich in einem Bühnenstück mit der großen alten Giehse beschäftigt. Darum glaube sie, dass der Nachlass bei ihr, Renate Schmidt, gut aufgehoben sei. Ist er auch.

Das Telegramm, Nummer 7937 etwa, 15. August 1956 von Helene Weigel, Bertolt Brechts Frau. »Liebe Theres, Bert ist heute Nacht an einem Herzinfarkt gestorben, Deine Helli.« Oder Giehses Eintrag in ihren letzten Kalender, 1975, als sie vermerkt: »Zürich/Tournee, 26.4. bis 10.5.« Daneben schreibt sie ein großes Fragezeichen, vielleicht ahnt sie schon, dass es dazu nicht mehr kommen wird.

Am 3. März 1975 stirbt Therese Giehse.

Anhand der Unterlagen und Aufzeichnungen hat Renate Schmidt zum 110. Geburtstag der Giehse 2008 eine Biografie veröffentlicht, Titel: *Na, dann wollen wir den Herrschaften mal was bieten!* Ein Satz, den Giehse oft vor ihren Auftritten sagte. Sehr oft sagte Therese Giehse, die sich nie selbst in den Mittelpunkt stellen wollte, auch: »Ich hab nix zum Sagen.« Ihr Nachlass sagt dafür sehr viel. Ihr Vermächtnis, gut behütet in einem Koffer in der Wurzerstraße in der Münchner Altstadt. In der kleinen Straße der großen Giehse.

64. GRUND

WEIL SCHWEINSTEIGERS BÄCKERIN SCHON ZU ADENAUERS ZEITEN AM VIKTUALIENMARKT STAND

Im fernen Osten brodelte es. Nordkoreanische Truppen schickten sich an, den Süden des Landes zu überfallen, der Ausbruch des Koreakriegs stand unmittelbar bevor. Der Schriftsteller Heinrich Mann war gerade gestorben und die Bundesrepublik noch kein Jahr alt. Anfang Mai 1950. Als die Bäckerliesl am Münchner Viktualienmarkt ihren Brotstand eröffnen sollte. Dort, wo man sie auch 65 Jahre später immer noch vorfand, im März 2015, als sie ihren 90. Geburtstag feierte. Elisabeth Forstner, die Bäckerliesl, die Institution vom Viktualienmarkt.

Den Viktualienmarkt (vom lateinischen »victus« = Lebensmittel) gibt es seit 1807, ursprünglich war er ein reiner Bauernmarkt, im Zweiten Weltkrieg wurde er vom Bombenhagel massiv getroffen, nach 1945 überlegte die Stadt, den Markt ganz abzureißen und stattdessen Hochhäuser hinzuklotzen. Gut, dass sie sich anders entschieden hatten. München wäre heute nicht mehr das, was es ist.

Im Krieg war es, 1940, als die junge Liesl Forstner ihrem Heimatort Sauerlach im Süden von München den Rücken kehrte. »Jetzt ist Krieg, da kannst doch net einfach in die Stadt gehn«, klagte ihre Mutter noch, doch die 15-jährige Liesl ließ sich nicht davon beeindrucken. »Nachm Krieg bin ich alt, dann mag ich nimmer«, erwiderte sie und arbeitete ab da in der Schiller-Bäckerei am Münchner Hauptbahnhof.

Zum Viktualienmarkt kam die Liesl dann eben 1950, durch ihren Chef und späteren Gatten, den Bäckermeister Alois Ehmann, der ihr hier eine kleine Holzbude besorgte. Am 2. Mai, genau einen Tag, nachdem nach einer Entscheidung des Bundeskabinetts unter Kanzler Adenauer sämtliche Nachkriegs-Lebensmittelmarken abgeschafft waren und fortan nur noch mit Bargeld bezahlt werden konnte, eröffnete die Liesl ihren Stand, neben einem mit Semmeln reichlich gefüllten Korb war zu lesen: »Fünf Pfennig pro Stück.«

Drei Mark nahm sie damals ein, am Tag, das war viel. »Ich hab' damals die Leute einfach angesprochen und gefragt, ob sie nicht was probieren möchten, dann haben sie gekauft«, sagte sie später.[48]

Den anderen Standlfrauen taugte das erst gar nicht, das forsche Auftreten der jungen Bäckerliesl, doch mit den Jahren wurzelte sie sich immer mehr in die Marktgemeinschaft hinein, auch man selbst nahm bei fast jedem Besuch der Innenstadt einen kleinen Umweg in Kauf, um einen Abstecher bei ihr zu machen, das war schon ein Ritual, ob für das knusprige Bauernkrustenbrot für die Brotzeit am Abend, oder eine Körnersemmel, eine resche Brezn oder einen Krapfen gleich zum Essen auf die Hand. Sie selbst sah man dabei immer kaum, man muss wissen, die Bäckerliesl ist von der Statur her eine sehr kleine Frau, und wenn man nicht genau hinschaute, dann konnte es schon passieren, dass sie hinter ihrem Standl verschwand.

Wen man dafür immer sah, das war ihr zweiter Ehemann, der Josef, 23 Jahre jünger und gefühlte etliche Köpfe größer. Der Josef stand immer auf der linken Seite, meist hatte er vor sich die Arme auf dem Ladentresen aufgestützt und die Hände ineinandergefaltet, manchmal beschlich einen das Gefühl, der arme Mann sei vielleicht festgewachsen und könne gar nicht mehr fort.

Einmal, das war 2013, da war er aber doch nicht da, niemand war da, der Stand war zu, denn der Sepp hatte sich beim Kistenschieben auf unglückliche Art und Weise beide Handgelenke gebrochen, weshalb seine Frau das Standl zusperrte, um ihren Mann zu pflegen. »Deswegen ist man ja verheirat', dass man zammhält«, sagte sie damals. Dann ging es den Handgelenken wieder besser, der Josef konnte auf dem Ladentresen die Hände wieder zusammenfalten, und weiter ging's.

Auch viele prominente Stammkunden hatte sie, Bastian Schweinsteiger zum Beispiel, der hier gleich ums Eck die Reichenbachstraße hinunter im Gärtnerplatzviertel lebt und früher mit seiner damaligen Freundin, der Sarah Brandner, gerne bei der Liesl vorbeischaute, um sich mit Brot für daheim einzudecken.

Wie lange sie noch am Standl stehen wolle, wurde sie anlässlich ihres 90. Geburtstags gefragt, und die Liesl Forstner erwiderte: »Bis ich hier ins Brotkastl falle.« Man wünschte, dass das noch ein paar Jahre dauern wird, bis es so weit ist – und nahm sich für den Heimweg eine Brezn mit.

65. GRUND

WEIL DIE RADIWEIBER DEN STAMMTISCH IN LAUNE BRACHTEN

So stattliche Amazonen wie die Nuss-Kathl und natürlich nicht zu vergessen die Radi-Rosl, die faszinierten auch so einen lyrischen Schöngeist wie den als Texter der deutschen Nationalhymne bekannt gewordenen Hoffmann von Fallersleben, wenn freilich auch aus einer durchaus etwas distanzierten Perspektive. »Wenn man die Tische sah voll Überreste des Bieres und dann die alten schmierigen Radiweiber«, schrieb der Hochschullehrer der Germanistik aus dem Kurfürstentum Braunschweig-Lüneburg einmal nach dem Besuch eines Münchner Bierkellers mit einer nicht zu verhehlenden Befremdlichkeit und einer fast schon an Abstoßung grenzenden Rezeption, als hätte er gerade bei einer Expeditionsreise in ein fernes exotisches Land mit den unappetitlichen Gebräuchen des eingeborenen Volksstamms unfreiwillig Bekanntschaft geschlossen, »wie sie aus schmierigen Taschen ein schmieriges Buchsbaumbüchschen, worin fünf Löcher, hervorholten und auf den schmierigen Tisch einige Körnchen Salz herausklopften, und wie der gute Bayer den Rettich verarbeitete, dann hatte man genug.«[49]

Das Radiweib also. Zur Begriffserklärung zunächst, nur damit keine Missverständnisse aufkommen, Radi ist das bayerische Wort für Rettich. Die Radiweiber, das waren also fliegende Händlerinnen, die durch die Münchner Bierhallen zogen, allen voran durchs Hofbräuhaus, und dabei Rettich verkauften und auch Nüsse, deswegen hießen sie mit ihren Spitznamen auch so wie die Nuss-Kathl und die Radi-Rosl, neben dem Feilbieten der Ware sorgten die Radiweibsbilder mit ihrem ungehemmt losen Mundwerk, ihrem derben Humor und ihren ordinären Zoten zudem für eine ausgelassene Stimmung.

Wer am Stammtisch gerade bei der ersten Mass saß, fand das sehr lustig, wer sich die dritte gönnte, noch viel lustiger, und wer schon zehn Mass hinuntergestellt hatte, der bekam da gar nichts mehr mit, da war das eh schon egal. Wer das alles nüchtern betrachtete, war jedenfalls fehl am Platz.

Eine besondere Hetz, also eine recht zünftige Gaudi, war es immer, wenn die Radiweiber jedes Jahr zur Maibockzeit ihr mit Spannung erwartetes Radiweiber-Rennen durchführten. Mehrere Tausend Münchner säumten dann die Straßen, und wenn sich die überwiegend bereits in die Jahre gekommenen alten Schachteln dann einen erbitterten Wettlauf lieferten, dann führte auch das immer zu einer großen Belustigung beim Publikum.

Zum 100. Geburtstag des Oktoberfests anno 1910 wurden die Radiweiber übrigens auch in einem Gedicht verewigt, es ging so: »Lasset uns, ihr edlen Bayern/ Untertanen! Publikum! / Mit gehobnen Herzen feiern/ Dieses stolze saeculum! / Hühner-, Gäns- und Heringsbrater/ Heute seid ihr zentenar!/Dank so manchem Landesvater/ Der euch mild gewogen war / Stier- und Sau- und Ochsentreiber/Heute fühlt euch vaterländ'sch!/Brezelfrauen! Radiweiber!/ Jedes alte Kuchelmensch!

Hier also fand sich das Radiweib in der dritten Strophe wieder. Beim Volkskundler und Hymnendichter Fallersleben nicht. Man stelle sich nur vor, er hätte von seiner München-Visite im Bierkeller positive Eindrücke mitgenommen. Dann hätte es am Ende noch anders geheißen. Einigkeit und Recht und Radiweib.

WEIL DIE CHIEMSEE-FISCHERIN AN IHREM GEBURTSTAG EINEN HECHT FING UND IHREN MANN

Am Ende kam Schuberts *Ave Maria*, dazu ertönten Werke von Händel und Mendelssohn Bartholdy. Es war ein ergreifender Abschied beim Requiem in der Kirche »Maria Himmelfahrt« in Prien, mit der anschließenden Beisetzung auf dem Friedhof nebenan, wo Josefa Steinbeißer im Juni 2014 ihre letzte Ruhe fand, unten in der Erde. Wobei das Element, in dem und auf dem sie sich am wohlsten fühlte, ja eigentlich das Wasser war. Der See. Der Chiemsee, wo sie 70 Jahre lang als Fischerin tagein, tagaus unterwegs war.

Die Steinbeißer Josefa, die man in der Gegend auch nach ihrem Mädchennamen als die »Staffner Beppi« kannte, war eine Frau, die mit dem Chiemsee vertraut war wie niemand sonst. Jahrzehntelang war sie die einzige Frau unter all den Chiemsee-Fischern gewesen, und später im hohen Alter erzählte sie oft noch davon, wie sie schon als Kind jeden Tag in aller Herrgottsfrüh um halb vier aufstehen musste, wie es dann raus ging zum Fischfang auf den See, wie sie bei Wind und Wetter hinausruderten auf das Bayerische Meer und sie dann um halb sieben schon wieder zurück sein mussten, weil der Vater ins Baugeschäft gehen musste und sie in die Schule, wo sie dann hin und wieder eingenickt sei, bis sie der Lehrer mit einer gezielten Kopfnuss aus dem Schlaf holte.

Die Fischerei bestimmte den Morgen eines jeden Tages, und doch war jeder Tag anders, wie diese kleine und zierliche Frau mit ihrer leisen und brüchigen Stimme einmal sagte: »Du sigst heid was aufm See, was du gestern ned g'seng hast und morgen aa ned sigst.«[50] Fang den Fisch, carpe diem.

Was sie noch nie gesehen hatte und auch nicht mehr sehen sollte, war der 30 Pfund schwere Hecht, den sie ausgerechnet an ihrem 21. Geburtstag aus dem See ziehen sollte, das war ihr Rekordfang, und was obendrein an jenem Tag noch geschah, war, dass sie ihren späteren Mann kennenlernte, den Alois. »Der Pfarrer hat dann bei der Hochzeit zu mir g'sagt: ›Zwoa solchene Hecht an oam Tag, des schaffst aa bloß du.‹«[51]

Der Alois war ein Bergbauernbub, dem die Josefa erst das Rudern beibringen musste, aber er schlug sich mit der Zeit ganz wacker, außerdem hatten sie ja dann bald auch schon einen Außenbordmotor, eine große Erleichterung, um mit dem Fang schneller zurückzukehren in den Fischereibetrieb im Priener Ortsteil Osternach mit der schönen Adresse Karpfenweg 5, wo es auch mit den besten Steckerlfisch des gesamten Chiemsee-Ufers zu kaufen gab.

Doch der Alois starb früh, viel zu früh, da war die Josefa gerade erst 55, sie führte die Fischerei allein weiter, später, mit 72, übergab die Mutter von vier Töchtern, Oma von acht Enkeln und Urgroßmutter von fünf Urenkeln den Betrieb an den Schwiegersohn und fuhr aber immer noch einige Jahre hinaus auf den See, auch als sie schon jenseits der 80 war. Oft sah man sie noch, entweder in der Fischerstube der Familie am Seeufer oder bei den Seniorennachmittagen im Priener Pfarrheim, und fast immer zog sich ein verschmitzt schüchternes Lächeln über ihr Gesicht. Klagen über die Härte des Lebens und des Alltags gab es bei ihr nie. Auf die Frage, ob sie sich nie einmal etwas anderes gewünscht hätte, erwiderte sie: »Ich bin ja nia g'fragt worn. Das Leben hat mir das halt so hing'stellt.«

Das Leben wartete glücklicherweise recht lange, bis es ihr den Tod hinstellte, erst nach 89 erfüllten Jahren war es dann so weit. Was blieb, war die Erinnerung, an eine liebenswerte alte Frau. Und es blieb der eine Spruch, den man sich seitdem immer vergegenwärtigt, ob man in Prien am Bootssteg steht, im Norden von Seebruck über den See Richtung Alpen blickt oder am Ostufer vom Biergarten des Chiemgauhofs über das Wasser in einen der imposantesten Sonnenuntergänge auf Erden schaut. Der Spruch, dass man den See, so wie man ihn jetzt sieht, noch nie so sah und nie mehr so sehen wird.

Dieser Spruch hat die Beppi unsterblich gemacht.

KAPITEL IX

GROSSE DENKER

67. GRUND

WEIL KARL VALENTINS WINTERZAHNSTOCHER IN EINEM BESONDEREN MUSÄUM ZU SEHEN IST

Was droben im Münchner Himmel Karl Valentin nun wirklich dazu gesagt haben mochte, im Herbst 2014, darüber gibt es unterschiedliche Berichte. Der Kabarettist Ottfried Fischer meinte, ein leicht entsetztes Stöhnen von oben herab vernommen zu haben, so habe Karl Valentin am Rande einer himmlischen Orchesterprobe geraunt: »Bin ich ein Narr? Holt mich hier raus!« Möglich aber auch, dass sich Valentin rücklings auf seine Wolke bettete, um sich das grausame Elend da unten nicht mehr mit anschauen zu müssen und leicht resigniert und kopfschüttelnd wieder einen seiner alt bekannten Sprüche hervorkramte: »Die Zukunft war früher auch besser.« Am allerwahrscheinlichsten aber nahm er es mit Humor, gemäß seinem Zitat: »Jedes Ding hat drei Seiten, eine positive, eine negative und eine komische.«

Denn genau genommen war es wirklich urkomisch, extrem lustig und so surreal und so anarchisch wie der Humor des unerreichten Karl Valentin selbst, dass die Münchner Faschingsgesellschaft »Narrhalla« als Preisträger des Karl-Valentin-Ordens in jenem Jahr den Schlagersänger Heino auserkoren hatte, das bedurfte schon einer gewissen und nicht für jedermann ersichtlichen Hintersinnigkeit.

Aber wer war eigentlich dieser Karl Valentin? Wer sich ihm nähern möchte, kann in München ganz leicht auf Spurensuche gehen. Dazu fängt man am besten in der Au an, jenem alten Münchner Stadtteil, in dem Valentin Ludwig Fey, wie er mit bürgerlichem Namen hieß, am 4. Juni 1882 auf die Welt kam. Über seine Geburt sagte Valentin später: »Als ich das Licht der Welt und sodann die Hebamme erblickte, war ich sprachlos. Ich hatte diese Frau ja noch nie gesehen.«

Zehn Gehminuten weiter, drüberhalb der Isar, kommt man dann auf den Viktualienmarkt, man muss hier darauf hinweisen, den ersten Buchstaben bei Viktualienmarkt so auszuprechen wie bei »voll« oder »vier«, denn Karl Valentin hatte schon selbst darauf beharrt, sein Name sei »Valentin« und nicht »Walentin«, es heiße ja auch nicht: »Himmlischer Water«. Und außerdem habe man ja keinen »Wogel«, sondern einen »Vogel«.

Am Viktualienmarkt also steht seit 1953, fünf Jahre nach Valentins Tod, dieser Brunnen mit einer Valentin-Figur, die so gar nicht komisch aussieht, eher melancholisch und traurig. Klein, mager und eingefallen, mit einem Regenschirm und einer Blume am rechten Arm. Karl Valentin, das ist hier gut zu sehen, fand das Leben eben nicht so zum Lachen wie die Menschen seine Stücke, seine Witze, seine Kalauer und seine wundervoll schrägen Erfindungen, von denen viele Exponate einige Schritte neben dem Viktualienmarkt in einem Turm des Isartors zu sehen sind, im »Valentin-Musäum«, ja, richtig, mit »ä«. Da gibt es an der Wand neben der Wendeltreppe hinauf in die Ausstellungsräume etwa den Nagel, an den Karl Valentin einst seinen Schreinerberuf hängte, einen in Fell eingewickelten Zahnstocher für die kalte Jahreszeit, der Winterzahnstocher eben, oder einen Topf mit Wasser, der als »Geschmolzene Schneeplastik« tituliert ist.

So herrlich schräg und grotesk das ist, so schnell wird beim Musäumsbesuch klar, dass im Leben von Karl Valentin wenig so heiter und unbeschwert war, vielmehr ein ewiger Kampf mit sich, seinem Leben, der Sehnsucht nach Anerkennung. Am deutlichsten wurde das in seinem Zitat: »Ich weiß doch gar net, was die Kritiker da alles finden. Ich will doch bloß, dass die Leut' lachen.«

Das tun die Leut' auch, so ist es ja nicht, vor allem in der Zeit nach dem Ersten Weltkrieg, ob Karl Valentin mit seiner Partnerin Liesl Karlstadt auftritt oder alleine, überall wird er bejubelt. Im Kabarett, auf der Theaterbühne, vor der Kamera, er gastiert in Nürnberg und Berlin, in Zürich und in Wien, sogar Hollywood wird auf die bayerische Antwort auf Charlie Chaplin aufmerksam, doch ein Filmangebot lehnt Valentin ab, er reist nicht so gerne. Der Erfolg hält an, bis in die 1930er-Jahre hinein, dann kommen die ersten Krisen, gesundheitliche Probleme bei seiner Partnerin Liesl Karlstadt, Nervenzusammenbrüche. Und dann der Krieg, Valentin zieht sich in sein Haus im Vorort Planegg zurück. Nach 1945 ist die Welt eine andere, die Menschen können Valentins schwarzen Humor, seine kritisch pessimistische Weltanschauung nicht mehr ertragen, der Bayerische Rundfunk setzt seine Radiosendung *Es dreht sich um Valentin* bald ab. Hörer sollen geschimpft haben: »Schickts den Deppen hoam.« Im Januar 1948 tritt Valentin noch einmal im »Bunten Würfel« auf, einer Kleinkunstbühne im Stadtteil Haidhausen, heute ein Supermarkt-Discounter. Aus Versehen sperrt man ihn nach einer Vorstellung im Theater ein, bei der Übernachtung in der eiskalten Garderobe holt er sich eine Lungenentzündung, an der er einige Tage später stirbt. Es ist ein einsames Ende, er stirbt verarmt, verzweifelt, verbittert.

Große Würdigungen folgen erst viel später, in Büchern, Filmen, im Musäum – und vermeintlich auch mit dem Karl-Valentin-Orden. Den gibt es bei der Münchner »Narrhalla« seit 1973, allerdings war in den meisten Fällen nicht einmal im Ansatz zu erahnen, was die Jury bei der Wahl der Preisträger bewogen hatte, Joseph Ratzinger, die Klitschko-Brüder, die bayerischen Ministerpräsidenten sowieso allesamt, was an ihnen so lustig und humorvoll sein soll (sieht man von der unfreiwilligen Komik Edmund Stoibers einmal ab), erschloss sich bislang genauso wenig wie die Ordensverleihung an besagten Heino, den Karl Valentin eher in die Kategorie »Wünstler« eingeordnet hätte, sagte er doch einmal: »Kunst kommt von können, nicht von wollen, sonst müsste es ja Wunst heißen.«

Päpste und Politiker als Preisträger, Boxweltmeister und Schlagersänger. Als bizarres Sammelsurium könnte man sie getrost im Valentin-Musäum ausstellen. Ein wahrlich valentineskes Panoptikum.

WEIL OSKAR MARIA GRAF ENDLICH WIEDER IN SEINER HEIMAT ANGEKOMMEN IST

Da sitzt er also, auf seinem Koffer, Oskar Maria Graf. Hoch über dem Starnberger See, auf den heimatlichen Hügelzügen des Ostufers, an der Lindenallee in Aufkirchen. Die rechte Hand auf das Knie gestützt, die linke auf den Oberschenkel. Darüber seine Hose, die kurze, die trachtenlederne, oben herum ein Hemd und einen Janker und auf dem Kopf seinen Hut. Die Schultern hochgezogen bis zu den Ohren. Der Blick trotzig und stolz, ja, aber auch suchend, ungemütlich scheint es ihm, als würde er am liebsten auf seinem Koffer hin- und herrutschen. Ein Heimatloser, ein Vertriebener, ein Exilant ohne Rast und Ruh. Ruhe, die er, wie es aussieht, nicht gefunden hat, innerlich aufgewühlt und zerrissen, ahnungslos, wo er eigentlich hingehört. Es treibt ihn immer noch um, selbst als Stein gewordenes Denkmal.

Besser hätte der Starnberger Künstler Max Wagner Oskar Maria Graf nicht treffen können, diesen großen bayerischen Schriftsteller, einen der größten und bedeutendsten aller Zeiten, der das Bayerische, das Land und seine Gesellschaft, so schonungslos realistisch dargestellt hat wie sonst kaum einer. Ein Denkmal, das Wagner 1994 hier aufstellte, zum 100. Geburtstag von Graf.

Oskar Graf, geboren am 22. Juli 1894, als neuntes von elf Kindern eines Bäckermeisters in Berg. 1906 stirbt der Vater, in der Familie führt ab da der ältere Bruder Max das Regiment, es ist eine sadistische Schreckensherrschaft, eine Tyrannei. In einem unveröffentlichten Entwurf zu seiner Autobiografie *Gelächter von außen* schreibt Graf: »Wollt ihr nun wissen, was und wer ich bin, so sage ich: Mir ist als Bub so gründlich wie vielleicht keinem der Glaube an das Menschliche im Menschen herausgeprügelt worden, dass es viele Jahrzehnte, fast bis an die Grenze meines Greisenalters gebraucht hat, bis ich wenigstens einiges wieder zurückgewinnen konnte.«

Mit 17 flieht Graf nach München, glaubt an die große Dichterkarriere, blitzt mit seinen Manuskripten aber bei einem Verlag nach dem anderen ab, schließt sich der lebensreformerisch anarchistischen Künstlerkolonie am Tessiner Monte Verità an. Der Erste Weltkrieg verschleppt ihn an die Ostfront, er rebelliert, landet kurzzeitig in der Irrenanstalt, heiratet 1917 eine Karoline Bretting, wird 1918 Vater einer Tochter, dem Annamirl, und ist in der Novemberrevolution 1918 mittendrin im Geschehen, als Kurt Eisner in München die Republik ausruft.

Graf nennt sich mit zweitem Vornamen inzwischen Maria, in Anlehnung an Rainer Maria Rilke, in den 1920er-Jahren feiert er als Schriftsteller erste Erfolge, vor allem mit der Autobiografie *Wir sind Gefangene*, der Schilderung seiner Kindheit und Jugend bis zum Ende des Ersten Weltkriegs. Wie später in *Das Leben meiner Mutter*, worin er das Leben seiner Mama Resl von ihrer Geburt 1857 bis zu ihrem Tod 1934 erzählt, schreibt Graf keineswegs als Agitationsliterat, der mit politisch-ideologischen, propagandistischen Pamphleten die herrschenden Missstände verurteilt. Nein, Graf schildert in den beiden großartigsten seiner Bücher ganz einfach das Leben der damaligen Zeit. Detaillierte Gesellschaftsstudien, die fernab von sonst so gern gepflegtem jodelseligen Heimatkitsch und klischeehafter weiß-blauer Bayerntümelei den dörflichen Alltag jener Jahre in all seiner Härte offenlegen und in ihrer authentischen Darstellung damit den Leser ein ums andere Mal erschaudern lassen. Bücher, die erklären, warum die Menschen auf dem Land damals so sind, wie sie sind. Ein Realismus, der wehtut.

Das Leben meiner Mutter schreibt Graf 1940. Da ist er bereits im Exil in den USA.

Im Februar 1933, unmittelbar nach der Machtergreifung der Nazis, setzt sich Graf nach Wien ab. Als am 10. Mai die Bücher jüdischer, kommunistischer oder sonstiger parteiunkonformer

Autoren verbrannt werden, sind Grafs Bücher nicht darunter, im Gegenteil, alle seine Bücher, mit Ausnahme von *Wir sind Gefangene*, stehen auf der sogenannten »Weißen Liste« und werden von den Nazis ausdrücklich empfohlen. Dagegen wehrt sich Graf in einem Protestartikel in der *Wiener Arbeiterzeitung* am 12. Mai. Unter dem Titel *Verbrennt mich!* schreibt er unter anderem: »Diese Unehre habe ich nicht verdient. Nach meinem ganzen Leben und meinem ganzen Schreiben habe ich das Recht zu verlangen, dass meine Bücher der reinen Flamme des Scheiterhaufens überantwortet werden und nicht in die blutigen Hände und die verdorbenen Hirne der Mörderbanden gelangen.«

Zumindest Graf selbst entkommt den Mörderbanden, über die Tschechoslowakei und die Niederlande setzt er sich 1938 nach New York ab, nimmt sich im Norden Manhattans in einem Backsteinhaus eine kleine 2-Zimmer-Wohnung. Seine Lederhose trägt er jeden Tag, aus Heimweh. Doch wieder daheim im alten Oberbayern zu leben, das kann er sich auch nach Kriegsende nicht vorstellen. 1958, zur 800-Jahr-Feier der Stadt München, kehrt er wieder zurück, doch er fühlt sich als persona non grata, nicht wirklich willkommen. In einem Brief an den befreundeten Schriftsteller Hugo Hartung schreibt er: »Unter uns gesagt, München selbst, das offizielle, benimmt sich saumäßig zu mir. Auf dem Flugplatz war nicht einmal ein Auto für mich in die Stadt, und Hotel hatten sie nicht einmal für die erste Nacht.«[52]

Zum Eklat kommt es bei seiner Lesung im Cuvilliés-Theater. Oskar Maria Graf tritt auch hier entgegen der Kleideretikette in seiner Krachledernen auf die Bühne, kniefrei, woraufhin viele Zuschauer empört den Saal verlassen. Graf merkt, es hat sich wenig geändert in seinem München, über das er noch vor dem Krieg einmal geschrieben hat: »Unsere Stadt ist in jeder Weise finster und kleinbürgerlich.« Graf reist noch drei weitere Male für einige Wochen nach Europa, er hält Lesungen unter anderem in West-Berlin und auch in Ost-Berlin, dort ernennt man ihn zum »korrespondierenden Mitglied der Akademie der Künste der DDR«. Und schließlich ehrt ihn auch die Stadt München mit ihrer städtischen Goldmedaille.

Bei dieser Reise erzählt Graf in einer Rundfunksendung, dass er immer noch kein Englisch könne, er das in Amerika aber auch nicht brauche. »I brauch koa Englisch kenna«, sagt er, »geh i a Boazn (dt.: Kneipe), steht a Neger da mit sein' Bier, i stell mi mit mein' Bier dazua. Mir schaugn uns o, duan an Schluck, schaung uns wieder o – und verstenga uns.«[53]

Oberbürgermeister Hans-Jochen Vogel bemüht sich selbst noch um die Rückkehr Grafs, doch dem Schriftsteller fehlt letztlich auch die körperliche Kraft dazu, 1967 stirbt er in New York, ein Jahr später setzt man seine Urne auf dem Bogenhauser Friedhof im Münchner Osten bei.

Was bleibt, sind seine Bücher, ist das Café in seinem Heimatort Berg, das Oskar-Maria-Graf-Stüberl. Und was bleibt, ist das Denkmal eines Mannes, der sich nirgendwo mehr heimisch fühlt. Kann gut sein, dass Oskar Maria Graf eines Tages nicht mehr an der Lindenallee in Aufkirchen sitzt. Weil es ihm gereicht hat, er seinen Koffer nimmt und aufbricht auf der Suche nach einem neuen Zuhause. Einem Oskar Maria Graf ist alles zuzutrauen.

69. GRUND

WEIL LION FEUCHTWANGER ERBARMUNGSLOS MIT DAS WAHRE MÜNCHEN SCHILDERTE

Nein, von seiner Heimatstadt hielt er zeit seines Lebens herzlich wenig, Lion Feuchtwanger, einer der wichtigsten Literaten Münchens, damals während der Weimarer Republik. »Die Stadt hielt auch viel auf ihre Tradition als Kunststadt«, schrieb er einmal. »Es war aber nicht weit her mit dieser Kunst. Vielmehr war sie eine akademische, wichtigmacherische, spießbürgerliche Institution, von einer zähen, dumpfigen und geistig nicht gut gelüfteten Bevölkerung im wesentlichen aus Gründen des Fremdenverkehrs beibehalten.« Zeilen, die Feuchtwanger im Januar 1933 veröffentlichte. Drei Tage vor Hitlers Machtergreifung.

Unbeschwert schien die Beziehung zwischen dem 1884 hier geborenen Feuchtwanger und München nie. Ja, München war seine Geburtsstadt, seine Heimat, hier ging er zur Schule, auf die Uni, hier fand er seine große Liebe und spätere Ehefrau Marta, das Bairische war sein Idiom. Doch es war der kleinbürgerliche, kleingeistig bierdimpfelige Mief, der ihn umtrieb, Feuchtwanger, Sohn einer jüdischen Bankiersfamilie, erkannte in München durch die dumpfe Radikalisierung und den immer übleren Antisemitismus einen fruchtbaren und furchtbaren Nährboden, eine Brutstätte für den aufkommenden Nationalsozialismus, für den bellenden Gefreiten Hitler und seine braune Gefolgschaft.

Gerade in seinem 1930 erschienenen Roman *Erfolg. Drei Jahre Geschichte einer Provinz* sezierte er die Münchner Gesellschaft mit dem Skalpell messerscharf und schilderte, wie München nach der prachtvollen Prinzregentenzeit zur Keimzelle der Intoleranz und zur Hauptstadt der Bewegung wird, zur Heimstatt Hitlers. *Erfolg* war eine Abrechnung mit München. Erbarmungslos, schonungslos, unerbittlich. Und leider auch prophetisch wahr.

»Ist er nicht großartig in seiner Ich-Beschränktheit, dieser Bewohner der bayrischen Hochebene?«, lässt er in dem Roman den autobiografische Züge tragenden Schriftsteller Jacques Tüvelin sagen. »Wie er seine Fehler als Stammeseigentümlichkeiten glorifiziert. Mit welcher Überzeugung nennt er seine atavistische Plumpheit patriarchalisch, seine Grobheit knorrig, seine dumpfe Stierwut gegen alles Neue Sinn für Tradition. Prachtvoll, wie er sich wegen seiner primitiven Rauflust als den bayrischen Löwen feiert.«

Verlassen hatte Feuchtwanger München schon 1925, am Aschermittwoch. Er zog erst nach Berlin, dann weiter über Frankreich, Spanien und Portugal nach Kalifornien. Dort lebte er mit seiner

Marta ab 1941 in der heute als Künstlerresidenz genutzten »Villa Aurora« in Pacific Palisades und schrieb weiter Romane, Erzählungen und Theaterstücke. 1957 verlieh ihm die Stadt München zwar den Literaturpreis, allerdings mit der kruden Anmerkung, »dass der Literaturpreis nur die künstlerische Leistung, nicht die politische Haltung des Geehrten anerkennt«.[54]

Die CSU-Fraktion im Münchner Stadtrat forderte sogar von SPD-Oberbürgermeister Thomas Wimmer, ganz offiziell auf Distanz zu Feuchtwanger zu gehen, da man in der Zeitschrift *Der Sudetendeutsche* habe lesen müssen, dass der Autor dem Kreml ein Glückwunschtelegramm zum 40. Jahrestag der bolschewikischen Novemberrevolution geschickt habe.

Feuchtwanger dementierte postwendend, das sei eine Falschmeldung gewesen, aber vielleicht dachte er sich insgeheim auch, dass die Geisteshaltung so mancher Münchner immer noch so tumb sei wie drei Jahrzehnte davor.

1958, ein Jahr später, starb Feuchtwanger an Magenkrebs, ohne jemals wieder nach München zurückgekommen zu sein. Gerne würde man wissen, wie er München und seine Menschen heute sehen würde. Ein wenig großkopfert und manchmal auch intrigant geriert sich die Stadt in manchen Dingen auch heute noch, etwas kleingeistig hie und da und auch ein bisserl spießig. Doch der grundsätzlich weltoffene und liberale Geist, der die Stadt beseelt, als lebens- und liebenswertes Zentrum einer Kultur für Denker, Künstler, Schriftsteller, es würde ihn heute vielleicht auch wieder ein Stück versöhnen mit seiner Heimat.

Das Literaturhaus am Münchner Salvatorplatz widmete Feuchtwanger Ende 2014 eine große Ausstellung, sie wurde das, was sein berühmtestes Werk als Titel trug. Endlich hatte er auch in seiner Heimat Erfolg. Bei den Bewohnern der bayerischen Hochebene.

70. GRUND

WEIL DAS BLAUE LAND SCHON FRÜHER GROSSE KÜNSTLER LOCKTE

Wer einmal hierhergekommen ist, am besten an einem klaren Frühsommertag, mit den Farben so kräftig und mächtig, und mit der Natur, so saftig und prächtig, der weiß, warum es dieser Landstrich einst bedeutenden Künstlern so sehr angetan hat. Das Blaue Land rund um Murnau, die Heimat des Blauen Reiters. Eine Gegend wie ein Gesamtkunstwerk. Ein Zauber von einer Landschaft, ein Traum, wie gemalt.

Noch heute lässt sich auf den Spuren der großen Maler, die hier wirkten, wandeln, beispielsweise bei einem Besuch des Münter-Hauses in Murnau. Jenes Haus, das die Malerin Gabriele Münter zusammen mit ihrem Lebensgefährten Wassily Kandinsky im August 1909 gekauft hatte, an der Kottmüllerallee, auf einer leichten Anhöhe am Rande des Ortskerns. Münter war schon viel herumgekommen in der Welt, geboren 1877 in Berlin, es zog sie in jungen Jahren nach Herford, Koblenz, Düsseldorf, mit 20 fuhr sie mit ihrer Schwester zwei Jahre nach Amerika. Missouri, Arkansas, Texas, bevor sie 1901 zum Kunststudium nach München kam. Sie hatte also schon viel gesehen. Aber nirgendwo fühlte sie sich so wohl wie in Murnau. Der Blick aus dem Fenster über das Dorf, das Schloss, die Kirche, in die Berge, in den Himmel, ein inspirativer Quell für Münter und Kandinsky in ihrer Malerei.

Die Murnauer selbst hatten damals nicht viel übrig für die neue Kunst, das Abstrakte, das Expressionistische, und für die Künstler selbst hatten sie es auch nicht. »Russenvilla« nannten sie das Haus der beiden Maler leicht abfällig, weil Kandinsky ja aus Moskau stammte. Und es verstörte die Bewohner eher, dass sich hier im Haus die Crème de la Crème der Künstlerszene traf, sich das Who is Who der damaligen Avantgarde die Klinke in die Hand drückte, es irritierte sie eher, als dass sie sich dafür hätten begeistern können, dass Murnau zum Mekka der zeitgenössischen Kunstelite wurde. Franz Marc, der sich in den Sommermonaten im benachbarten Sindelsdorf einquartierte, ging hier ein und aus wie auch Alexej von Jawlensky, Marianne von Werefkin, August Macke, Arnold Schönberg, viele Galeristen und auch Sammler.

Hier trafen sich die Maler für ihre Arbeitsgespräche für den großen Almanach *Der Blaue Reiter*, den sie so nannten, weil Kandinsky wie Marc als Redaktionsleiter der Publikation die Farbe Blau genauso mochten wie Pferde und Reiter. Es folgten 1911 und 1912 zwei große und aufsehenerregende Ausstellungen in München, danach Wanderausstellungen quer durch das bereits politisch schwer aufgewühlte Europa. Mit Ausbruch des Ersten Weltkriegs war es dann auch schon wieder vorbei mit dem Blauen Reiter, nicht nur Münter und Kandinsky gingen getrennte Wege, auch die gesamte Gruppe zerbrach.

Gabriele Münter aber kehrte wieder nach Murnau zurück, von 1931 bis zu ihrem Tod 1962 lebte sie mit ihrem späteren Partner, dem Kunsthistoriker Johannes Eichner, in ihrem Haus an der Kottmüllerallee 6. Mit der Renovierung kurz vor der Jahrtausendwende wurde das Anwesen in seinem Originalzustand aus den Jahren 1909 bis 1914 wiederhergestellt, ein beeindruckendes Museum, das den Besucher mitnimmt in eine vergangenen Zeit zurück zum Blauen Reiter.

Viele Gemälde sind dort zu sehen, ebenso wie auch im Münchner Lenbachhaus, wo die weltweit größte Sammlung zur Kunst des Blauen Reiters beheimatet ist. Wie ein Besuch des Münter-Hauses lohnt sich ebenso ein Streifzug durch die Landschaft rund um das Murnauer Moos, wo man sich beim Blick auf die pittoresken Naturschönheiten gerne an Kandinskys wunderschönen Satz erinnert: »Je tiefer das Blau wird, desto tiefer ruft es den Menschen in das Unendliche, weckt in ihm die Sehnsucht nach Reinem und schließlich Übersinnlichem. Es ist die Farbe des Himmels.«[55]

Eine Farbe Bayerns. Die Farbe des Glücks.

WEIL LITERATEN WIE RILKE IM ISARTAL IHR LIEBESNEST BAUTEN

Einige Zeilen nur, ganze vier Sätze, die aber schon alles sagen und verdeutlichen, wie schwer die Heimkehr in die Stadt gefallen sein muss. »Und dann zurück nach München«, schrieb Franziska von Reventlow, das Enfant terrible der Schwabinger Boheme, die Skandalgräfin. »Vom Sommer Abschied, aus all der glühenden sonnigen Welt zurücksinken. Mir ist innerlich so grau und steinern zumut zwischen all den Häusern, ich habe so ein brennendes Heimweh nach draußen.«[56]

Heimweh ins Isartal. In diesen kleinen Landstrich entlang der Isar, Icking, Schäftlarn, Wolfratshausen. Eine besondere Landschaft, die es großen Geistern angetan hatte. Wo viele damals ihr Herz verloren, Künstler und Literaten, aus München, aus Bayern, aus der ganzen Welt. Die Reventlow. Rilke. D.H. Lawrence und manch andere.

Heimweh nach draußen, das war im Sommer 2014 auch der Titel einer Ausstellung in Irschenhausen. Irschenhausen liegt auf einer leichten Anhöhe etwas abseits der B11, wenn man von München Richtung Süden fährt, ein kleines verträumtes Dorf. Das Münchner Literaturarchiv »Monacensia« hatte dort in einer faszinierenden Schau gezeigt, was es mit dem Isartal rund um den Beginn des 20. Jahrhunderts auf sich hatte. Dass es eine magische Faszination ausübte auf die Geister der Weltliteratur, die sich dort im harmonischen Einklang mit der Natur in einer Symbiose aus ausschweifendem Liebesleben und künstlerischer Kreativität niederließen.

Rainer Maria Rilke etwa, der sich hier gleich zweimal in eine Lou verliebt, 1897 als 22-Jähriger in die 14 Jahre ältere verheiratete Lou Andreas-Salomé, mit der er aufregende Stunden im »Fahnensattlerhaus« erlebt, das sie in »Haus Loufried« umbenennen – bevor er 1914 auf ärztlichen Rat erneut ins Isartal fährt und dort in der »Pension Schönblick« in Irschenhausen der jungen französischen Malerin Lou Albert-Lasard hoffnungslos verfällt.

Oder der Schriftsteller und Lyriker Franz Hessel, der mit seiner Frau und dem gemeinsamen Familienfreund Henri-Pierre Roché in der »Villa Heimat« bei Hohenschäftlarn in einem komplizierten Dreiecksverhältnis lebt, bei den Einheimischen gelten sie als »ausgschamt«, also im Sinne von schamlos, erst recht weil sich Helen Hessel in der bäuerlich geprägten Ortschaft mit Männerkleidern herumtreibt und Roché in einem Hühnerstall erwischt wird, als er gar nichts anhat.

Oder D.H. Lawrence, der hier mit seiner Geliebten Frieda von Richthofen haust, 1921 den Roman *Mr. Noon* schreibt, einen Vorläufer von *Lady Chatterley's Lover*, der sich zwar mit der lieblichen Gegend anfreunden kann, aber nicht mit dem Charakter der einheimischen Oberlandler, denen er animalische Wesenszüge attestiert, als er sie als »dampfende vitale Tiere« beschreibt und selbst »aus den bäuerlichen Grüßen – Servus! oder Grüß Gott!« etwas herauszuhören scheint, »etwas Vorrömisches, Nordisches, Erschreckendes: Wölfe, die in der Dunkelheit der nordischen Nacht das Fell sträubten, das Blitzen des Nordsterns, das Geheimnis blonder, vergessener Götter.«

Oder auch die Frauenrechtlerin Anita Augspurg, die mit ihrer Lebensgefährtin Lida Gustava Heymann ein großes Grundstück bei Icking kauft, um dort die »Burg Sonnensturm« zu errichten.

Und eben Franziska zu Reventlow. Die Schriftstellerin. Die große Figur der Schwabinger Künstlerszene um 1900 mit ihrem zwanglos freizügigen Leben, ihren erotischen Abenteuern, mit Liebe ohne Bindung und einem Kind ohne Vater. »Ich will überhaupt lauter Unmögliches, aber lieber will ich das wollen, als mich im Möglichen schön zurechtlegen«, sagt sie einmal als ihr Lebensmotto. Auch sie kommt nicht mehr los vom Isartal, als sie eines Tages in der Früh in ihrer Schwabinger Wohnung aufwacht, notiert sie in ihr Tagebuch: »Früh auf, alles gepackt und dann mit einem Freudenschrei weggefahren nach Schäftlarn.«[57]

Warum ausgerechnet das Isartal ein derartiger Anziehungspunkt für die Kreativszene der damalige Zeit gewesen war, darüber hat man oft gemutmaßt. Vielleicht lag es ganz einfach auch an den Preisen. Während der später im Volksmund gerne »Lago di Bonzo« genannte Starnberger See schon damals ein gut erschlossenes und vergleichsweise teures Touristenziel war, war es hier noch uriger, einsamer und eben auch billiger.

Mag es auch teurer geworden sein, urige und einsame Flecken finden sich auch heute noch im Isartal, am allermeisten noch in der Pupplinger Au, jenem Landschaftsschutzgebiet zwischen dem Zusammenfluss von Isar und Loisach. Das Isartal, es ist noch immer eine Gegend, die von ihrem Liebreiz nichts eingebüßt hat. In die man oft fahren möchte, wie einst die Reventlow. Mit einem Freudenschrei, um das Heimweh zu stillen, das Heimweh nach draußen.

72. GRUND

WEIL AM TEGERNSEE EIN MUSEUM AN DEN HALB NACKTEN INDIANER AUS NORWEGEN ERINNERT

Wenn man sich in Tegernsee, jenem Ort am Ostufer des gleichnamigen Gewässers, unter älteren Mitbürgern umhört, dann kann es vorkommen, dass man noch einige Zeitzeugen trifft, die sich daran erinnern, wie ihnen der Schreck in die Glieder fuhr, als ihnen ein halb nackter »Indianer im Lendenschurz« gegenüberstand, ein Trumm von einem Mannsbild, von der Statur her ein glatzköpfiger Grobian mit immensem Furchteinflößungspotenzial. Ein komischer Kauz, aber ein kolossaler Künstler.

Und keinesfalls ein Indianer. Sondern ein Norweger. Olaf Gulbransson. Der Karikaturist und Zeichner, der sich am Tegernsee niederließ und lebte und wirkte, weil es ihm hier so gut gefiel und ihn die Gegend an seine Heimat in Norwegen erinnerte. »Der Tegernsee«, sagte er einmal, »das ist mein Fjord.«[58]

Oberbayern und Skandinavien, nie rückten sie enger zusammen als bei Olaf Gulbransson.

Dabei hatte er sich einst die Reise nach München nur als kurzen Ausflug ausgemalt. Daheim in Norwegen hatte Gulbransson 1890 für das Witzblatt *Tyrihans* gezeichnet, in der Tageszeitung *Trangviksposten* seine ersten Karikaturen veröffentlicht und da noch lange nichts von den Schönheiten des Tegernseer Tals gehört. Dann aber wurde in München Albert Langen auf ihn aufmerksam, Langen war der Gründer der Satirezeitschrift *Simplicissimus* und hatte als Schwiegersohn des Dichters Björnstjerne Björnson eine gewisse Affinität zu Norwegen. Langen also, immer auf der Suche nach neuen Zeichnern, lud Gulbransson 1902 nach München ein. Gulbransson war damals keine 30, und als er in Oslo Richtung Süden aufbrach, dachte er sich, mehr als heimgeschickt werden könne er nicht, außerdem komme er so in den Genuss einer kostenlosen Reise.

Dass er bis 1944 für die Zeitschrift zeichnen und sogar sein ganzes restliches Leben dann dort in Bayern verbringen würde, mehr als ein halbes Jahrhundert bis zu seinem Tod, das ahnte er nicht.

Gulbransson zog es erst nach Schwabing, er heiratete nach der Scheidung von seiner norwegischen Frau Inga Liggern die Dichterin Grete Jehly, wohnte im »Kefernest« nahe dem Englischen Garten, dann entdeckte er den Tegernsee für sich und kaufte 1929 mit seiner dritten Frau Dagny Björnson, Björnstjernes Enkelin, den alten Schererhof aus dem 15. Jahrhundert, von dem aus er das gesamte Tal überblicken konnte.

Ein skurriler Eigenbrötler, der neben seinen Karikaturen auch illustrierte Bücher publizierte, Ölgemälde schuf und Werbebilder, und dazu auch 1929 als Professor an die Akademie der Bildenden Künste in München berufen wurde – der sich aber doch zurückgezogen in seiner neuen Heimat am sanften Übergang in die Gebirgswelt der Alpen am allerwohlsten fühlte.

Viele Episoden sind überliefert, festgehalten von Dagny Gulbransson in einem Erinnerungsbuch an ihren Olaf. Wie er etwa mittags, wenn die Sonne an einem bestimmten Tag im Jahr hoch über dem Tal stand, Gäste in den ersten Stock des Schererhofs führte, in den »norwegischen Saal«, wo eine Plastik des Heiligen Florian stand. Die Hand des Heiligen war leer, doch Gulbransson wusste genau, wann die Sonne ihr Licht so ins Zimmer warf, dass Florian durch die Sonneneinstrahlung eine flammende Lanze in Händen hielt, einen glänzenden, leuchtenden Speer.

Eine andere Anekdote geht so, dass sie sich einmal einen Bernhardinerhund kauften, aber der Hund keine Anstalten machte, seine extra für ihn gebaute Hundehütte zu beziehen – bis dann Olaf Gulbransson eine Nacht in der Hütte schlief und seinem Vierbeiner zeigte, dass da nichts dabei sei.

Viel wurde noch erzählt. Dass er manchmal nicht nur halb nackt herumlaufe, sondern ganz entblößt. Oder dass er im Skifahren und Bergsteigen genauso gut sei wie beim Trinken. Und dass er mit seinem Gesäßmuskel ganze Nüsse knacken könne.

1958 starb Gulbransson, 85-jährig, acht Jahre danach wurde ihm zu Ehren das Gulbransson-Museum im Kurgarten von Tegernsee eröffnet. Ein kleiner Flachbau, bei dessen Anblick sich der Betrachter fragt, ob der Künstler selbst hier überhaupt hineingepasst hätte oder ob er nicht gebückt hätte durchgehen müssen. Es lohnt sich, einen Blick hineinzuwerfen – und von drinnen auch einen Blick hinaus durch die Glasfront auf jenen See und jene Berge, die Gulbransson auch von etwas weiter oben am Schererhof sah.

Ein schöner Platz mit vielen Zeichnungen und Erinnerungen, an den bayerischen Norweger vom Tegernfjord.

WEIL GERHARD POLT DER LEBERKÄS WICHTIGER WAR ALS DIE RECHTSCHREIBREFORM

Ein bedeutender Moment in der deutschen Fernsehhistorie war der legendäre Auftritt von Gerhard Polt, 1980 bei der Verleihung des deutschen Kleinkunstpreises. Polt also trat auf die Bühne und sagte: »Ich sag da zehn Minuten lang nix. Und zwei Minuten sag ich auch nix.« Dann schwieg er, zwischendrin sagte er noch Sachen wie: »Das ist zäh wie Sirup. Ich weiß. Das kann ganz schön fad werden. Reizen tät's mich schon, dass ich was sag. Aber ich sag nix.« Aus Protest dagegen, dass ihm das ZDF im Jahr davor eine Passage aus einem Manuskript herauszensierte, in der er sich dem CSU-Politiker und späteren Bundesinnenminister Friedrich Zimmermann widmen wollte. Zimmermann hatte im Zusammenhang mit der bayerischen Spielbank-Affäre 20 Jahre davor einen Meineid geschworen und trug seitdem den Spitznamen »Old Schwurhand«. Das zu sagen wurde Polt aber damals untersagt.

Mit dem Zweiten sah man damals nicht besser. Auf dem Zweiten war man eher blind.

Gerhard Polt war schon damals einer der bissigsten und besten Kabarettisten, und er blieb es auch in den Jahrzehnten danach. Seine scharfe Kritik an den politischen Missständen, dazu seine Milieustudien und vortrefflich pointierten Darstellungen, niemand sonst entlarvte unsere Gesellschaft so schonungslos, niemand gewährte so tiefe Einblicke in die Abgründe der Kleinbürgerlichkeit so gnadenlos radikal und vor allem so grandios vortrefflich wie Gerhard Polt.

Das erste persönliche Gespräch gab es dann Mitte der 1990er-Jahre als Jungredakteur, in jener Zeit war die Rechtschreibreform gerade ein großes Thema, als man für einen Zeitungsbericht auf der Suche nach einem fundierten Experten bei Gerhard Polt daheim hinterm Schliersee anrief und fragte, was er denn davon halten würde, von der Überlegung, die Orthografie neu zu schreiben. Dass ihm das herzlich wurscht sei, erwiderte er und erwähnte als Beispiel seinen alten Autohändler Murr. Der Autohändler Murr, der inzwischen verstorben gewesen sei, habe bei den Rechnungen nach den Reparaturen immer unter Beweis gestellt, dass man die Marke »Peugeot« auf 30 bis 40 verschiedende Arten hatte schreiben können. Böschot. Boescho. Peschot. Aber die Hauptsach' sei doch, dass das Auto fährt – und nicht, wie man es schreibt. Das Interview gipfelte in dem Satz: »Wissens, für mi san die Germanisten alle miteinander a todtraurige Bagasch.«[59] Nach rund einer halben Stunde fragte er: »War's des?« Und ob wir jetzt durch seien mit dem Reden, weil ihm allmählich schon der Leberkäs im Ofen verbrennt und ihm der Leberkäs wichtiger sei als die Rechtschreibreform. Polt eben.

Man sah ihn noch bei vielen Auftritten, meist zusammen mit der Biermösl Blosn in seinen legendären Theaterprogrammen wie *Tschurangrati* und *Obatzt is*, in *Offener Vollzug* und *Exzem Homo*, und man sah es ihm nach, dass mit Ausnahme des Streifens *Kehraus*, einer unvergleichlichen Abrechnung mit dem Münchner Fasching an sich, die übrigen Filme lange nicht an das Niveau seiner wesentlich kürzeren Stücke und Sketche heranreichten.

Es war kaum zu glauben, als 2007 zu lesen war, dass Polt schon langsam ins Rentenalter kam. In einem Interview zu seinem 65. Geburtstag sagte er auf die Frage, wie es sich anfühle, 65 zu werden: »Wenn du 65 wirst, ist die Erwartung, dass du 66 wirst, ähnlich, wie wenn du 41 bist und willst 42 werden. Oder?« Und darauf, ob er Respekt vor dem Alter habe, erwiderte er: »Wenn du vor einer Schildkröte stehst, und es sagt dir einer, die ist jetzt 260 Jahre alt, dann hast du schon einen Respekt. Du kannst allerdings auch sagen: 260 Jahre lang bloß Salat fressen, das ist die andere Seite der Medaille.«[60]

Es war übrigens auch in genau jenem Bericht zu lesen, was für Polt Humor bedeute. Da berichtete er von einer Begebenheit an einer Tankstelle, als gerade drei Frauen beisammenstanden und zwei davon eine Schreckensmeldung nach der anderen verlautbarten. »›Der einen haben sie zuerst die eine Brust abgenommen, dann haben sie noch mal operiert, und es schaut ganz schlecht aus.‹ Und die andere: ›Ja entsetzlich!‹ Und so ging's weiter. ›Der eine Sohn ist auf Entzug, und der Vater?‹ ›Ja, der hat doch an Alzheimer!‹ Also: eine apokalyptische Aussage nach der anderen, und dann sagt die von der Tankstelle: ›Da braucht's fei scho einen Humor, dass ma des ertragt.‹ Da ist mir wieder klar geworden, dass Humor unter anderem auch das Vermögen bedeutet, etwas zu ertragen.«

Braucht's des?, das war auch der Titel einer großen Ausstellung fünf Jahre danach, zu Polts Siebzigstem im Münchner Literaturhaus, wo er auch sagte, dass er zweimal im Leben gescheitert sei: »Als Ministrant in Altötting und als Bootsverleiher am Schliersee.«

Natürlich braucht's das, einen wie Polt. Eigentlich noch viel öfter. Aber dann wäre er nicht mehr so einzigartig.

74. GRUND

WEIL WIR DANK HELMUT DIETL OFT NOCH NACH SACRAMENTO REITEN

Als der Fasching so langsam zu Ende ging, da saßen der Zorro, der Gringo und der Zapata am Nordzipfel der Münchner Praterinsel und schauten über die Isar hinüber hinein in die Morgendämmerung. Der Zorro, der Gringo und der Zapata waren eigentlich der Tscharlie, der Gustl und der Achmed, aber jetzt war eben Fasching, deswegen waren sie nicht mehr der Tscharlie, der Gustl und der Achmed. So saßen sie also da, und während im Osten hinter dem Maximilianeum allmählich die Sonne noch etwas müde von der langen Nacht davor und gefühlt etwas langsamer als sonst in den Himmel über Haidhausen stieg, da sinnierten die drei so wunderbar vor sich hin: »Schee war's« – »Schee war's scho.« – »So schee war's überhaupt no nia.« – »Wenn ma denkt, dass dann auf amal ois vorbei is.« – »Ja mei.« – »So is des im Leb'n. Z'erst is schee, und dann is auf amal ois vorbei.« – »Ja ja.«

Dann beschlossen der Zorro, der Gringo und der Zapata, nach Sacramento zu reiten. Richtig weit kamen sie aber nicht, immerhin bis zum Siegestor am Beginn der Schwabinger Leopoldstraße, wo sie dann von drei berittenen Polizisten aufgehalten wurden.

Diese Szene aus den *Münchner Geschichten* und der Folge *Der lange Ritt nach Sacramento* prägte München und eine ganze Generation, und wenn man zu vorgerückter Stunde eines Abends eine abstrus unsinnige, aber verdammt lustige Idee hatte und sie umsetzen wollte, sagte man zu seinem Spezl gegenüber: »Was is, Gustl, wie schaut's aus? Kimmst mit nach Sacramento?«, um dann die einzig folgerichtige Erwiderung zu erhalten: »Logisch, Tscharlie. Dann müssma bloß noch an Achmed hol'n.«

Die *Münchner Geschichten* waren eine jener Serien, mit denen sich der unvergessene Regisseur Helmut Dietl in seiner Heimatstadt ein Denkmal setzte. Die *Münchner Geschichten*, Milieustudien aus einem München zu Beginn der 1970er-Jahre, einer Stadt, die im Zuge der Olympischen Sommerspiele gerade am Umbruch vom belächelten bayerischen Millionendorf zu einer mitteleuropäischen Weltstadt stand, die aber selbst noch nicht so genau wusste, wo sie eigentlich hingehört, und es vielleicht auch heute noch nicht so ganz weiß, irgendwo zwischen Provinz und Metropole. Dann der wunderbare *Monaco Franze* mit Helmut Fischer als ewigem Stenz, also einem frei von jeglichen banalen Macho-Allüren charmanten Frauenumgarner und Herzensbrecher mit einer unwiderstehlich unaufgeregten urbanen Gelassenheit, wie sie eben nur in München denkbar ist. Und schließlich mit *Kir Royal*, jener herrlich parodieren Persiflage der Münchner Schickimickigesellschaft und ihres Klatschreporters Baby Schimmerlos.

Wirkten viele seiner späteren Filme wie etwa *Schtonk*, *Rossini*, *Late Show* oder *Zettl* weniger nach, so blieben seine alten Serien

Werke für die Ewigkeit. Im März 2015 starb Helmut Dietl an den Folgen seines Lungenkrebses, in der Todesanzeige schrieb die Familie einen schönen alten Spruch von Karl Valentin: »Ich freue mich, wenn es regnet. Denn wenn ich mich nicht freue, regnet es auch.«

Nach einer großen Trauerfeier fand Helmut Dietl dann seine letzte Ruhestätte am kleinen Bogenhauser Friedhof im Münchner Osten. Geht man von dort den Bogenhauser Berg hinunter und die Isar entlang durch die Anlagen unter der Prinzregentenbrücke hindurch, schaut man bald auf die Stelle, an der einst der Zorro, der Gringo und der Zapata saßen.

So is des im Leb'n. Z'erst is schee, und dann is auf amal ois vorbei.

KAPITEL X

ECHTE TYPEN

75. GRUND

WEIL DER GIRGL UND DER LAMPL ZU VOLKSHELDEN WURDEN

Spricht man in Bayern von den Wilderern, denkt man an den Jennerwein. Georg Jennerwein, genannt der Girgl. Eine bayerische Legende, Märtyrer und Symbolfigur des Aufbegehrens gegen die Obrigkeit. Geprägt durch seine Jugend, in der er als zwölfjähriger Bub mitansehen musste, wie königliche Jäger seinen Vater erschossen. Weil der eben wilderte.

So durchforstete auch der Girgl die Wälder des Königs und erlegte, was ihm vor die Flinte kam. Keine 30 war er, als sie dann auch ihn meuchelten, 1877, hinterrücks an der Bodenschneid in den Schlierseer Bergen. Berühmt wurde in der bayerischen Volksmusik auch das *Jennerwein-Lied*, das vom Leben des Wilderers erzählt und mit der Strophe endet: »Am jüngsten Tag da putzt ein jeder / Ja sein Gewissen und sein Gewehr / Und dann marschiern viel Förster und auch Jäger / Aufs hohe Gamsgebirg, zum Luzifer!«

Freilich gab es auch noch viele andere Wildersleut', darunter Johannes Burger aus Reichersbeuern bei Bad Tölz. Es gibt einige Fotos von Burger, die zeigen einen grimmigen Mann mit vollem Rauschebart, einen Typen, dem man nicht im Dunkeln begegnen möchte, und bei Tag sicherheitshalber auch nicht. Im Volksmund hieß Burger »Der Lampl«, und so kam er durch den »Lamplsprung« einst zu großer Berühmtheit.

Es geschah am Leonhardistein, einem eher niedrigen, aber durch seine Form sehr markanten Felsgipfel in den Bergen bei Kreuth, er ist gut zu erkennen, wenn man auf der Bundesstraße von Rottach-Egern Richtung Tiroler Grenze fährt. Hier jedenfalls, direkt am Gipfel, schoss der Lampl eine Gams, als er bemerkte, dass sich eine Schar von Jägern näherte. Der einzige Fußweg talwärts war versperrt, also blieb ihm nichts anderes übrig, als über die andere Seite vom Gipfel hinabzuspringen.

Statt des sicheren Todes aber wartete unten am Fuße der steil abfallenden Felswand ein weicher Fichtenwipfel, in den der Lampl hineinplumpste. Schnell machte er sich auf und raste über Stock und Stein nach Hause nach Reichersbeuern. Die Jäger unterdessen hatten sich nach dem schnellen Abstieg auf ihren Zweispänner geschwungen und waren um den Tegernsee auf den Lamplhof geeilt, weil sie den Burger als Hauptverdächtigen im Visier hatten. Doch als sie dort eintrafen, sahen sie den Lampl, der sich rasch noch sein Stallgewand angezogen hatte, wie er seelenruhig mit der großen Eisengabel eine Fuhre Mist auf den selbigen Haufen legte.

Zwar machten sie ihm danach den Prozess, aus Mangel aus Beweisen mussten sie ihn aber laufen lassen. War er also gerade noch einmal davongekommen. Ganz so glücklich ging es in seinem Leben aber nicht weiter, der Schnaps, die Depression, dann erschoss er sich selbst mit seinem Stutzen, der ihm so treu gedient hatte.

Möglich, dass auch er am jüngsten Tag sein Gewissen und sein Gewehr putzen muss, der Lampl. Aber unter Garantie marschiert er dann nicht zum Luzifer. Wenn, dann springt er.

76. GRUND

WEIL DER RÄUBER KNEISSL WILDER WAR ALS DER HOTZENPLOTZ

2008 kam der Räuber Kneißl mal wieder ins Kino. Der umtriebige Regisseur Marcus H. Rosenmüller hatte sich darangemacht, das Leben vom legendären Kneißl Hias zu verfilmen. Es war eine stattliche Besetzung, die Rosenmüller vor die Kamera gestellt hatte, mit den gerade sehr angesagten jungen Schauspielern Maximilian Brückner und Brigitte Hobmeier. Vollends überzeugen konnte der Streifen die Kritiker aber nicht, in einer Rezension war treffend zu lesen, es wirke alles so überzeichnet, dass man sich manchmal »eher in einer

Mischung aus *Komödienstadl*, *Königlich Bayerischem Amtsgericht* und Räuber-Hotzenplotz-Adaption« wähnt. Und dass auch die ansonsten unbestritten gute Schauspielerin Maria Furtwängler in der Rolle der Kneißl-Mutter eine Fehlbesetzung sei. »Auch wenn sich ihr Bayrisch für preußische Ohren authentisch anhören mag, wirkt sie in der Rolle der verhärmten Müllerin ungefähr so überzeugend wie Steven Seagal als Friedensaktivist.«[61]

Wesentlich überzeugender war in jedem Fall die alte Version aus dem Jahre 1970, mit Hans Brenner in der Hauptrolle und seiner Frau Ruth Drexel. Mit Hanna Schygulla und der damals 15-jährigen Eva Mattes, sowie Regisseuren wie Rainer Werner Fassbinder und Volker Schlöndorff als Darstellern – ein faszinierender Film über das Leben des Wilderers und Einbrechers, des Räubers und Polizistenmörders Mathias Kneißl aus dem Dachauer Moos.

Kneißl kommt 1875 in Unterweikertshofen auf die Welt, Landkreis Dachau, nördlich von München. Die Familie ist arm, der Hias das älteste von sechs Kindern. Seinen ersten Eintrag im Strafregister erhält er wegen »Besuchs einer öffentlichen Tanzmusik«, dafür muss er drei Tage in Haft, und als er fünf Mal die Schule schwänzt, sperren sie ihn gleich 38 Tage lang ein. Ein weiteres Mal kommt er mit seinen Brüdern hinter Gitter, weil man sie des Opferstockdiebstahls in der Kirche verdächtigt, da ist er 16. Aber so richtig los geht es dann erst 1892, als sein Vater stirbt, ein Wilddieb, der bei seiner Verhaftung von den Polizisten totgeprügelt wird und eine Bauernhorde die Schachermühle, in der die Familie seit 1886 lebt, abfackelt. Ab da ist es um Mathias Kneißl geschehen, schwört er dem bürgerlichen Leben als rechtschaffener Mann endgültig ab. Auf seinen Rachefeldzügen gegen die Obrigkeit und alles, was ihm nicht passt, überfällt er reiche Gutsherren und beraubt fromme Pfarrer. Ein Desperado aus dem Dachauer Hinterland, ein aufmüpfiger Rebell, in den Stuben und an den Stammtischen ist er das Gesprächsthema, selbst bei der Gendarmerie, die von Kneißl wegen ihrer Misserfolge bei der Fahndung nach ihm immer lächerlicher gemacht wird, soll hinter vorgehaltener Hand eine gewisse Form von Bewunderung herrschen.

Rückhalt bekommt er aus der Bevölkerung, die ihm ein ums andere Mal einen sicheren Unterschlupf bietet, und sei es in Form von Bäuerinnen, die sich mit ihm im Heu verziehen. Er sucht ein Versteck, sie suchen ein Abenteuer mit dem Räuberhelden, eine Win-win-Situation quasi. Mit besagtem Rückhalt aber ist es dann anno 1900 vorbei – als Kneißl kurz vor einer drohenden Verhaftung zwei Polizisten erschießt. Damit verspielt er viel Kredit. Per Steckbrief lässt ihn das Bezirksamtsgericht Augsburg suchen, als Belohnung werden 1.000 Mark ausgesetzt, eine Menge Geld, bei dem damaligen Liter-Preis von 13 Pfennigen reicht das für fast 7.700 Mass Bier.

In Geisenhofen nahe Fürstenfeldbruck hat das Räuber-und-Gendarm-Spiel dann ein Ende, auf einem Anwesen, in dem er sich versteckt hält, wird Kneißl von der Polizei gestellt und durch einen Schuss in den Unterleib schwer verletzt. Nachdem er in München wieder für seine Gerichtsverhandlung behelfsmäßig zusammengedoktert wurde, überführt man ihn nach Augsburg, nach fünf Prozesstagen im November 1901 verurteilt ihn das Schwurgericht zum Tode, am 21. Februar 1902 stirbt der Kneißl Hias mit nur 26 Jahren unterm Beil der Guillotine. Im Volksmund sagt man daraufhin: »In Geisenhofen hamm's ihn zuagricht, in München hergricht und in Augsburg hingricht.« Und in der 31. und letzten Strophe des damals als Moritat aufgeschriebenen *Kneißl-Liedes* heißt es nüchtern und pragmatisch: »Der Kerl, der hot no zappelt / es war a wahrer Graus / und's Liadl is jetzt gsunga / mit'm Kneißl is jetzt aus.«

In den Erzählungen und Liedern lebt der Kneißl weiter, und ganz berühmt wird der Satz, den er am Tag seines Todes auf dem Gang zum Schafott noch gesagt haben soll: »Fangt de Woch scho wieda guad o.« Diesen Spruch haben auch mehr als ein Jahrhundert später allwöchentlich zahllose Menschen im Süden Bayerns auf den Lippen, etwa weil sie am Montagmorgen auf der Fahrt in die Arbeit im kilometerlangen Autobahnstau stecken oder bei Minustemperaturen dank des verspäteten Regionalzugs am Bahnsteig festfrieren.

Nur, der dem Kneißl Hias zugedichtete Spruch ist so vermutlich nie gefallen. Denn der 21. Februar 1902, das war gar kein Montag. Sondern ein Freitag. Hat der Kneißl dann wohl eher gesagt: »Hört de Woch scho wieda guad auf.«

77. GRUND

WEIL AUCH DER PAPST DIE STÜCKL VON GEORG LOHMEIER SO LUSTIG FAND

Eine gute Bekannte aus Hamburg erzählte mal, dass sie als Kind zwar nie in den Süden gekommen sei, dass sie aber schon eine bestimmte Vorstellung von Bayern und seinen Menschen gehabt habe, wie das Land so sei, und wie die Bewohner aussähen. Dieses Bild hätte sie nämlich aus dem Fernsehen gehabt. Durch das *Königlich Bayerische Amtsgericht*.

Das *Königlich Bayerische Amtsgericht* war eine beliebte Serie, das ZDF strahlte sie im ganzen Land aus, zwischen 1969 und 1972 in 53 Folgen, später immer wieder in Wiederholungen. Es ging um fiktive Justizschmonzetten aus der guten alten Zeit unter Prinzregent Luitpold kurz vor Ausbruch des Ersten Weltkriegs. Die Inhalte waren launig und harmlos, und wer heute die Besetzungsliste durchliest, sieht, dass damals die gesamte erste Riege der großen bayerischen Volksschauspieler mitwirkte. Fritz Straßner und Erni Singerl, Hans Stadtmüller und Ludwig Schmid-Wildy, Willy Harlander und Max Grießer, ganz zu schweigen vom Blädel Schorsch als Gerichtsdiener, und natürlich auch Gustl Bayrhammer.

Gustl Bayrhammer sprach mit seiner sonoren Stimme auch den Vorspann, in dem zunächst der Kirchturm von Teisendorf im Berchtesgadener Land zu sehen war, danach folgten Dorfszenen mit unvergleichlichen Bauernschädel-Unikaten, kantigen und gegerbten Gesichtern, die eben nur ein schönes Land wie Bayern zu formen imstande ist. »Es war eine liebe Zeit, die gute alte Zeit vor anno 14, in Bayern gleich gar«, sprach Bayrhammer, »das Bier war noch dunkel. die Menschen war'n typisch, die Burschen schneidig, die Dirndl sittsam und die Honoratioren ein bisserl vornehm und ein bisserl leger«, dann sah man vor dem Gerichtsgebäude einen Wachtmeister unter seiner Pickelhaube mit den Fingern seinen Zwirbelbart zurechtdrehen. Am Anfang des Serien-Intros sah man auch immer einen Pfarrer mit der Bibel in der Hand, und das war der Erfinder der Serie, Georg Lohmeier.

Georg Lohmeier, ein interessanter und oft unterschätzter Mann, Schriftsteller, Drehbuchautor, einer, den man Bilderbuch-Bayer nennt und der mit Serien wie dem *Königlich Bayerischen Amtsgericht* natürlich dazu beitrug, dass viele Menschen nördlich des vielzitierten Weißwurst-Äquators (siehe Grund 86) die Bayern eben so sahen. Etwas einfach gestrickt, manchmal etwas hintersinnig, eher aber doch ziemliche Provinzler, ein seltsam schrulliges Völkchen am Nordrand der Alpen.

Mit seiner oft als überpatriotisch interpretierten Sehnsucht nach der guten alten Königszeit und seinem berühmtesten Zitat (»Wir brauchen keinen König, aber schöner wär's schon.«[62]) ist Lohmeier aber auch ein kritischer Geist, fern jeglicher Parteipolitik. Wenn nicht er, wer sonst, könnte man meinen, sollte bitte die ideale Personifizierung der CSU sein, aber als ihn Ministerpräsident Franz Josef Strauß einst zum Intendanten des Bayerischen Rundfunks machen will, lehnt er dankend ab. Dazu müsste er ja in die Partei eintreten, und das mag er nicht.

Als jüngster Sohn von neun Kindern eines Brauers besucht Schorsch Lohmeier nach dem Abitur das Priesterseminar in Freising, wo er sich mit Joseph Ratzinger anfreundet, der schafft es später bis zum Papst. Mit der Karriere im Klerus wird es für Lohmeier nichts, denn bald lernt er eine Frau kennen. Ein »brünettes

Dogma«, wie er später sagt. Mit Ratzinger bleibt er eng verbunden, auch als der im Vatikan herrscht. Bei einer päpstlichen Audienz in Rom ruft ihm Ratzinger zu: »Ja Schorschl, das freut mich, dass d' auch da bist, schreibst so lustige Stückl.«

Eine lebenslange Freundschaft verbindet ihn mit dem Papst-Bruder Georg Ratzinger. Für eine Szene der TV-Reihe *Ora et labora* dichtet Lohmeier einst ein Ständchen für einen Knabenchor: »A Räuscherl von am Klosterbier, des is koa Sünd, des sag ich dir.« Schorsch Ratzinger schreibt die Musik dazu.[63]

Aber Lohmeier verfasst auch ernste, seriöse Heimatliteratur, er befasst sich mit der bayerischen Kulturgeschichte, der Sprache und der Geschichtsschreibung, veröffentlicht dazu mehr als 30 Bücher. Ja, Lohmeier ist ein Patriot, aber kein engstirnig ausgrenzender. Bemerkenswert ist ein Satz über die Definition des Bayerischen, als er meint: »Das Bayerische ist eine Denkweise. Ein guter Bayer kann auch aus Afrika sein.« In einer Phase, in der andere selbst ernannte Patrioten albern und absurd vor einer vermeintlichen Islamisierung des Abendlandes warnen, umso bemerkenswerter.

Genau in jener Zeit, in der andere selbst ernannte Patrioten albern und absurd vor einer vermeintlichen Islamisierung des Abendlandes warnen, stirbt Georg Lohmeier, im Januar 2015, mit 88 Jahren, nach langer schwerer Krankheit. Einen seiner letzten öffentlichen Auftritte hat der Autor zahlreicher Komödienstadl-Stücke zu seinem 85. Geburtstag, als er mit einer herrlichen Valentineske dem nahenden Tod entgegenschmettert: »Auf zu Gott. Nachad schert se der Deifi an Dreck um mi.«

78. GRUND

WEIL EIN TÄTOWIERTER PUNKROCKER ZUR BAYERISCHEN WERBE-IKONE WURDE

War ein echter Hingucker, dieser Typ auf dem Werbebild. Der entblößte Oberkörper bedeckt von einer riesigen Tätowierung. Dazu der rauschend rote Vollbart, auf seinem Kopf ein grauer Filzhut, um seinen Hals eine alte Alpinistenbrille, um den Bund seiner Jeans ein grüner Gürtel im Trachtenlook, retro style. Darüber der Spruch: »100% Echt.« Hätten sie aber gar nicht dazuschreiben müssen. Hätte man auch so geglaubt. So eine Figur kann gar keine Fälschung sein.

Aber wer er war, was er ist, woher er kam? Man wusste es nicht, als man das Foto ein erstes Mal sah. Vielleicht war er ja ein schweigsamer Fischer aus Nordschweden, der jeden Tag morgens um vier mit seinem Kutter in die raue See sticht und die Netze auswirft. Ein bisschen Wikinger, war schon vorstellbar. Oder ein kanadischer Aussteiger, der der Zivilisation abgeschworen und sich in eine Blockhütte in den einsamen Wäldern Manitobas östlich vom Lake Winnipeg zurückgezogen hat. Hätte auch sein können. Die Lösung fand man beim Durchblättern der Zeitung einige Monate später in einem großen Porträt über diesen Naturburschen. Es war ein gewisser Franz Keilhofer, ein Drechsler aus Bischofswiesen im Berchtesgadener Land. Ein schräger Typ. Ein guter Typ.

Kommt man mit dem Auto in diese Gegend, im letzten Zipfel des südöstlichen Bayern, türmen sich hinten im Süden die Berge auf, links der Jenner, rechts der Watzmann, dahinter die Funtenseetauern. Es geht nicht mehr weiter, vorne am Königssee ist Schluss, Sackgasse. Eine besondere Gegend mit einer erhabenen Landschaft und einem eigenen Menschenschlag. Mit Menschen wie Franz Keilhofer.

Aufgewachsen auf dem Hof der Eltern, hatte Keilhofer, ein gelernter Feinmechaniker, 2010 das Drechseln entdeckt. Einen alten Beruf, der im Berchtesgadener Land Tradition hat, aber inzwischen recht verstaubt anmutete. Drechseln, das war doch eher etwas für den Heimatkanal, eine sentimentale Fernsehdoku über hoch betagte Handwerker, die in neunter Generation am Spindelstock stehen und darüber klagen, dass sie die letzten ihrer Art seien und der Familienbetrieb jetzt bald ausstirbt und Geschichte ist. Drechseln, so dachte man, sei etwas für gealterte Männer. Aber nichts für einen jungen Wilden wie Franz Keilhofer.

Autodidaktisch, allein mit dem Studium von YouTube-Videos, brachte er sich die Handwerkskunst bei, nachdem er sich für 3.000 Euro eine gebrauchte Drechselbank gekauft hatte. Seitdem gestaltet er Schalen, Kugeln, Dosen, Gefäße, alles aus hochwertigem heimatlichen Holz, er hat sich den Namen »Ginger Wood« zugelegt, Ingwerholz.

»Die Schalen sind ein Produkt aus dem, was ich bin«, sagte Keilhofer in einem Porträt über ihn, »ich möchte, dass die Leute das so sehen. Nicht nur Holz, sondern auch eine Person dahinter, die kein langweiliger Opa ist.«[64] Das ist Franz Keilhofer wahrlich nicht.

In dieser Region, in der das Brauchtum gerne gepflegt und das Althergebrachte konserviert wird, da fällt einer wie er natürlich auf, auch seine Oma hatte anfangs Probleme, mit den vielen Tätowierungen ihres Enkels. Bis er die Nähmaschine der Großmutter als Motiv auf dem Oberschenkel verewigte. Dann war die Oma beruhigt.

Nebenher spielt Keilhofer in einer Musikband, Punkrock natürlich, heftig, laut, dröhnend, was anderes hätte man auch nicht erwartet. Keilhofer gibt Nachhilfe, Mathe, Physik, Englisch, die Einzelstunde kostet einen Zwanziger, da geht es dann ruhiger zu, ohne Musik. Und dann ist er eben auch noch Fotomodel bei einer Münchner Agentur, die ihm Werbeaufnahmen für verschiedene Unternehmen vermittelt. Viele der Bilder schießt seine Freundin Nadine Schachinger, Illustratorin, Designerin, Fotografin.

Inzwischen ist Keilhofer auch international ein gefragter Mann, er gibt Seminare und leitet Führungen bei verschiedenen Handwerksmessen, Ausstellungen und Präsentationen, in Österreich, England oder Belgien. Und im Mai 2015 entdeckte ihn auch noch der »Bayern Tourismus« als Galionsfigur für seine internationale Werbekampagne. Am wohlsten aber fühlt er sich doch zu Hause, in der grünen Heimat, wo er, wie er einmal sagte, auch im nächsten Leben gerne wäre. Wiedergeboren als Holz. Als Baum in den Wäldern des Berchtesgadener Landes. 100 Prozent echt.

79. GRUND

WEIL HARRY HARTINGERS KINOFILM SOGAR DEN »HOBBIT« SCHLUG

In der Kindheit, das ist auch schon wieder eine Zeit her, da standen am Wochenende regelmäßig Ausflüge an. Auto gab es keins, also brach man mit dem Zug auf, meistens ging es in den Süden in die Berge. Richtung Werdenfels oder Isarwinkel, zum Tegernsee oder zum Schliersee. Ganz besonders aufregend aber waren immer die Reisen Richtung Osten. Nach Wasserburg. Mit der S4 fuhr man erst hinaus nach Ebersberg, dann stieg man um, und zwar in einen Schienenbus. Irgendwann in den 1990er-Jahren wurde der Schienenbus aufs Abstellgleis ausrangiert, aber damals in der Kindheit gab es ihn hier noch. So einen alten roten Schienenbus, der noch Klapplehnen hatte. Schräg nach hinten, so im 45-Grad-Winkel, war zwar immer am gemütlichsten, allerdings sah man dann eher schlecht zum Fenster hinaus, was schade war, weil die Fahrt durch die alten Hochmoor-Filze im Ebrachtal – deswegen hieß der Zug im Volksmund auch »Filzenexpress« – von einem einzigartigen Zauber war. Steinhöring, Tulling, Forsting, Brandstätt, Edling, das waren die Haltestellen, dann war man endlich in Wasserburg.

Wasserburg selbst reizte einen als Bub damals herzlich wenig, das stundenlange Herumhatschen durch die mittelalterliche Altstadt führte von einem kolossalen Desinteresse in eine überwältigende Müdigkeit, Hauptsache, es gab zwischendrin mal eine Brotzeit oder einen Kuchen, und ansonsten hielt man sich mit der Vorfreude auf die Rückfahrt über Wasser.

Die Schönheit Wasserburgs erkannte man erst viel später. Erst unlängst wieder, bei einem langen Spaziergang auf der Innleiten, dem Steilufer gegenüber des Stadtzentrums, kam angesichts dieser imposanten Flussschleife, in der sich der Inn um den peninsular historischen Ortskern herummäandert, der Gedanke, wie das wohl gewesen sein muss. Ob die Menschen und ihre Burg am Wasser schon damals so mächtig, trutzig und erhaben waren, dass sie dem Inn auf seinem Weg von der Schweiz in die Donau keinen Platz machen wollten und der Fluss sich einen Umweg suchen musste, weil er durch diese stolze Stadt nicht hindurchkam.

In der Stadt selbst erinnert auch heute noch vieles an früher, die Vergangenheit ist gegenwärtig, noch heute tragen viele Straßen die Namen alter Handwerkerberufe und Zünfte. Weberzipfel. Lederergasse. Bäckerzeile. Färbergasse. Und mittendrin, als schöner großer Marktplatz, liegt die Hofstatt.

Die Hofstatt war auch Quell der Inspiration für Harry Hartinger. Harry Hartinger ist Jahrgang 1946, er ist hier aufgewachsen, in der Hofstatt, Hausnummer 11, einen wie ihn kann man getrost auch Urgestein nennen. Eines Tages, als er so langsam auf die 70 zuging, kam Hartinger auf die Idee, seine Heimat, sein Wasserburg zu filmen und zu verfilmen. Geschichten zu erzählen von früher, alte Anekdoten, die er alle selbst erlebt hat. Hartinger also zog los und drehte zusammen mit seinem Kameramann Schorsch Barth über einen Zeitraum von zwei Jahren einen Film über seine Stadt, der schließlich den schönen Titel erhalten sollte: *Harry unser – Hofstatt-G'schichten und and're Sachen.*

Darin schildert Hartinger seine Jugend, das Leben der damaligen Zeit, die 1950er- und 1960er-Jahre, als die Häuser hier alle noch längst nicht so schmuck saniert waren wie heute, sondern noch recht marode, ein Paradies für Stadtratten, »die Haustiere der damaligen Zeit«. Er zeigt den Altstadtfriedhof mit seinem gewaltigen Eingangsportal in der alten Stadtmauer, wo er zu jedem Grabstein eine Geschichte zu erzählen hat, und er schildert ganz kleine, herrliche Episoden wie die des Bierdimpfels aus der Hofstatt, der nachts daheim nach dem Besuch am Stammtisch sternhagelvoll oft vor verschlossener Türe stand, weil ihn seine Frau nicht mehr reinlassen wollte – bis er vor dem nächsten Gang in die Wirtschaft einfach die Haustüre aushängte und mit zum Wirt nahm, so konnte sie ihm die Alte nicht mehr zusperren. Oder vom Henna-Gassl, dem Glasscherbenviertel der damaligen Hofstatt, worüber Hartinger meinte: »Wer zwischen der Ledererzeile und dem Hennagaßl gwohnt hod, hod quasi eine doppelte Staatsbürgerschaft ghabt.«

Im November 2014 präsentierten Hartinger und Barth den Film dann der Öffentlichkeit, zur Premiere ins Utopia-Kino in der Herrengasse kamen 100 geladene Gäste, und so richtig überzeugt war der Filmemacher nicht, ob die Heimat-Dokumentation dem Publikum wirklich gefallen würde. Wenn er aber jemals geglaubt haben sollte, dass die erste Vorstellung auch die letzte sein würde, so hatte er sich getäuscht. Hartinger hatte genau den Nerv getroffen und das gezeigt, was die Menschen hier sehen wollten.

Denn die Resonanz war überwältigend, die Kritiker in den Lokalzeitungen waren begeistert, außerdem spricht sich so etwas in einer Kleinstadt wie Wasserburg schnell herum, und bis über die Innschleife hinaus. Bis weit in das Jahr 2015 hinein waren sämtliche Vorstellungen ausverkauft, Besucher kamen aus ganz Oberbayern, der Film war ein größerer Renner als der *Hobbit* und Hartinger der erfolgreichste Kino-Harry seit einem Zauberer namens Potter. »Ich kapier's selber nimmer«, sagte Hartinger bei einer Vorstellung im Februar 2015 und schüttelte den Kopf. »Keine Sekunde hätt' ich gedacht, dass wildfremde Leut den Film anschaun. Das war eigentlich nur für meine Spezln und mich gedacht, ganz privat, fürs Wohnzimmer.«[65]

Auch aus München kamen Besucher angereist, man fuhr mit dem Auto und hatte in der Nacht auf der Heimfahrt neben der Bahnstrecke auch viele Erinnerungen an früher. Weniger an Wasserburg, mehr an den Schienenbus.

80. GRUND

WEIL MITTEN IN MÜNCHEN DER STADTBAUER NOCH IMMER SEINEN STOLZEN HOF HAT

Den heftigen Sturm im Januar 2015, den hatte der Maibaum gut überstanden. Auch wenn er vorher schon ein bisserl schief stand, der Maibaum, aber dass es ihn umbläst, davor hatte der Lenz Strohmeier keine Angst. »Die hamm scho was Gescheit's hing'stellt«, sagte er damals, und mit »die« meinte er den Heimat- und Gebirgstrachtenverein mit dem Namen »Würmtaler Stamm«. Aufstellen dürfen sie ihren Maibaum, weil sie dort seit gut zwei Jahrzehnten auch ihr Vereinsheim haben – auf dem Heuboden des historischen Bachbauernhofs am Ostufer der Würm, der Heimat von Lorenz Strohmeier, einem der letzten Bauern Pasings, jenem ganz besonderen Stadtteil im Münchner Westen.

Wie man den Namen Strohmeier letztlich richtig schreibt, darüber waren sie sich in seiner Familie über Jahrhunderte uneins. Auf der Ahnentafel der »Bachbauern zu Pasing« hinter Strohmeiers Haustür, rechts an der Wand, ist das gut zu sehen. -mayr, -mair, -meier oder auch -meir wie auf dem Straßenschild, das er mal zu seinem Geburtstag geschenkt bekam, Lorenz-Strohmeir-Platz, es hängt über der alten Stalltür. Die Schreibweise aber, sagt Strohmeier, sei doch letztlich auch wurscht. Hauptsache, die Bauern hier heißen alle Lorenz. So wie sie immer geheißen haben, seit fast 300 Jahren.

Er ist jetzt Lorenz Strohmeier VII.

Die Geschichte vom Hof der Bachbauern beginnt 1604. Die Bezeichnung »Bachbauer« war naheliegend, plätschert doch gleich daneben die Würm vorbei, der einzige Abfluss des einst Würmsee genannten Starnberger Sees. Anno 1728 zogen die ersten Strohmeiers hierher, und da blieben sie auch. Der erstgeborene Sohn wurde grundsätzlich auf den Namen Lorenz getauft, so war das auch bei seinen Eltern, sie bekamen erst zwei Madln, das dritte Kind, er eben, 1949 geboren, war dann ein Bub, endlich ein Lorenz. Als zweiter Sohn, das weiß er, wäre sein Leben sicher anders verlaufen. Wie bei seinem jüngeren Bruder, der heißt Wolfgang, er verließ den Hof, ging zur Post und später nach Niederbayern.

Lorenz der Siebte aber blieb hier am Manzinger Weg in Pasing, er sagt auch heute noch: »Für mich hätt's nie was anderes gegeben.« [6] Schon als Bub half er bei seinen Eltern mit, eine arbeitsreiche Kindheit war das, manchmal musste der junge Lorenz noch vor der Schule in den Kuhstall. Wenn der Melker mal ausfiel, dann war er dran. Damals hatten die Strohmeiers nämlich noch Vieh auf dem Hof, eine Rinderzucht, ganz früher waren es Schweine, Hühner, Enten, Gänse. Selten kam der junge Lorenz mal raus aus dem Viertel, nur an den Wochenenden, da schwang er sich oft aufs Radl, die Landsberger Straße stadteinwärts und irgendwann rechts ab, hinauf nach Giesing. Zu seinen geliebten Sechzgern ins Grünwalder Stadion, sein erstes Spiel sah er dort 1963, im ersten Jahr der Bundesliga, zu Beginn der goldenen Ära des TSV 1860. Die glorreichen Zeiten der Münchner Löwen waren aber bald wieder vorbei, so wie auch die Zeiten der Pasinger Bauern nach und nach zu Ende gingen.

Ein Hof nach dem anderen machte dicht, allein der Bachbauernhof blieb. In den 1990er-Jahren war es dann auch mit den Viechern vorbei, seitdem bewirtschaftet Strohmeier nur noch die Äcker, insgesamt 60 Hektar Land Richtung Germering und Dachau. Mais, Getreide, Kartoffeln.

Erst so mit Mitte 60 ließ er es ruhiger angehen, er empfand es schon als kleinen Luxus, nicht mehr wie früher jeden Tag um halb sechs aufzustehen, sondern auszuschlafen bis um sieben. Außerdem hatte er sonst immer noch gut zu tun, in den vielen Vereinen, in denen er sich engagiert – wie bei den Würmtaler Trachtlern, die bei ihm auf dem Hof eben ihr Vereinsheim aufgeschlagen haben, und im Bezirksausschuss sitzt er auch, so wie sein Vater. So hat er den Wandel Pasings miterlebt und auch mitgestaltet, das Viertel nach all den Umbauten gefällt ihm, der neue schmucke Bahnhofsplatz mit der verlegten Trambahnhaltestelle, das moderne Einkaufszentrum, er sagt, das sei eine Belebung für die Gegend, nur die U-Bahn sollte jetzt auch endlich hierher gebaut werden. Weg aus Pasing hat es ihn nie gezogen, mit seiner Frau Agathe, die nebenan an der Würm jeden Tag die Johann-Nepomuk-Kapelle aufsperrt, die Kerzen anzündet und am Abend wieder zusperrt, hat er einige Flussreisen gemacht, auf dem Rhein, auf der Rhone. Sie fuhren auch mal nach Spanien, Andalusien. »Aber nach einer Woche hat's mir dann immer schon gereicht«, sagt Strohmeier, »da wollt ich dann bloß wieder heim.«

Das Allerwichtigste freilich, um die Nachfolge braucht sich Lorenz Strohmeier keine Sorgen zu machen, er und seine Frau Agathe haben drei Kinder. Agathe, die Älteste, Jahrgang 1976. Christine, die Jüngste, 1980. Und mittendrin einen Buben, geboren 1978, natürlich ein Lorenz. Der Achte. Er hat sein Agrarstudium hinter sich, ist derzeit beim Bayerischen Müllerbund und wird später mal den Hof übernehmen, das steht fest. Nur wann, das ist unklar. »Solang ich kann und solang's mir Spaß macht, mach ich weiter«, sagte Lorenz senior damals am Tag nach dem Sturm.

So wird alles weiter seinen Gang gehen, am Bachbauernhof an der Würm. Wo vieles noch wie früher ist, so wie er auch heute immer noch tapfer zu seinen Löwen geht, als unerschrockener Dauerkarteninhaber. Manches ändert sich aber in einem langen Leben, inzwischen spielen die Sechzger im Stadion in Fröttmaning. Und mit dem Radl fährt er auch nicht mehr hin, der Lenz aus Pasing.

KAPITEL XI

MADE IN BAYERN

81. GRUND

WEIL SICH DIE HIRSCHE IM ISARWINKEL WEITER KÜSSEN DÜRFEN

Die nun zu erzählende Geschichte wäre sicher anders verlaufen, wenn das Wappen der Gemeinde Lenggries irgendein anderes Viech zeigen würde. Einen Maulwurf, ein Murmeltier, einen Steinadler oder einen Wolpertinger. Das Wappen des Orts im malerischen Isarwinkel zeigt aber einen Hirsch, und das war dann auch der Grund, warum sich Petra Waldherr-Merk bis vor Gericht mit einem Spirituosenkonzern herumschlagen musste. Ein Ärger, der sie fast zermürbte, der ihr aber jede Menge Bekanntheit und Ruhm einbrachte. Ihr und ihrem Hirschkuss.

Der Reihe nach:

In Lenggries, gut 60 Kilometer direkt südlich von München, hatte Petra Waldherr-Merk ein kleines Geschäft für Wohnaccessoires. Dann, es war 2004, stand Weihnachten an, und Petra Waldherr-Merk überlegte sich, als Präsent für ihre treue Kundschaft einen selbst gemachten Likör zu verschenken, nach dem alten Familienrezept ihrer Großtante Lena. Die hatte vier Jahrzehnte lang ihren eigenen Kräuterschnaps hergestellt, mit Zutaten wie Enzian, Melisse, Anis, Baldrianwurzel, Kümmel, Liebstöckel, Wacholder, Waldmeister, Arnika, Ingwerwurzel und vielen anderen Ingredienzen, deren Zusammensetzung aber freilich ein internes Geheimnis war und es auch heute noch ist.[67] Die Großtante vermachte ihrer Großnichte also ihr altes Rezeptbuch, die Seiten leicht vergilbt und eingerissen und handschriftlich mit Tinte eng beschrieben.

Petra Waldherr musste vieles aus dem alten Bücherl erst einmal umrechnen, Maßangaben wie etwa »drei Finger breit«, aber bald hatte sie die richtige Mischung gefunden, und so schmeckte der Schnaps so wie früher immer bei der Tante Lena, die jetzt schon über 80 war und wegen ihres Alters nicht mehr konnte und auch nicht mehr wollte.

Das Geschenk kam bei der Ladenkundschaft jedenfalls gut an, so gut, dass die Nachfrage nach Nachschub gewaltig anstieg, so kam Petra Waldherr-Merk mit der Produktion kaum mehr hinterher, und bald hatte sie auch die Idee für einen passenden Namen für den Likör. In Anlehnung an das Lenggrieser Wappentier: »Hirschkuss«. Das Logo mit den selbst am Heim-Computer gestalteten und ausgedruckten Etiketten zierten demnach auch zwei Hirsche im Profil, die sich ein Bussi geben und mit ihrem gekrümmten Geweih über ihren Köpfen ein Herz nachstellen.

Den Namen Hirschkuss mit besagtem Logo meldete Petra Waldherr 2005 beim Patentamt in München an. So Hirsch, so gut.

Aber dann kam Post aus Wolfenbüttel. Von Jägermeister. Dem Likör-Giganten aus Niedersachsen. Die Anwälte des Unternehmens untersagten der Frau Waldherr die weitere Nutzung des Hirsches, sie beanspruchten weiterhin das Monopol für den Geweihträger als Firmenemblem. Petra Waldherr aber dachte gar nicht daran, sich unterkriegen zu lassen, und als der Ton schärfer wurde, nahm sie sich einen Patentanwalt aus dem Münchner Südwesten und kämpfte wie eine Löwin für den Hirsch.

Über vier Jahre zog sich der Rechtsstreit hin, begleitet von einem immensen Geröhre in den Medien. Landesweit, auch in großen überregionalen Medien, wurde über den Fall berichtet, die Geschichte von Klein gegen Groß, Familienbetrieb gegen Industriekonzern, Frau David gegen Firma Goliath, das kommt immer gut an, und so erreichten sie bald Zuschriften aus der ganzen Welt, Anrufe und E-Mails, mit der Ermutigung an sie, bis zur letzten Instanz weiterzukämpfen. Das tat sie auch, auch wenn sie, wie sie sagte, manchmal schon davor war, aufzugeben und hinzuschmeißen, und den Hirsch einzustampfen. Ihre Beharrlichkeit aber lohnte sich, 2009 schließlich sahen sie auch bei Jägermeister ein, dass sie sich mit einer Fortsetzung der Prozessiererei gegen den Lenggrieser

Hirsch einen Bärendienst erweisen würden, man zog die Klage entnervt zurück. Seitdem dürfen sich die Hirsche weiterküssen. Ein glückliches Ende. Ein happy Zwölfender.

Im April 2010 zog Petra Waldherr nach Gaißach um, sieben Kilometer nördlich von Lenggries, kurz vor Bad Tölz, in eine neue größere Produktionsstätte, das war dringend nötig geworden, oft waren die Regale in den Getränkemärkten ausgeräumt, gab es wochenlange Wartezeiten auf die nächste Lieferung mit dem begehrten Trank in der klassischen Schnackelverschlussflasche. Dazu auch Varianten wie den Birnd'l, den Kernlos und das Vogelgezwitscher, Brände also mit Birne, Zwetschge und Vogelbeere. Bald hatte Frau Waldherr-Merk 23 Mitarbeiter und einen Jahresausstoß von 300.000 Litern[68], ein lächerlich geringer Prozentsatz im Vergleich zu den rund 60 Millionen Litern von Jägermeister. Ein kleiner, aber feiner Tropfen, den man inzwischen auch im Ausland bekommt, in Österreich, in der Schweiz, sogar in den USA. Ob bei Steve's Liquor in Madison, Wisconsin oder im Pit Stop Spirit Shop in Connecticut.

An der Erfolgsgeschichte von Hirschkuss jedenfalls hat Jägermeister einen großen Anteil gehabt. Dagegen zu klagen, letztlich war das doch eher eine Schnapsidee.

82. GRUND

WEIL SICH EINE KLEINE BRAUEREI VOM GROSSEN BIER-KONZERN NICHT DEN HAHN ABDREHEN LIESS

So etwas wie die Frau Waldherr-Merk mit ihrem Hirschkuss (siehe Grund 81), das haben sie auch in dem kleinen Ort Stein an der Traun erlebt. Einen Kampf von Klein gegen Groß, weil der Große dem Kleinen untersagen wollte, sich weiter so zu nennen wie bisher. In diesem Fall war es der Kampf zweier ungleicher Brauereien.

Dabei gab es das Steiner Bier doch schon viel länger als das Warsteiner.

Stein an der Traun, ein Ortsteil der Stadt Traunreut, gelegen an der B304 zwischen Altenmarkt an der Alz und Traunstein, zur groben Orientierung: nordöstlich vom Chiemsee. Früher war Stein an der Traun eine eigenständige Gemeinde, besonderes geologisches Charakteristikum ist die steil abfallende 50 Meter hohe Nagelfluhwand, die früher ein Zufluchtsort für die Kelten gewesen sein soll. Später entstand hier im 12. Jahrhundert eine imposante Burganlage, in der, so besagen es die Mythen, einst der fürchterliche Raubritter Heinz vom Stein sein schauriges Unwesen getrieben haben soll. Ein wohl eher humorloser Zeitgenosse, wegen seiner Pockennarben auch noch hässlich wie die Nacht finster, ein zwei Meter großer Grobian, ein ungeschlachter Typ mit riesigen Eckzähnen, die ihn so ähnlich aussehen ließen wie ein gigantisches Wildschwein.

Jener Heinz vom Stein soll einmal die Tochter des Maierhofbauern in Trostberg entführt und auf der Burg eingesperrt haben, mit unliebsamen Widersachern machte er hingegen gleich kurzen Prozess, indem er sie auf seinem Schloss in einen Brunnenschacht hinunterwarf, 27 Meter tief.

Düstere Verließe und Folterkammern, all das ist heute zu sehen bei den Führungen durch die Burg, eine Tour, die nach dem ganzen Schrecken zur Beruhigung der Nerven dann immer mit einer Verköstigung in der dortigen Schlossbrauerei endet. Womit wir beim Bier wären.

Anno 1489 braute man hier erstmals einen Hopfentrunk, bis heute ist die Brauerei in Privatbesitz, man legt Wert auf die allerbesten Zutaten aus der heimischen Region. Mehr als 100 Landwirte aus dem Chiemgau bauen für die Schlossbrauerei die Sommergerste an, damit alles sauber bleibt und das Reinheitsgebot seinem Namen auch entspricht, müssen die Gerstenbauern dabei unter anderem auf Klärschlammdüngung verzichten und die geregelte Fruchtfolge einhalten. Dafür kommen die Landwirte einmal im Jahr im Steiner

Bräustüberl zusammen, um sich beim geselligen Braugersten-Treffen für ihre Verdienste ehren zu lassen. Alles also sehr nett, sehr klein, sehr überschaubar, sehr harmonisch.

Doch mit dem Frieden war es 2005 auf einmal dahin, denn plötzlich stand die Drohung im Raum, dass die alte Traditionsbrauerei nicht mehr so heißen dürfe wie bisher. Dort, wo ein Steiner Bier drin ist, dürfe kein Steiner Bier mehr draufstehen. Und warum? Weil eine andere Brauerei meinte, das würde gerade im Ausland zu Verwechslungen führen. Die andere Brauerei, das Warsteiner. Steiner, Warsteiner, Verwechslungsgefahr?

In der Konzernzentrale in Warstein im nordrhein-westfälischen Landkreis Soest schien damals eine gewisse Nervosität zu herrschen. Schon einige Jahre davor reagierte man hier eher empfindlich, als die Biermösl Blosn in einer Textzeile sangen: »Wer freiwillig so a Warsteiner sauft und hat Schädelweh hinterher / mit dem hab ich kein Mitleid, dem g'hört einfach nicht mehr.« Auf schriftliche Beschwerden der Brauerei dichteten die Well-Brüder die Strophe damals um in »Zum Trinkwasser gehört Wasserschutz und zur Büchs'n gehört das Blei / und des Warsteiner Bier gehört in Castor-Behälter nei«. Die finale Verszeile lautete dann: »Zur Frage g'hört a Antwort, zur Gülle a Urin. Und zu einem Warsteiner, unbedingt ein Aspirin«.

In einer Zeit also, in der man schon Marktanteile verlor, gab es in Warstein eine leichte Unruhe, deswegen schickte man also eines Tages ein Fax in den Südosten der Republik, mit der Aufforderung an die dortige Privatbrauerei, sich einen neuen Namen zu überlegen.[69] Natürlich sorgte das für helle Aufregung bei den oberbayerischen Steiner-Brauern, die Stimmung war eher obergärig bis naturtrüb.

Doch dann kamen die Klein-Brauer schließlich doch noch darum herum, neue Etiketten drucken lassen zu müssen, neue Briefköpfe, Logos und Werbemittel. Denn immerhin kam es nur einen Monat später, also bemerkenswert schnell, zur Einigung. Warsteiner stellte klar, es sei ihnen nur darum gegangen, dass Steiner seine Biere im Ausland unter einem anderen Namen verkauft, also etwa mit der Bezeichnung »Schlossbrauerei Stein«, in Deutschland selbst dürften sie freilich nach wie vor ihr Bier als »Steiner« verkaufen. Und dass man es bedauere, wenn das erste Schreiben vielleicht missverständlich formuliert gewesen sei.

Weshalb der westfälische Braugigant so rasch klein beigab, sei dahingestellt. Könnte ja sein, dass kurz nach der ersten Forderung auf Namensänderung im Landkreis Soest der alte Heinz vom Stein ums Eck schaute und erklärte, falls die Großbrauer weiter auf ihrem Ansinnen beharren und die kleinen Steiner einschüchtern würden, dann würde er sie allesamt einpacken und in seinen 27 Meter tiefen Brunnschacht hinunterwerfen. Mitsamt ihrem Bier. Ohne Aspirin.

83. GRUND

WEIL SIE AM SCHLIERSEE EINEN AUSGEZEICHNETEN WHISKY BRENNEN

Einmal wurde Florian Stetter nach seinen Motiven gefragt. Wie er überhaupt auf diese eigentlich aberwitzige Idee gekommen sei, was ihn dazu bewogen habe, mit seinem »Slyrs« mitten in Oberbayern ausgerechnet schottischen Single Malt Whisky herzustellen. Florian Stetter sagte daraufhin: »Verrückt müssen S' halt sein. Total wahnsinnig. Völlig plemplem.«[70] Das war Erklärung genug, schließlich entpuppen sich, so wie hier, die g'spinnertsten Ideen auf die Dauer manchmal als die allerbesten. Und überhaupt, meinte der Stetter Flori noch, seien die Schotten ja auch a bisserl so wie die Bayern.

Dabei sind sie genauer betrachtet sogar genauso wie die Bayern. Es gibt auf der ganzen Welt keinen Volksstamm, mit dem es mehr Parallelen gibt, mit dem der Bayer mentalitätsmäßig besser klarkommt als mit dem Schotten. Der Stolz auf die eigene Geschichte, die Bewahrung des uralten Brauchtums und der Kleidung, dort der Kilt, hier die Krachlederne. Die Berge natürlich, die Highlands und die Alpen, die sich lieblich um pittoreske Binnengewässer herumschmiegen, dort die Lochs, hier die Seen. Das oft raue Klima, die großartige Natur, der teils herbe, aber herzliche Menschenschlag und die sondersame Sprache, tut sich mit dem schottischen Dialekt der Engländer genauso schwer wie der Norddeutsche mit dem Bairischen. Vor allem aber die Sehnsucht, die Identität der eigenen Nation auch in einem Staat wiederzufinden, so wie angesichts des schottischen Unabhängigkeitsreferendums im September 2014 manch ein Separatisten-Sympathisant davon träumte, eines Tages auch einen eigenen von Deutschland losgelösten Staat Bayern ausrufen zu dürfen.

Wenn also Whisky außerhalb Schottlands, wo sonst, wenn nicht in Bayern.

Das alles begann 1994, als Florian Stetter aus Neuhaus am Schliersee auf einer Studienreise in Schottland unterwegs war. Mit der Materie war er vertraut, seine Großeltern, Josef und Amalie Lantenhammer, hatten 1928 die Enzianbrennerei Lantenhammer am Stammsitz in der Urtlbachstraße in Schliersee gegründet, einen Weinhandel und eine Weinkellerei. Tochter Anneliese und ihr Mann Siegfried Stetter gaben die Weinkellerei auf, sie spezialisierten sich aufs Schnapsmachen. Sohn Florian Stetter stieg 1990 mit 25 Jahren nach der Ausbildung zum Brauer und Mälzer in einer Miesbacher Weißbierbrauerei ins elterliche Unternehmen ein.

Bei der Schottlandreise zusammen mit anderen Destillateuren jedenfalls kam Stetter plötzlich nach einer der Verkostungsproben in einer Destillerie der Einfall, warum nicht einen Whisky auch zu Hause herstellen, und so wettete er mit seinen Mitreisenden um einen Kasten Weißbier: »Des kann i aa.«

Niemand glaubte ihm das, nicht die Freunde und auch nicht die Finanzberater von der Bank, die ihm jeglichen Kredit verweigerten.

Wie Stetter später berichtete, waren die Ergebnisse seiner ersten Whisky-Experimente ungenießbar. »Des Zeug hast nicht trinken können.« Das sollte sich ändern.

Als er 2002 den Whisky erstmals abfüllte, dauerte es keine zwei Wochen, bis alle 1.600 Flaschen verkauft waren. Bald betrug die Produktion 30.000 Flaschen im Jahr, kamen auch Whisky-Liebhaber außerhalb des Oberbayerischen auf den Geschmack. Der »Slyrs«, wie Stetter seinen in mächtigen Weißeichenfässern aus Missouri gelagerten Tropfen aus bayerischem Getreide und alpinem Quellwasser nannte, sprach sich herum, auch wenn die wenigsten wussten, was der Name eigentlich bedeutete. Tatsächlich war das keine willkürliche Erfindung, sondern der Name des Klosters, das die Mönche Adalung, Hilupalt, Kerpalt, Antonius und Otakir im Jahr 779 in dieser Gegend gründeten. Ausgesprochen »Schlürs«. Daraus wurde Schliers – und schließlich Schliersee. Daher der Name also. Slyrs.

Aus dem kleinen mit der Hilfe von privaten Investoren aufgebauten Einmannbetrieb wurde ein profitables Unternehmen. Einen Slyrs bekommt man heute beim »Käfer« in München und im »Adlon« in Berlin, im »Hilton« in Dubai oder im Hofbräuhaus in Seoul. Im kleinen Ort Neuhaus selbst, in Sichtweite des Wendelsteins zwischen Schliersee und Bayrischzell, der Heimat von Markus Wasmeier (siehe Grund 32) und Gerhard Polt (siehe Grund 73) gibt es mittlerweile Besichtigungstouren und Führungen einschließlich Verkostung, im Brennerei-Laden kann man neben dem Single Malt auch Liköre und andere Edelbrände kaufen, dazu Souvenirs wie Rucksäcke, Baseballmützen und Kugelschreiber. Am Eingang zum Laden steht übrigens »Do nei«, was für Nicht-Muttersprachler von nördlich des Weißwurst-Äquators (siehe Grund 86) vermutlich so verständlich ist wie der keltische Kehllaut eines gälischen Baumstammwerfers für die Ohren eines Eton-Schülers. Es heißt übrigens »Da hinein«.

2014 schließlich wurde der »Slyrs« bei den World Whisky Awards zum »Besten Single Malt Europas« gekürt. Ausgezeichnet. Auch wenn die schottischen und irischen Whisk(e)ys bei dieser

Prämierung immer in eigenen Kategorien bewertet werden, so ist der »Slyrs« doch immerhin der beste Tropfen südlich des Hadrian's Wall. In der schottischen Enklave am Schliersee. In den Bavarian Highlands. Am Loch Schlier.

84. GRUND

WEIL EINEM PENZBERGER DIE DRAMATISCHSTE ERFINDUNG IM WELTFUSSBALL ZU VERDANKEN IST

Ohne Karl Wald wäre vielen Fußballprofis großes Leid erspart geblieben. Uli Hoeneß beim EM-Finale 1976, als er den Ball in den Nachthimmel von Belgrad jagte und die Tschechen Europameister wurden. Roberto Baggio im WM-Endspiel 1994, als er in der Rose Bowl von Pasadena den entscheidenden Schuss über die Latte zimmerte. Und Schweinsteiger, natürlich Bastian Schweinsteiger, 2012 beim Finale zu Hause, dem Trauma dahoam. Sein Elfer gegen den Pfosten. Und Chelsea gewann die Champions League.

Karl Wald hat die Biografien großer Kicker verändert. Dank seiner Idee wurden Helden geboren und Versager zugleich, beschritt der Fußball den kleinstmöglichen Grat zwischen Euphorie und Depression. Nirgendwo konzentriert sich die Quintessenz des Fußballs mit Sieg und Niederlage, mit Triumph und Scheitern in einem so kleinen Nukleus wie hier.

Karl Wald, der Schiedsrichter aus dem oberbayerischen Penzberg, der den Weltfußball veränderte. Karl Wald, der Erfinder des Elfmeterschießens.

Karl Wald, Jahrgang 1916, geboren in Frankfurt. Er ist neun, als er im Frankfurter Waldstadion sein erstes Fußballspiel sieht, es ist das Endspiel um die Deutsche Meisterschaft. Der 1. FC Nürnberg besiegt den FSV Frankfurt 1:0. Nach Verlängerung. Fußball lässt Wald nicht mehr los, 1936 erwirbt er die Schiedsrichterlizenz, im

Krieg muss er an die Front, in Belgien wird er gefasst und gerät in britische Gefangenschaft. Im Lager verfolgt er ein Fußballspiel britischer Soldaten, das ihn erschüttert – wegen der indiskutablen Leistung des Schiedsrichters. Karl Wald meldet sich bei einem Offizier, einem Sergeant Ben, und erklärt ihm, er könne das besser. Ab da ist er Referee der British Army.

Nach dem Krieg lebt er in Penzberg, arbeitet unter der Woche im Hauptberuf als Friseur und rasiert am Samstag bei Regelverstößen die Fußballer auf dem Platz. Wald macht Karriere, 1951 pfeift er das Pokalspiel der Münchner Löwen gegen Fürth (3:2) vor 45.000 Zuschauern im Stadion an der Grünwalder Straße, doch genau in dem Jahr, in dem die Bundesliga eingeführt wird, erreicht er die Altersobergrenze von 47 Jahren, Wald wird nur einmal noch als Unparteiischer an einem Bundesligaspiel teilnehmen, 1965 als Linienrichter, FC Bayern gegen Eintracht Frankfurt, 2:0.

Wald liebt den Fußball, nur eine Kleinigkeit stört ihn, die Sache mit dem Losentscheid. Denn damals ist es noch so: Steht ein Spiel im K.-o.-Modus auch nach einer Verlängerung noch unentschieden, dann wird gelost. Per Münzwurf. Die Spielführer beider Mannschaften treffen sich dazu im Mittelkreis, der Schiedsrichter fragt, ob Zahl oder Wappen, dann wirft er die Münze.

Schrecklich ungerecht und obendrein auch schrecklich zum Zuschauen. Ein Münzwurf. Wie unspektakulär. Sieht ja keiner. 1960 wird das Halbfinale der Olympischen Sommerspiele nach einem 1:1 zwischen Italien und Jugoslawien per Münzwurf für die Balkan-Kicker entschieden, acht Jahre später hat die Squadra Azzurra Fortuna auf ihrer Seite. Nach dem 0:0 im EM-Halbfinale gegen die Sowjetunion zückt Schiedsrichter Kurt Tschenscher eine 10-Franc-Münze und ruft die beiden Kapitäne zu sich. Albert Schesternjew wählt Zahl, Giacinto Facchetti Kopf. Als die Münze auf Tschenschers Handrücken liegt, jubelt Facchetti. Kopf.

Bizarr auch die Entscheidung 1965 im Viertelfinale des Landesmeister-Pokals, Köln gegen Liverpool, nach zweimal 0:0 und einem

2:2 im Wiederholungsspiel entscheidet erst der zweite Münzwurf zugunsten der Engländer. Beim ersten Mal bleibt die Münze auf der Kante im Morast stecken.

Das alles ist für Karl Wald ein Graus. Schon lange denkt er an eine andere Lösung, die er bei kleineren Oster- und Pfingstturnieren in Ostbayern nach einem Unentschieden ausprobiert. Er lässt die Mannschaften je fünf Elfmeter schießen, wer öfter trifft, hat gewonnen, steht es immer noch remis, geht es mit je einem Elfer weiter bis zur Entscheidung. Auf den Bolzplätzen Niederbayerns und der Oberpfalz kommt das gut an; dass diese eigenmächtige Regelauslegung eigentlich verboten ist, kümmert Wald dabei nicht, er sagt den Spielern: »Ich darf keine Aufsicht machen, aber ihr könnt die Durchführung selber übernehmen.«[71]

Am 30. Mai 1970 kommt es dann zum großen Moment. Beim 12. Schiedsrichter-Verbandstag des Bayerischen Fußballverbands ergreift der Delegierte Karl Wald das Wort, um für seine Idee zu werben. Verbandsboss Hans Huber hält nicht viel von der Idee und will Wald schon wieder zum Schweigen bringen, als Wald sagt: »Herr Präsident, ich habe Ihnen heute Morgen einige Stunden sehr diszipliniert zugehört und bitte Sie nun, mir fünf Minuten ebenfalls zuzuhören.« Zähneknirschend lauscht Huber, lässt sich von den Ausführungen Walds aber nach und nach überzeugen.

Zum Abschluss seiner Rede sagt Wald: »Kameraden! Ich bitte Sie, geben Sie dem Antrag grünes Licht, Erfolg rechtfertigt alles. Vielen Dank.«

Noch am gleichen Tag beschließt der Bayerische Fußballverband, ab der Saison 1970/1971 das Elfmeterschießen einzuführen. Mit einer Verzögerung folgten der DFB, die UEFA, die FIFA. Das erste bedeutende Elfmeterschießen gibt es dann 1976 im EM-Finale. Belgrad, Hoeneß und der Nachthimmel.

Karl Wald verbringt seinen Ruhestand friedlich in Penzberg, nur bei Großereignissen alle zwei Jahre, rund um hochdramatische Elfmeterschießen bei einer WM oder einer EM, gibt es wieder viele Anrufe von Journalisten, die Fragen sind dann immer: »Herr Wald, wie war das damals, wie kamen Sie auf die Idee mit dem Elfmeterschießen?« Und dann erzählt Wald, wie das so war, er erzählt es sehr gerne.

Das WM-Viertelfinale zwischen Uruguay und Ghana 2010 (4:2) ist das letzte große Elfmeterschießen, das Wald noch selbst am Bildschirm verfolgt, im Sommer 2011 stirbt er, 95-jährig. In Penzberg wird ihm 2014 eine große Ehre zuteil, die Zufahrt zum örtlichen Nonnenwaldstadion heißt ab sofort Karl-Wald-Straße. Eine Karl-Wald-Road oder einen Karl-Wald-Square in England gibt es nicht. Dort kommt niemand auf die Idee, ausgerechnet jenen Mann zu würdigen, der das größte nationale Trauma der Nachkriegszeit zu verantworten hat.

Sechs Mal trat die englische Nationalmannschaft zwischen 1990 und 2012 bei Welt- und Europameisterschaften im Elfmeterschießen an, kein einziges davon wurde gewonnen. Und schuld, könnte man behaupten, waren nicht Spieler wie Waddle und Pearce, Southgate und Ince, Young und Cole.

Schuld war natürlich nur Karl Wald.

Das, wenn Sergeant Ben gewusst hätte.

85. GRUND

WEIL EIN GARMISCHER IM KRANKENWAGEN DIE SKIBINDUNG ERFAND

Angefangen hatte die Idee mit einer Skibindung noch vor dem Ersten Weltkrieg, mit dem Hachler Peter, einem Förster aus Schleching im Chiemgau. Weil es ihm auf Dauer auf die Senkel ging, dass er immer seinen Ski verlor, nahm er sich einen Hammer und ein paar Nägel, nagelte seine Bergschuhe an die Skier, stieg dann immer in den Strümpfen in den Schuh hinein, und wenn er fertig war mit dem Skifahren, dann schlüpfte er eben wieder heraus.

Dass diese Idee einer festen Arretierung mit Schuh und Ski noch nicht ganz ausgereift war, wurde ihm auf schmerzhafte Weise bei einer Abfahrt vom Weitlahner bewusst, als sich nämlich bei einem Sturz an einem Steilhang ein Schi samt Schuh verselbstständigte und nicht mehr aufzufinden war – und der arme Hachler Peter mit einem halb erforenen Haxn in seinen Strümpfen nach Hause schleichen musste. Von den Socken riss dieses Patent also letztlich niemanden.

Bis zur Erfindung einer wirklich funktionstüchtigen Sicherheits-Skibindung sollte es noch rund 40 Jahre dauern. Bis zum Geniestreich des Garmischers Hannes Marker.

Hannes Marker, Sportreporter beim *Garmisch-Partenkirchener Tagblatt,* Skilehrer für die amerikanischen GI-Soldaten. Ein wilder Hund wie so viele alpine Haudegen der damaligen Zeit. Es gibt die Überlieferung eines alten Spezls von Marker namens Kasper Jocher von einem Rennen in Oberammergau im Januar 1948: »Fast die ganze Rennstrecke war vereist. Vor einer engen Waldschneise hat's mich narrisch geschmissen – Schien- und Wadenbein dreifach gebrochen! Kaum war ich zur Seite gezerrt, ist schon der nächste Fahrer nach einem Sturz hier liegen geblieben. Provisorisch mit einem Stock geschient, hat man mich zuerst zur Kolbenalm gebracht. Dort hat's ausg'schaut wie auf einem Feldverbandsplatz an der Ostfront: gut 30 Schwerverletzte, hauptsächlich Beinbrüche, die Leichtverletzten, die sich noch selbst ins Tal schleppen konnten, hat man nicht mitgezählt. Dann hat man mich von der Alm in ein Bauernhaus geschafft. Dort bin ich nochmals zwei Stunden am Küchenboden gelegen, weil alle Betten schon mit Brüchen belegt waren. Gegen Abend hat mich endlich der einzige Krankenwagen in die überfüllte Notaufnahme ins Garmischer Krankenhaus gefahren …«[72]

Mit dabei auf der Fahrt ist auch Hannes Marker.

Auch Marker selbst hat schon einige stattliche Ski-Unfälle hinter sich. Sechs Tage liegt er einmal in der Bewusstlosigkeit, als er mit dem Schädel gegen einen Baum gebrettert war. Als Marker mit seinem kreidebleichen Kumpel Kasper im Krankenwagen Richtung Garmisch sitzt, schwört er ihm: »Das nächste Rennen fahren wir beide mit einer Bindung, die bei schwerem Sturz von selbst aufgeht.« Ab diesem Moment tüftelt Marker an den Möglichkeiten einer Bindung, die sowohl sicheren Halt gibt, die sich aber auch im rechten Moment öffnet. Denn eine Hauptursache der Schwere der damaligen Unfälle ist oft die Tatsache, dass sich der Ski bei einem Sturz nicht löst, sondern vielmehr mit seinem verstärkten Drehimpuls die Bruchgefahr des Beins verstärkt.

Drei Jahre dauert es, bis Marker 1951 einen Prototyp präsentiert und patentiert. Allein das Interesse an seiner neuen Kreation ist eher überschaubar, wegen zu geringer Nachfrage droht die Fertigung in großen Mengen zu scheitern. Bis der Automobilunternehmer Georg von Opel Gas gibt und Marker mit einer satten Finanzspritze von 20.000 Mark unterstützt und sich dafür die Vertriebsrechte in den USA und in der Schweiz sichert.

1953 kommt die erste Bindung als großes Serienprodukt auf den Markt. Der Erfolg ist überwältigend. Fünf Millionen Exemplare werden verkauft, bei den Winterspielen von 1956 in Cortina d'Ampezzo holt die Allgäuerin Rosa »Ossi« Reichert damit Olympiagold im Riesenslalom.

Die Konkurrenz springt mit auf, entwickelt eigene Modelle, während sich Marker an seinem Produktionsstandort in Garmisch und später einige Kilometer weiter nördlich in Eschenlohe etabliert. In den 1990er-Jahren aber drückt der Schuh, man kommt nicht mehr in die Spur und finanziell in eine gewisse Schieflage, im Jahr 2000 übernimmt Völkl das angeschlagene Unternehmen.

Der Firmengründer erlebt das nicht mehr, Hannes Marker stirbt 1999 nach schwerer Krankheit in einer Münchner Klinik. Zur Beerdigung auf dem Waldfriedhof kommt auch sein alter Freund. Der aus dem Rettungswagen.

Kaspar Jocher hatte die Bindung zu Hannes Marker nie verloren.

KAPITEL XII

KULINARIK & GASTRONOMIE

86. GRUND

WEIL DIE WEISSWURST AUF DEM BROTZEITTISCH TEIL DER HEILIGEN DREIFALTIGKEIT IST

Ist eine beliebte Frage, um die man nicht herumkommt, wenn man die Kenntnisse eines Münchners in Sachen Heimatkunde auf Herz und Nieren überprüfen möchte – was es nämlich war, was im Jahre 1857 der Moser Sepp von der Gaststätte »Zum Ewigen Licht« am Marienplatz erfunden hatte. Und? Na? Wie? Haben Sie's? Logisch, es war die Weißwurst.

Der Sage nach waren dem Moser Sepp an jenem Tag die Schafsdärme für die Kalbsbratwürste ausgegangen, also füllte er das Brät kurzerhand in Schweinedärme ab. Die Gäste waren recht angetan von der neuen Kreation des Münchner Gastronomen, und auch die fachmännische Expertise des Metzgermeisters Mannhart vom Thiereckgassl soll laut Überlieferung äußert euphorisch geklungen haben, mit einer kleinen Empfehlung, die neue Wurst habe doch noch etwas Optimierungspotenzial: »Des Brät muas an Biss hamm, dua no wos von de Koibsknocha nei, na werns recht.« Der Moser Sepp beherzigte den Ratschlag, mengte mit den Kalbsknochen noch Petersilie und etwas abgeriebene Zitronenschale hinein, fertig, für die weiße Farbe schließlich sorgte das Abbrühen der Wurst. Der Moser Sepp soll nämlich Angst davor gehabt haben, dass es ihm die Schweinsdärme beim Braten zerreißt, deswegen warf er sie in warmes Wasser.

Dass die Weißwurst zu einem kulinarischen Wahrzeichen, zu einem Fleisch gewordenen Identitätssymbol Münchens und Oberbayerns werden sollte, dürfte der Moser Sepp damals sicher nicht geahnt haben. Die Weißwurst gibt es heute noch und seine alte Wirtschaft auch, direkt gegenüber vom Alten Rathaus mit dem Glockenspiel. Damit auch der Tourist aus dem Ausland über den Ort der neben Grammofon und Röntgenstrahlung, Telefon und

Eisenbahn historisch wichtigsten Entdeckung des 19. Jahrhunderts umfassend informiert wird, steht vor dem Ewigen Licht heute ein Pappkameradmetzger mit einer Tafel in der Hand »The Birthplace of Weißwurst anno 1857«.

Heute ist die Weißwurst in aller Munde, und wer sie nicht in den Mund nehmen mag, der redet zumindest darüber, der in Duisburg geborene Gastrokritiker und gerne als Fresspapst titulierte Wolfram Siebeck beleidigte sie einmal despektierlich als »Albinopimmel«.

Überhaupt hat die Weißwurst insgesamt schon viel einstecken müssen, aber in die Pfanne hat sie sich noch nie hauen lassen. So gilt im katholischen Südbayern eine Weißwurst in der Kombination mit einem Weißbier und einer Brezn nach wie vor als eine Art Heilige Dreifaltigkeit auf dem Brotzeittisch.

Mächtig unter die Haut aber ging es vor allem den Münchner Metzgern, als 2009 das Bundespatentgericht nach einem jahrelangen Rechtsstreit quer durch alle Instanzen entschied, der Begriff »Münchner Weißwurst« sei nicht geografisch geschützt. Anders als bei einem Emmentaler oder einem Champagner, der nur so heißen darf, wenn er aus der entsprechenden Ursprungsregion stammt, kann eine Münchner Weißwurst auch Münchner Weißwurst heißen, wenn sie irgendwo anders lediglich mit billigerem Schweinefleisch ohne Beigabe von Kalbfleisch hergestellt wird, wenn sie in Dosen eingeschweißt aus Bulgarien kommt oder tiefgefroren aus Nordkorea.

Deswegen geht man am besten auch weiterhin in die Wirtschaft seines Vertrauens, Kenner der Materie pilgern beispielsweise zum Wallner Ludwig, dem Wirt der Münchner Großmarkthallen-Gaststätte, dort gibt es nach einhelliger Meinung die besten Weißwürste des irdischen Daseins. Weil auch der dem Modernen aufgeschlossene Wallner mit der Zeit geht, hat er übrigens auf seiner Webseite erklärt, dass von der althergebrachten Regel, eine Weißwurst dürfe das 12-Uhr-Läuten nicht hören, mittlerweile auch Ausnahmen gemacht werden dürften. Diese Weißwurst-Weisheit kam aus jener Zeit, in der die Metzger die Würste in aller Früh herstellten und sie aufgrund der mangelnden Kühlvorrichtungen am besten gleich frisch noch am Vormittag verzehrt werden sollten. Die Würste, nicht die Metzger.

Mag an der Uhrzeit noch zu rütteln sein, absolut unantastbar und unverrückbar wird für immerdar sein der Weißwurst-Äquator. Der verläuft auf dem 49. Breitengrad und markiert eine Art Kulturgrenze zwischen dem südlichen Bayern und dem restlichen Deutschland. Als Werbegag hat die Stadt Zwiesel im Bayerischen Wald genau auf dieser äquatorialen Linie einmal eine Steinmarkierung enthüllt, die die Erde in Weißwurst-Land und Nicht-Weißwurst-Land unterteilen soll wie der Nullmeridian in Greenwich bei London die Welt in Ost und West.

Duisburg, die Heimat von Wolfgang Siebeck, man muss das nicht extra betonen, aber erwähnt sei es dennoch, liegt übrigens weit nördlich des Äquators.

87. GRUND

WEIL DER LEBERKÄS HAWAII NUR AUF DEN PLATTENTELLER GEHÖRT

Zu den bedeutsamsten und traditionsreichsten Gerichten der bayerischen Küche zählt zweifelsohne der Leberkäse, genannt auch der Leberkas. Darin enthalten sind bekanntermaßen weder eine Leber noch ein Käse, das macht aber nichts, er heißt trotzdem so. Verzehrt wird er erfahrungsgemäß in geschnittenen Scheiben und das dann wahlweise auf einem Teller mit einer Portion Kartoffelsalat oder auch einem Spiegelei. Am allerbesten und unvergleichlichsten aber mundet ein mit Senf bestrichener Leberkäs mittendrin hineingelegt zwischen zwei Semmelhälften, das nennt man dann

Leberkässemmel und ist ein Klassiker des bayerischen Schnellimbisses zwischendrin. Ohne Semmel kein Leberkas.

Erwähnt sein soll auch, dass man anderen Leberkäs-Varianten eher mit einer gewissen Skepsis begegnen soll, dem Leberkäs Hawaii etwa, den nicht nur der Kabarettist und Menschenbeobachter Gerhard Polt mit einer gehörigen Portion Süffisanz 1981 auf einem seiner ersten Tonträger auf den Plattenteller gebracht hat, sondern der auch ernsthaft als kulinarische Köstlichkeit in Rezeptforen im Internet angepriesen wird. Eine in der Pfanne angebräunte Scheibe Leberkäs, dann darauf eine Scheibe Ananas, Ketchup und eine Scheibe Käse, und das alles rein in die Mikrowelle. Wer's mag. Selber schuld.

Da der Bayer aber auch in diesem Fall mit der ihm innewohnenden gelebten Toleranz generös und gütig über solch ein Sakrileg hinwegsieht (»Solang wir den Schmarrn ned selber fressn miassn, is uns des wurscht«) und über die weiteren mannigfachen mitunter bedenklich abstrusen Zubereitungsmöglichkeiten besser der Speckmantel des Schweigens gebreitet werden soll, sei an dieser Stelle noch ein kurzer Exkurs in die Historie und die Etymologie gestattet. Die Geschichte geht zurück ins 18. Jahrhundert, damals beerbte Kurfürst Karl Theodor aus der pfälzischen Linie der Wittelsbacher den kinderlosen Max III. Joseph. Also zog er aus Mannheim nach München, brachte aber gleich, vielleicht weil er der bayerischen Küche nicht traute, seinen eigenen Metzger mit. Der Metzgermann soll damals der erste gewesen sein, der fein gehacktes Schweine- und Rindfleisch in einer Brotform backte und dies in seinem Dialekt »Lääb Kees« benannte, da es ihn in seiner Fleisch gewordenen Gestalt an einen Laib Käse erinnerte.* Deswegen also Leber-Käse.

Im Lauf der Zeit entwickelte sich die Ingredienz wie auch die Zubereitung beachtlich weiter, heute besteht der Leberkäs aus gepökeltem und grob entsehntem Rindfleisch sowie fettreichem Schweinefleisch, dazu Speck, Wasser, Zwiebeln, Salz und Majoran, die zu einem Brät verarbeitet werden, bevor dieser dann im Ofen gebacken wird.

Den Hals wieder nicht voll bekamen einmal mehr die Schwaben. Die Schwaben neigen tendenziell schon immer zum Übertreiben, sie müssen immer alles größer und besser haben als die Bayern, vor allem müssen sie es immer lauter haben. Wer einmal mit dem Zug mit fünf miteinander plaudernden Schwaben etwa von München über Augsburg nach Ulm gereist ist und nach eineinhalb Stunden dem Abteil mit einem irreversiblen Gehörschaden wieder entsteigt, der wird wissen, was gemeint ist.

Jedenfalls mussten die Schwaben auch beim Leberkäs wieder fürchterlich übertreiben. Der Landmetzger Rudi Angele aus dem schwäbischen Provinznest Walpertshofen nämlich feierte sich 2009 für den neuen Weltrekord, weil er aus dem Fleisch von neun Rindern und 28 Schweinen einen 3.118 Kilogramm schweren Leberkäs hergestellt hatte, 15 Meter lang und 1,7 Meter breit.

Und? Wo war die Semmel dazu?

88. GRUND

WEIL DER OBATZDE BESSER SCHMECKT, ALS ER AUSSCHAUT

Es ist nicht so, dass man sagen kann, als Obatzda hätte man es leicht im Leben. Auch nicht als Obatzder oder Obazda. Oder als der Obatzde, da geht's ja schon los, weil niemand so recht weiß, wie man ihn eigentlich richtig schreibt, allein das wäre schon Grund für eine herzhafte Identitätskrise. Und dann auch noch das Aussehen. Wenn man als frischer Leberkäs oder als knusprig krustiger Schweinsbraten in den Spiegel schaut, als prickelndes Weißbier oder als eine resche Brezn, dann macht das was her, da kann man stolz drauf sein. Aber nicht als ein Obatzda (mit bestimmtem Artikel: der Obatzde), wenn man sich auf diese Schreibweise nun einigen will, der in seinen weiteren Deklinationsformen in sämtlichen Fällen statt dem Endungs -a ein -n aufweist, des Obatzdn, dem Obatzdn, den Obatzdn, auch im Ablativ übrigens: durch, mit Hilfe vom Obatzdn.

Als einer, der oft an das finale Bildnis des heiligen Sebastian erinnert, den bei seinem Martyrium etliche römische Pfeile perforierten, wenn er, der Obatzde in der Auslage der biergartlichen Selbstbedienungsregale von einem Dutzend Salzstangen durchbohrt wird, nur damit er eben ein wenig adretter anmutet, weil er sonst einfach als ein nackerter Matsch daherkommt, als ein Haufen Pampe, als ein, wie der bayerische Name schon sagt, Baaz. Ein Angebaazter.

A rechter Baaz, das sagt man im Bayerischen, wenn nach einer durch üppigen Schneefall bedingten herrlichen weißen Winterpracht bei knapp über null auf einmal Tauwetter einsetzt und man auf dem Trottoir knöcheltief durch halbmeterhohe Pfützen watet. Man sagt das auch beim Münchner Tollwood-Festival, weil es da im Sommer grundsätzlich immer regnet und sich auch da ein ziemlicher Baaz auf den Kieswegen des Geländes breitmacht.

In der zeitgenössischen Kultur hat Gerhard Polt den Baaz verewigt, und zwar in seinem legendären Sketch »Das Abblendlicht«, in dem sich folgender Dialog über einen Autounfall südlich des Schliersees entspann: »Heit' hod's oan dabaazt.« – »A geh, dabaazt hod's oan.« – »Ja ja, so an Ausflügler. Er ist beim Schnapperwirt is er vorbeigfahrn, ins Leitzachtal, na hod er d'Kurvn nimmer kriagt, na hod's eahm obilassn.« – »Ja, des is ja klar, vier fünf Meter, wann's di obilasst, na bist ja praktisch dabaazt.« Den Obatzdn also rein linguistisch und sprachhistorisch betrachtet mit überschäumend positiven Konnotationen zu versehen, wäre ein gewisser Euphemismus.

Andererseits, was wäre unsere bayerische Brotzeitkultur ohne den Obatzdn, weshalb Katharina Eisenreich ein großer Dank gebührt.

Frau Eisenreich war ihres Zeichens zwischen 1920 und 1958 die Wirtin des Weihenstephaner Bräustüberls in Freising, sie gilt bis heute als die legitimierte Erfinderin des Obatzdn. Um einen in den warmen Sommermonaten schnell reifenden Käse noch verzehren zu können, vermischte sie Sorten wie einen Camembert oder Brie, Limburger oder Romadur mit weiteren Zutaten wie Butter und Zwiebeln, Salz und Paprika und kredenzte ihn ihren Gästen.

Auf eine Brezn geschmiert, dazu ein süffiges Bier unter einem schattigen Kastanienbaum, glückliches Bayern. Bis heute ist ein anständiger Obatzda die ehrlichste aller Biergartenbrotzeiten und für jedermann von nah und fern empfehlenswerter als ein des Öfteren als vorhin erwähnter ofenfrisch titulierter Schweinebraten, der in Wahrheit in einem Thermoglaskasten unter einer Infrarotlampe langsam und qualvoll dehydriert und sich in Form und Geschmack von einer abgehangenen Schuhsohle nicht mehr allzusehr unterscheidet.

Sicherheitshalber, das darf man in Bayern ja erfreulicherweise, bringt man sich den zu Hause selbst gemachten Obatzdn in den Biergarten mit, ansonsten besteht das immer größer werdende Risiko, von dubiosen und abenteuerlich zusammengepanschten Kreationen überrascht zu werden, die zwar den Namen Obatzda tragen, ihn aber nicht verdienen. Zubereitungen mit Frischkäse etwa. Oder mit Bärlauch. Oder mit Margarine. Oder mit einer Birne als Dreingabe. Eine Zeit lang gab es sogar eine gerichtsmassige Causa Obatzda, einen Streit, ob das ein geografisch schützbarer Begriff sei, bei der Weißwurst (siehe Grund 86) war das ja ähnlich, ein Hickhack, das einem auf den Magen schlagen konnte.

Auf der Suche nach der Urformel nicht des Universums, aber des Obatzdn, was in etwa auf das Gleiche hinauskommt, stieß man vor einigen Jahren auf eine 90-jährige Frau aus Neufahrn, sie galt als die Hüterin des Heiligen Baaz-Grals, als Bewahrerin des Originalrezepts der Katharina Eisenbichler.[73] Sie gab also preis, dass in einen Obatzdn in der archaischsten aller Zubereitungen 160 Gramm Camembert hineingehören, Salz, Pfeffer, Paprikapulver, eine halbe Zwiebel, 125 Gramm Butter. Mehr nicht. Fertig ist der Baaz.

Alles andere ist Käse.

89. GRUND

WEIL DER BAUERNSEUFZER DER WEISSWURST EINHEIZTE

Das mit dem Weißwurst-Äquator ist Ansichtssache. Kommt auf den Betrachter an. Für die Nordlichter, vulgo die Preißn, ist südlich der Mainlinie das Land der Weißwurstzuzler, die Bayern selbst und ihre Stämme freilich sehen das etwas differenzierter. In München, wo die Weißwurst erfunden wurde (siehe Grund 86), gilt die bleiche Tellernudel aus Wasser und Häutelwerk nebst einigen unbedeutenden Ingredienzen im Trio mit einem Weißbier und einer Brezn als Inbegriff einer guten Brotzeit. Und ein Stück drüber hinaus im Oberland und in Oberbayern bis hinauf an die Donau sieht man es genauso.

Doch nördlich des großen, den Freistaat von West nach Ost durchschneidenden Stroms, da wird die Wurstwelt schon deutlich farbiger, auch in der Oberpfalz hat die Weißwurst gegenüber der Bratwurst nicht mehr viel zu melden. Hier geht die Fleischkolorierung mehr ins Dunkle, ja fast schon ins Schwarze, denn so ziemlich alles, was die Sau hergibt, wandert hier erst einmal für einige Tage in Räucherkammern, um den höchsten Grad einer Oberpfälzer Delikatesse zu erreichen. Ganz egal, ob Schinken, Blut- und Leberwurst oder ein Presssack, und erst recht natürlich die Krone der geräucherten Oberpfälzer Würste, der Bauernseufzer, eine Bratwurst, aber noch ein Stück dicker und länger als die gemein ordinäre Nürnberger Bratwurst.

Woher der Bauernseufzer seinen Namen hat, verliert sich, wie könnte es anders sein, im Dunkeln. Eine Legende, die am ehesten einleuchtet: Als früher auch kleinere Bauern noch Schweine im Stall hatten, noch selbst schlachteten und verwursten durften, war es guter Brauch, am Schlachttag einen kleinen Teil ihrer Ware an Freunde und Nachbarn zu verschenken, hauptsächlich Leber- und

Blutwürste oder ein Stückl Presssack und die Wurstsuppen mit den aufgeplatzten Leberwürsten. Nur ungern aber gaben die Bauern die feinen und raren Bratwürste her, und wenn doch, dann mit einem leisen Seufzer. Daher der Name. Sagt man.

Für großes Aufsehen sorgte im Frühjahr 2015 eine Meldung, wonach die Oberpfalz den bis dahin eher regional begrenzten Siegeszug des Bauernseufzers auch im Stammland der Weißwurst fortsetzen wollte. Und zwar mithilfe einer eigenen offiziellen Vertretung der Regierung der Oberpfalz in München.

Aus der bevorstehenden Bauernseufzer-Invasion wurde dann aber nichts, denn die Depesche wurde am 1. April veröffentlicht. Münchens kulinarische Traditionsmahlzeit kam nicht in Gefahr. Kein Grund für die Weißwurst, vor Schreck zu erblassen.

90. GRUND

WEIL DIE GESCHICHTE VON DER ERFINDUNG DER RADLERMASS EINE SCHÖNE LEGENDE IST

Für 80 Cent hat man es schwarz auf weiß, schwarz und weiß ist auch das alte Foto vom diesem stattlichen Trumm Mannsbild, und wäre er nicht auf einer Postkarte, könnte man auch sagen, das ist ein Bayer aus dem Bilderbuch, wie man ihn im Komödienstadl oder auf einer anderen Volksbühne mit dem Hang der klischeehaften Überzeichnung des Bajuwarischen nicht besser hätte hinkriegen können. Lodenhut, gezwirbelter Schnurrbart, ein Trachtenjanker und eine schmückende Charivari-Silberkette über der ordentlichen Wampen. So sah er also aus, der Franz Xaver Kugler, über den auf dieser besagten Postkarte für 80 Cent geschrieben steht, er sei der Erfinder der Radler-Maß.

Darüber stritten sich lange Jahre Gelehrte, Historiker, Forscher und Bierologen, ob dem also jetzt wirklich so war. Viel unzweifelhafter ist, dass er zumindest Namensgeber von einem der bezauberndsten Biergärten im Süden Münchens ist, der Kugler-Alm.

Natürlich kann man zur Kugler-Alm auch mit dem Auto fahren, das ist aber grober Stilbruch und macht auch keinen Spaß, denn am schönsten ist die Anreise mit dem Fahrrad. Ab Säbener Straße in Harlaching die stangerlgeraden fünf Kilometer durch den Perlacher Forst, wo es an einem Vormittag auch passieren kann, dass man den Profis des FC Bayern bei ihrem Waldlauf über den Weg fährt, dann unter der Bahn hindurch vielleicht noch mit einem finalen Zwischenstopp an der »Nußbaum-Ranch«, einer über die Jahrzehnte liebgewonnen Kiosk-Institution in einem alten Eisenbahnwärter-Häusl, bevor es dann auf der letzten Teiletappe in wenigen Minuten zur Kugler-Alm geht. Zu diesem schattigen Kastaniengarten mit den besten Bratkartoffeln und saftigsten Schmalznudeln im südlichen Münchner Landkreis, und nicht zu vergessen einem geräumigen und eingezäunten Spielplatz, ein schöner Spielplatz ist für Eltern ja immer das wichtigste Kriterium bei einem Biergartenbesuch, dann sind die Kinder beschäftigt, und man selbst hat seine Ruh'.

Das Lokal war schon in der ersten Hälfte des 20. Jahrhunderts ein begehrtes Ausflugsziel, das Wirtshaus von Franz Xaver Kugler. Kugler war ursprünglich einer der Eisenbahnarbeiter, die hier an der neu gebauten Strecke ins Oberland nach Holzkirchen Schienen verlegten, allerdings machten ihm die Rahmenbedingungen schwer zu schaffen, da er und seine Kollegen während der Arbeitszeit vom Biernachschub geradezu abgeschnitten waren. Also verlegte er keine Schienen mehr, sondern sich darauf, selbst Bier zu besorgen und es aus einer Bretterbude heraus zu verkaufen. Das entpuppte sich schnell als geniale Geschäftsidee.

Kugler expandierte, baute ein ganzes Lokal, und wenn an schönen Sommertagen die mit der Eisenbahn anreisenden Münchner Ausflugsgäste an der nächstgelegenen Haltestelle Deisenhofen ausgestiegen waren, dann holte sie Franz Xaver Kugler persönlich ab und geleitete hoch auf seinem Brauross thronend die hinter ihm hertrabenden dürstenden Spaziergänger in seinen Biergarten. Dazu spielte dann auch noch die Blasmusik, später gab es sogar einmal die Überlegung, an den Gleisen direkt vor der Kugler-Alm eine Bahnhaltestelle zu errichten, diese kühne Vision wurde aber wieder verworfen.

Viele kamen aber auch mit dem Radl, und an einem heißen Samstag 1922 waren es so viele Radler, die Rede ist von 13.000, dass dem armen Kugler ganz bang wurde, weil ihm das Bier auszugehen drohte. Also streckte er das Helle mit Zitronenlimo, was gut ankam, die Gäste fanden das sehr erfrischend, dies aber jedoch freilich als Geburtsstunde der Radler-Mass festzuhalten, ist grundfalsch, denn die Radler-Mass gab es schon längst vorher, belegt ist das durch die 1912 erschienene Autobiografie der Schriftstellerin Lena Christ (siehe Grund 61), dort schreibt sie in »Erinnerungen einer Überflüssigen« in Kapitel 20 über einen Tag in der Floriansmühle im Münchner Norden, wo sie dereinst als Hilfsköchin gearbeitet hatte: »In der Schenke ging es zur Mittagszeit noch ziemlich ruhig her; doch war am Nachmittag auch hier ein großes Hinundher. Da wurde nicht nur Bier ausgeschenkt, sondern auch alle möglichen Limonaden, Sauerbrunnen, Schorlemorle, Radlermaßen und auch gar manche Flasche Wein.« Sauerbrunnen, das war die Bezeichnung für Mineralwasser, Schorlemorle, so sagte man damals zu einem G'spritzten, einer Weinschorle. Und die Radlermaß war eben die Radlermaß. Damit war der Fall klar.

Diese neue Faktenlage ans Licht brachte übrigens der Regensburger Verleger und Buchhändler Norbert Stellner im Zuge einer Doktorarbeit über die bayerische Radfahrer-Kultur. Stellner hatte sich bei der Kommission für Mundartforschung in der Bayerischen Akademie der Wissenschaften nach den frühesten wissenschaftlich tragfähigen Belegen der Radlermaß erkundigt und stieß da auf die Passage aus dem Buche Lena Christs.[74]

Auf der Kugler-Alm ertrug man die ernüchternde Beweislage mit Fassung, in einer ersten Stellungnahme hieß es, ob der nun historisch verbürgten Fakten würden jetzt sicher auch nicht weniger Besucher hierherkommen. Ist ja auch unerheblich. Hauptsache, sie schmeckt wie immer.

91. GRUND

WEIL DIE ALTE KATHI IN IHRER WIRTSCHAFT SCHON VIERMAL UM DIE WELT GING

Ganze zwei Tage dauert es, dann steht ihr Entschluss fest. »Da bleib ich nie«, sagt Katharina Kink zu sich selbst, nur ganz schnell weg will sie von ihrer neuen Arbeitsstelle und sich etwas anderes suchen, es gefällt ihr überhaupt nicht. Naring ist zum Narrischwerden, der Ort am Westufer der Leitzach ist ihr viel zu klein, und auch das Lokal, in dem sie gerade ihre Tätigkeit als Bedienung aufgenommen hat, ist viel zu eng und ungemütlich und nichts, wo sie es noch länger aushalten möchte. Das ist im Jahre 1939. Katharina Kink ist damals 16. Im November 2014 feiert die Kathi dann ihr Dienstjubiläum, da ist sie 91. Und immer noch im Goldenen Tal in Naring. Aus den zwei Tagen sind 75 Jahre geworden.

Das Goldene Tal ist ein Paradies, einer der immer weniger werdenden Flecken im Tourismus-Hotspot Oberbayern, an denen es noch ruhig zugeht, ganz langsam, entschleunigt. Ein paar Kilometer südlich verläuft die Autobahn Richtung Österreich und Italien, der Irschenberg ist nicht weit, man kennt ihn aus den Verkehrsnachrichten. Hinter der A8 geht es in die Ausflugstäler Richtung Schliersee und Tegernsee, es sind mächtig angesagte Ecken im bayerischen Oberland, die Ecken werden zugepflastert von Luxus-Immobilien und Golfplätzen, Hauptsache groß und großkopfert. Hier im Goldenen Tal aber, wo die Leitzach über kleine Kaskaden Richtung Mündung in die Mangfall murmelt, da ist noch alles wie früher. Ein echtes Stück Bayern. Genau der richtige Platz für eine wie die Kathi.

In Prien kommt die Katharina auf die Welt, direkt am Chiemsee, 1923 ist das. Die Kindheitstage sind schwer, die Nazis kommen an die Macht, und als Katharina Kink mit 16 auf Arbeitssuche geht, im Herbst 1939, da herrscht schon Krieg. Sie kommt in Naring unter, im Gasthaus »Zum Goldenen Tal«, einem 400 Jahre alten Haus, gepachtet von den Wirtsleuten Anna und Albert Huber, die eine Kellnerin brauchen und ein Kindermädchen, für die einjährige Erna und die gerade geborene Annelies. Abends, wenn die Kathi die Töchter ins Bett gebracht hat, hilft sie als Bedienung mit, nur nach einem Jahr, da wird es ihr dann endgültig zu viel, doch als sie kündigen will, meint die Anna Huber nur: »Du kannst mich doch ned im Stich lassn«, die Wirtin ist da nämlich schon mit ihrem dritten Kind schwanger, der Irmgard. So bleibt die Kathi also doch und kommt nicht mehr weg. Am Ende, weil die Anna Huber auch noch den Berti und den Max bekommt, kümmert sich die Kathi um fünf Kinder, das reicht ihr dann, deswegen hat sie keine eigenen, geheiratet hat sie nie, bei der Arbeit bliebe gar keine Zeit für einen Mann.

Zwei Uhr, drei Uhr ist es damals manchmal, bis sie im Bett ist, und um sechs in der Früh muss sie dann schon wieder raus. Viele Prominente kommen ins »Goldene Tal«, der Hans Albers etwa oder Wernher von Braun, der Raketenbauer, alle längst tot. Der Kathi ist das aber auch immer gleich, ob einer eine Berühmtheit ist oder nicht, anständig aufführen müssen sich die Gäste einfach, dann setzt sie sich auch gern auf einen Ratsch an den Tisch. Wer sich aber nicht ordentlich benimmt, der bekommt das zu spüren, dass man sich mit der Kathi besser nicht anlegt. Der Toni etwa, einer der Stammgäste, brüllt eines Tages, als er ein paar Bier zu viel erwischt, durch die Gaststube, dass man auf die Kathi aufpassen müsste: »Die b'scheißt euch bloß.«[75] Das lässt sich die Kathi freilich nicht bieten, sie geht zum Toni und schmiert ihm links und rechts eine, zwei Ohrfeigen, die Wirkung zeigen, der Toni kommt danach noch sehr oft, aber er sagt nie wieder etwas gegen die Kathi.

Auch und gerade im hohen Alter von 91 ist Kathi Kink dann bei ihrem Jubiläum 2014 längst eine Respektsperson, ohne die Kathi sei das Lokal geradezu undenkbar, meint der Wirt Max Huber, der als fünfter Sohn seiner Mutter Anna ja einst von der Kathi großgezogen wurde.

Sicher, wenn sie mal Urlaub hat, begibt sich auch Katharina Kink auf große Reisen, nach Teneriffa oder Singapur, in die Dominikanische Republik oder an die Côte d'Azur, noch viel mehr unterwegs aber ist sie als Kellnerin. 1977 fängt sie an, sich einen Schrittzähler an den Unterrock zu klemmen, bis zum November 2014 kommt sie auf 80.510 Kilometer, hochgerechnet auf die 75 Jahre dürften es also gut 160.000 Kilometer sein.

Im »Goldenen Tal« ging die Kathi vier Mal um die Welt.

92. GRUND

WEIL IN RESIS WIRTSCHAFT DER SEELENTROST FAST SO WICHTIG WAR WIE DER SCHWEINSBRATEN

Am Schweinsbraten von der Resi kam keiner vorbei. Nicht einmal der hohe Besuch aus München. Wenn Erwin Baumgartner, der Bürgermeister von Neumarkt-Sankt Veit dienstlich Gäste von verschiedenen Behörden aus der Landeshauptstadt zu empfangen hatte, dann schleifte er die Leute immer auf einen Schweinsbraten in den Tragerwirt. Der Schweinsbraten beim Tragerwirt war so etwas wie die Hauptattraktion der Stadt an der Rott im nordöstlichen Oberbayern. Und auch optisch war er vom Feinsten. Also durchaus auch eine Sehenswürdigkeit.

Die Trager Resi war eine Institution in diesem uralten Gasthaus, dessen Geschichte bis zum Dreißigjährigen Krieg in der ersten Hälfte des 17. Jahrhunderts zurückreicht, vielleicht sogar noch darüber hinaus, so genau weiß das keiner mehr. Man weiß aber, dass die Trager Resi als 14-jähriges Mädl 1954 die Schule beendet hat, um dann 1960 die Wirtschaft ihrer Eltern zu übernehmen. Etwas anderes als das Lokal hat es in ihrem Leben nicht gegeben, gut, die zwei Ehemänner vielleicht, aber die hat sie auch überlebt.

Mehr als ein halbes Jahrhundert war die Resi nicht nur die Wirtin, waren nicht immer nur ihre Qualitäten in der Küche gefragt, sondern auch die als Psychologin. »I war oft der Seelentröster do herin«, sagte sie einmal, »wenn's dahoam ned g'stimmt hat. Und des war oft der Fall.«[76] Die Stammgäste kamen jeden Tag, die ersten standen oft Schlag acht Uhr früh vor der Tür, wenn die Resi aufsperrte, und freuten sich mit glänzenden Augen wie Kinder an Heiligabend, wenn die Resi zum Frühschoppen mit einem bauchigen, dampfenden Kessel in beiden Händen aus der Küche in die Gaststube schritt und rief: »So, Leidl, jetzt gibt's Weißwürscht«[77], bevor sie die nächste Getränkebestellung aufnahm und unverzüglich das zweite Weißbier auf den Tisch stellte.

So ging das zu, im Tragerwirt, wo die Speisekarte in all ihrer Überschaubarkeit doch die gesamte Bandbreite der guten alten bayerischen Küche enthielt. Vom Sauerbraten über die Dampfnudeln, vom Erdäpfelbratl über das hauseigene Tragerschnitzel bis hin zum Böfflamott, das sich dank der Besetzung durch Napoleon, in einer Zeit, als es die Wirtschaft hier schon 200 Jahre gab, aus dem französischen »Bœuf à la mode« rund um München zu einem kulinarischen Klassiker entwickelt hat.

Natürlich hatte der Tragerwirt auch von seiner Einrichtung her noch einen ganz urtypischen Charme, nichts ist zu sehen von dem aufgepeppt überkandidelten Bajuwarenkitsch, der in manch einem sündteuren Landgasthof im Oberbayerischen zu finden ist. Hier hatten die Tische obendrauf noch eine gute alte Resopalplatte, in der Mitte von einer kleinen Zierdecke belegt, auf der Salz und Pfeffer akkurat nebeneinander in zwei Streugläsern postiert waren. Und hier hingen noch die Hirschgeweihe so fest verwurzelt mit der Wand, als hätten sie hier schon vor dem Dreißigjährigen Krieg gehangen.

Und doch sollte dann auch die Zeit gekommen sein, in der das hier alles zu Ende ging. An Weihnachten 2014 hatte die Trager Resi, was für eine schöne Bescherung, die Kündigung im Briefkasten. Die Hausbesitzer, eine Erbengemeinschaft, hatten sich entschlossen, das gesamte historische Gebäude im Stadtzentrum von Neumarkt zu renovieren und danach an eine Bankfiliale zu vermieten.

Sicher, die Renovierung des in die Jahre gekommenen und morschen Gemäuers war unumgänglich, das gab auch der Bürgermeister Baumgartner zu, aber natürlich schmerzte ihn das. So ein lieb gewonnenes Lokal, wohin sollte er künftig die hohen Beamtenherren aus München zum Essen führen. Am allermeisten aber tat es natürlich der Trager Resi weh, und als manchmal Reporter von der Zeitung oder sogar vom Fernsehen vorbeikamen, da war zu spüren, dass sie schon ziemlich mit den Tränen kämpfen und schwer schlucken musste, schwerer als bei einem ihrer großartigen Semmelknödel, die gingen nämlich immer sehr leicht runter.

Immerhin fand sogar der alte Tragerwirt noch in den modernen sozialen Netzwerken seinen Platz, auf einer eigenen Internetseite sympathisierten schon in den ersten drei Monaten nach Bekanntwerden der Schließung rund 1.000 Bekenner und kreierten ein eigenes Logo, mit Messer, Gabel und zwei Kochlöffeln, dazu auf schwarzem Grund mit weißer Schrift: »Je suis Resi.«

Die Resi selbst wusste noch nicht, wie es mit ihr weitergehen sollte, 74 war sie da schon, sie sagte, sie wolle sich mehr noch um ihre 15 Patenkinder kümmern, aber eines sagte sie dann auch noch, und das tröstete ein wenig, als sie meinte: »Wenn i wieder auf d'Welt kimm, werd i wieder a Wirtin.« Selten war man ein so begeisterter Anhänger der Reinkarnationslehre. Wie schön, wenn es sich bewahrheiten würde, zumindest in diesem Fall. Die Wiederfleischwerdung von Resi und ihrem Schweinsbraten.

93. GRUND

WEIL KLEINHÖHENRAIN MIT DER SCHÖNSTEN AUSSICHT UND DEM BESTEN KAISERSCHMARRN LOCKT

45 Kirchtürme. Opa Kaltner hat sie genau nachgezählt, als der Tag wieder einmal ein herrlicher war und die Sicht eine klare. Nachdem er sich von seinem Leben als Wirt zurückgezogen hatte und er endlich Zeit hatte, da setzte er sich auf die Terrasse seines Wirtshauses und schaute hinaus in die Breite des südlichen Oberbayern, die sich vor ihm wie immer schon auftat. Von Salzburg bis ins Werdenfels. 45 Kirchen sah er da vor unzähligen Bergen zwischen Watzmann und Zugspitze.[78] Die ganze Palette. Ein Gemälde von einem Ausblick.

Es ist das unbestritten phänomenalste Panorama, das man von einer Gaststätte in diesen Regionen aus haben kann, die majestätische Sicht von dieser uralten Wirtschaft in der Ortschaft Kleinhöhenrain. Dem Lokal mit dem so trefflichen Namen »Zur schönen Aussicht«.

Die schöne Aussicht an sich gibt es schon seit geschätzten Jahrmillionen, und die Wirtschaft auch schon eine halbe Ewigkeit. Seit 1732, so lange schon ist das Gasthaus im Besitz der Familie Kaltner, gelegen direkt neben der lieblichen Kirche St. Bartholomäus aus dem 12. Jahrhundert. Kleinhöhenrain selbst ist eine Ansiedlung mittendrin zwischen München und Rosenheim mit rund 250 Einwohnern, es gibt gleich daneben auch noch ein Großhöhenrain, da leben mehr Leute, knapp 500, deswegen wohl Großhöhenrain.

Beide Orte liegen auf einem sanften Höhenzug, und die Wirtschaft im kleineren der beiden Höhenraine direkt an der Kante desselbigen. Für einen wunderbaren Spaziergang empfiehlt sich die Anreise mit dem Zug bis Bruckmühl, von dort sind es vier Kilometer über die Ortschaften Kirchdorf und Maxhofen, über weite

Wiesen, idyllische Bachbrücken und prachtvolle Sonnenblumenfelder. Schweißtreibend der letzte Anstieg hinauf zum Ziel über eine steile Treppe, die aber dankenswerterweise gleich direkt im Biergarten des Lokals endet, auf der Terrasse unter großen und dicht beästeten Linden. Ist hier nun schon der Blick umwerfend, das Essen ist es auch.

Ob der Schweinsbraten mit seiner herrlichen Kruste, mit seiner dunklen Soße und den beiden Knödeln, das Fleisch dabei aus der eigenen Produktion vom Ayinger Kainzenhof. Oder auch die in Wurzelsud gekochte und in Butter herausgebackene Kalbshaxn, zum Anbeißen. All das ist aber nichts im Vergleich zum Kaiserschmarrn.

Denn der Kaiserschmarrn von der Wirtin, der Frau Kaltner, ist hier die Krönung. Den Kaiserschmarrn gibt's in einer gewaltig großen Portion, manchmal aber gibt es ihn auch gar nicht, weil die Frau Kaltner den Kaiserschmarrn immer frisch macht, und wenn ihr am Samstag und am Sonntag zu viel los ist in der Küche, dann sagt sie, dass es eben heute keinen gibt. Deswegen steht auf der Speisekarte auch immer »Am Wochenende auf Anfrage«, meist empfiehlt sich kurz davor ein Anruf, wobei der auch nicht jedes Mal die allerletzte Gewissheit bringt, weil es als Replik dann ein »Könnt scho sein, aber auch ned« zu hören gibt.

Der Kaiserschmarrn von der Frau Kaltner lockt übrigens Gäste unterschiedlichster Couleur an, beim letzten Besuch teilten sich ein älteres Rentnerpaar und ein Biker-Pärchen in Harley-Kluft einen Tisch. Den Kaiserschmarrn teilten sie sich nicht, da aß dann jeder für sich eine Portion.

Einmal fragte man die Bedienung, ob sie denn wisse, welche raffinierte Rezeptur hinter dieser Mehlspeise, die man ja auch in vielen Gaststätten eher fad und trocken serviert bekommt, stecken würde, aber die Bedienung schmunzelte nur mitleidig, zuckte, bevor sie die lediglich noch mit einem Hauch von restlichem Puderzucker geleerten Teller abräumte, mit den Schultern und meinte, das würde sie selbst auch nicht wissen, weil das die Frau Kaltner noch nie irgendjemandem gesagt hätte und deswegen das wohl auch immer ihr Geheimnis bleiben würde.

Man muss aber auch nicht alles wissen im Leben. Geht man zu der Aufführung eines Zaubererkünstlers, will man die Tricks hinter der Magie auch nicht erfahren, es ist doch schön, wenn man nicht alles versteht und erklärt bekommt, sondern wenn man einfach auch genießen kann.

Was hier hoffentlich noch oft der Fall sein wird in den kommenden Jahren. Schöne Aussichten.

94. GRUND

WEIL ES IM GRAMINGER WEISSBRÄU RUHIGER ZUGEHT ALS IM WALLFAHRTSMEKKA ALTÖTTING

Zwei große historische Ereignisse beherrschten die letzten Jahre des 15. Jahrhunderts, beide Male ging es um bedeutende Reisen, die eine führte nach Westen, das war die Schifferlfahrt von Christoph Kolumbus nach Amerika, 1492. Die andere ging, drei Jahre davor schon, nach Osten. Die erste Wallfahrt nach Altötting. 1489.

Abgerissen ist der Pilgerstrom seitdem nicht, auch heute noch ist Altötting ein Mekka für alle Wallfahrer, die berühmteste ist wohl die in Regensburg beginnende Fußwallfahrt, es gibt sie seit 1830 und hat jedes Jahr mittlerweile rund 8.000 Teilnehmer. Sie führt an drei Tagen über genau 111 Kilometer, wäre jeder Kilometer ein Grund, könnte man auch ein Buch schreiben, *111 Gründe, nach Altötting zu pilgern*, aber das nur am Rande.

In Altötting geht es jedenfalls immer ziemlich geschäftig zu, per annum tummeln sich 1,3 Millionen Besucher rund um die Devotionaliengeschäfte und Souvenirstandl, Ruhe geht anders. Manchmal ist Altötting die Hölle. Ruhe findet man aber gar nicht so weit weg, abseits des ganzen Remmidemmi, und zwar am Südrand der Stadt, beim Graminger Weißbräu.

Der Graminger Weißbräu ist nämlich ein echter Geheimtipp; eine alte Wirtschaft mit einem schönen Biergarten unter dichten Kastanienbäumen, ein herrlicher Ort. Den Gasthof mit der hauseigenen Brauerei gibt es seit 1900, damals kam der hier ansässige Schmiedemeister auf die kluge Idee, Tische aufzustellen und an die Gäste Brotzeiten und das in einem Waschkessel selbst hergestellte Bier zu verkaufen. Das Geschäft lief prächtig an.

Heute ist das Lokal im Besitz der Familie Detter und wird derzeit geführt in der vierten Generation von den drei Schwestern, der Iris, der Birgit und der Sabine[79]. Weil der Weißbräu eben Weißbräu heißt, gibt es hier vor allem Weißbier, das ist der Klassiker bei den Bieren. Ganze 2.000 Hektoliter stellen sie hier im Jahr her, die Jahresproduktion des kleinen Brauhauses im lieblichen Ostbayern ist in etwa das, was auf dem Oktoberfest in einer Viertelstunde hinuntergestürzt wird. Umso mehr wirkt jede Halbe hier fast wie eine rare Kostbarkeit. Dabei wird das Weißbier hier nicht nur in Gläser eingeschenkt, sondern kommt auch in die Pfannen und Töpfe der Wirtsküche.

Die bei den Stammgästen wertgeschätzte Hausspezialität ist die Weißbiersuppe, bei der angeröstete Zwiebeln von Weißbier abgelöscht werden, dazu kommen dann noch vor dem Pürieren Wasser, Milch und ein Schuss Sahne, Salz und Muskat. Oder als süße Nachspeise das ebenfalls mit Hefeweizen verfeinerte Bieramisu. Und wenn man vielleicht das eine Bier zu viel erwischt hat, übernachten geht hier auch.

Es sind in jedem Fall wahre Glücksmomente, hier zu sitzen und im Biergarten unter den mehr als 100 Jahre alten Bäumen den Blick Richtung Norden schweifen zu lassen, hinüber in das überlaufene Zentrum Altöttings. Man fragt sich dann immer, was die eigentlich da drüben wollen. Eigentlich ist der Graminger Weißbräu der wahre Ort zum Hinpilgern.

KAPITEL XIII

SPORTLICH

WEIL AUS DEM FRANZE, DEM GIESINGER SAUBUB, DOCH NOCH EIN KAISER WURDE

Im Spätsommer 2005 kam Franz Beckenbauer zu einer Buchpräsentation, es stand gerade sein 60. Geburtstag an, zu solchen Gelegenheiten werden gerne Bücher vorgestellt, und wenn der Jubilar auch noch eine Berühmtheit ist, dann sind es viele Bücher.

Bei Franz Beckenbauers Sechzigstem waren es noch sehr viel mehr Bücher.

Franz Beckenbauer also, der Kaiser. Weltmeister, Europameister, Europapokalsieger, Deutscher Meister, Pokalsieger, alles gewonnen, was es zu gewinnen gibt im Fußball. 1990 führte er als Teamchef in Rom die DFB-Elf zum WM-Titel, aber all das war nichts gegen diesen einen Moment 1994, der ihn endgültig zur sakrosankten Lichtgestalt erhob – als er nämlich beim ZDF-*Sportstudio* den Ball sogar von einem Weißbierglas durch das Loch in der Torwand schoss.

Beckenbauer kam an jenem Tag also ins Münchner Seehaus, einem eher gediegenen angeschickten Schuppen am Kleinhesseloher See im Englischen Garten. Kamerateams stürzten sich auf ihn, Fotoapparate klickten und blitzten, Reporter hielten viele Mikrofone unter sein Kinn. Dann kam Wolfgang Steiner vorbei. Er klopfte dem Beckenbauer auf die Schulter und sagte: »Franz, sag amoi, wia hoit's du des bloß aus?« Und der Franz setzte sein mildes Kaiser-Lächeln auf und sagte: »Mei, da gwohnst dich dran.«[80] Der Franz und der Wolfi, die dicken Freunde aus Obergiesinger Tagen.

Gewöhnen mussten sich der Franze und der Steiner Wolfi schon als Kinder an vieles. An die Schelte von Vater Beckenbauer etwa, der, wenn er von der Arbeit heimkam in die Wohnung an der Zugspitzstraße 6, sich immer fürchterlich aufregte über die Freunde, die im Flur Fußball spielen. »Saubuam«, tobte der Vater, »aus eich werd so nia wos, schaut's mich an, i bin Postobersekretär worn.«

Aber zur Post wollte keiner der beiden, für die beiden gab es nur den Fußball. Mit acht ging der Franze zum SC 1906, dem Fußballverein gleich nebenan.

»Da war er noch ein schüchterner Bub«, sagte sein Spezl Wolfgang, später dann, als der Buchtermin vorbei war, der Franz wieder weg war und sich der Rummel gelegt hatte.

Schüchtern war der Franz, und bescheiden lebte die ganze Familie Beckenbauer, denn viel leisten konnten sich Giesinger Familien in jenen Jahren noch nicht. »Arme Hund warma«, sagte Steiner und erzählte von den schönen Wochenenden, wenn sie beide jeder eine Mark zusammengespart hatten. »Für 65 Pfenning ins Kino, für 30 auf den Sechzger-Platz und für ein Fünferl die gute Pit-Brause. Mehr hamma ned braucht zum Glück.« Glück. Ja, gibt's denn was Schöneres?

Mit 13 ging Beckenbauer dann weg vom SC 1906. Weil dem Verein die Trainer ausgingen, aber auch, weil damals der Platzwart ihn und den Steiner Wolfi verscheuchte, weil sie außerhalb der Trainingszeit auf dem Platz herumkickten. »Schleicht's eich«, fauchte der grimmige Geländehüter. Und Beckenbauer schlich sich. Für immer.

Wie eigentlich geplant zu den Löwen wechselte er aber nicht, nachdem ihm in einem der letzten Spiele für die 1906er der Mittelstürmer des gegnerischen TSV 1860, ein junger Mann namens Bauernfeind, eine Watschen mitgegeben hatte. Die folgenschwerste Ohrfeige, die je auf einem Münchner Fußballplatz ausgeteilt wurde. »Zu dene Grattler«, fluchte der Franz nach dem Spiel zu Spezl Wolfi, »geh i ned.«

Darum ging er noch in der Jugend zum FC Bayern. Bei einem der ersten Spiele schauten die Eltern mal vorbei, doch der Vater, ein rechter Fußballmuffel, war so entsetzt über all die anderen ehrgeizigen und brüllenden Väter am Spielfeldrand, dass er auf dem Heimweg zu seiner Frau Antonie sagte: »Da fahrma nimmer hin. Da geht's ja zua wia im Irrenhaus.«

Der Franz jedenfalls machte von Anfang an auf Führungsspieler; als die Bayern ein Spiel unnötig verloren, stauchte er seine Mitspieler als »Schwammerl« zusammen. Prompt wurde er von Trainer Rudi Weiß in die Reserve geschickt.

Lang freilich währte die damalige Strafversetzung nicht. Mit 18 bekam Beckenbauer bei Bayern seinen ersten Vertrag für 180 Mark, 1965 folgte der Aufstieg aus der Zweitklassigkeit. Mit den Bayern in die Bundesliga und persönlich zu den ganz Großen des Weltfußballs.

Zu Hause herrschte freilich noch ein strenges Regiment. Der Vater verlangte noch von dem 20-jährigen Sohn, dass er jeden Abend um zehn zu Hause zu sein habe. Als der Franze am Tag vor dem Abflug zu seinem ersten Länderspiel in Schweden erst um halb elf heimkam, gab es eine saubere Standpauke.

Nach dem Länderspiel gab es nur Lob.

2:1 hatte Beckenbauer mit dem DFB-Team gewonnen, die Qualifikation für die WM in England war damit fix. Beckenbauer wurde zum Star, er war Dauergast auf Society-Partys und machte im Fernsehen Werbung für Packerlsuppen, weil Manager Robert Schwan schon bald die Verträge für ihn aushandelte.

»Der Schwan«, sagte Katsche Schwarzenbeck (siehe Grund 96) einmal, »war dem Franz sein Glück. Der Franz war einfach ganz hoch droben. Und wir alle ein bisserl weiter herunten.«

Beckenbauer zog in die Welt hinaus, als Spieler nach New York und nach der Karriere noch viel weiter, er holte die WM 2006 nach Deutschland, lebte in Kitzbühel und in Salzburg, und kam aber doch immer wieder zurück nach München, und wenn es die Zeit erlaubte, dann traf er sich mit seinem Spezl Wolfi, dann ratschten sie über die Zeit bei den Sechsern, die gute Pit-Brause und ihre Werdegänge zur Lichtgestalt und zum Versicherungsmakler. Wurde ja doch noch was. Aus den Giesinger Saubuam.

96. GRUND

WEIL DER KATSCHE SCHWARZENBECK IN SEINEM KIOSK DIE SCHÖNSTEN GESCHICHTEN ERZÄHLTE

Samstag, kurz vor zwölf, kam in den Laden vom Katsche noch mal ein Vater mit seinen drei Buben. Er kaufte ein *Kicker*-Sonderheft für die neue Bundesliga-Saison, dann bat er noch um ein Autogramm. In ein altes vergilbtes Buch, das er dabeihatte und aufschlug. Auf ein Schwarz-Weiß-Bild, das den Katsche Schwarzenbeck zeigte und den Maier Sepp. Einer der Buben bekam noch ein *Lustiges Taschenbuch* von Donald Duck, dann gingen sie. Sie waren die Letzten.

Denn dann, um Punkt zwölf, nahm Katsche seinen Schlüssel in die Hand und sperrte seinen Laden im Münchner Stadtteil Au zu. Für immer. Nach 28 Jahren. »So schad' wia's ist«, sagte er. »Aber das Gschäft hat sich einfach nimmer rentiert.«[81] Und darum hörte er auf, Anfang August 2008, vier Monate nach seinem 60. Geburtstag, der berühmteste Schreibwarenhändler der Stadt.

Ein leiser Abschied. Wie auch sonst. Ganz der Katsche.

Selbst von den Stammkunden waren nur die Allerwenigsten eingeweiht. Auch man selbst wusste es nicht, bis zu jenem Samstagvormittag. Bei Katsche Schwarzenbeck in seinem Laden hatte man als Zeitungsreporter bis dahin jahrelang jeden Montag gleich in der Früh reingeschaut, es ging um den Text für seine wöchentliche Kolumne, die er dienstags immer auf Seite 2 im Blatt hatte, meistens sprach er dann über das, worin er sich am besten auskannte, über den Fußball. Über die Spiele vom Wochenende, über seine Bayern und manchmal sogar über die Sechzger, der Katsche war da gar nicht so, es war ein lieb gewonnenes Ritual jedenfalls, Montag früh um halb neun, auf einen Kaffee beim Katsche.

An jenem Samstag also rief man am Vormittag noch mal an, um ihm einen guten Urlaub zu wünschen, weil der Katsche wie immer

Anfang August für ein paar Wochen zusperrte und in dieser Zeit dann auch keine Kolumne erschien, nur diesmal sagte er dann: »Damit Sie's aa wissen, i sperr im September nimmer auf.« Es war eine niederschmetternde Nachricht, schnell schwang man sich aufs Radl und strampelte von daheim in Haidhausen hinunter in die Au, um sich auch persönlich noch zu verabschieden, Zeitzeuge zu sein, wenn der Katsche zusperrt. Als man unten ankam in der Ohlmüllerstraße, sah man, dass hier gerade eben ein lokaler Schauer herniedergegangen war, es waren die Tränen des Himmels, die den Gehsteig benetzt hatten.

42 Jahre lang hatte Katsche Schwarzenbeck hart gearbeitet. Die letzten 28 als Schreibwarenhändler. Die ersten 14 als Fußballprofi. Nun hatte das Berufsleben ein Ende.

Katsche, der Name war immer ein Geheimnis. In der Rotbuchenschule in Harlaching nannten sie ihn so, als er ein Bub war, was der Spitzname bedeutet hat, wusste er nie. Der Vater war Vollzugsbeamter im Gefängnis in Stadelheim, die Mama früh gestorben. Mit 18 begann Schwarzenbeck als Profi bei den Bayern, das war 1966, am Beginn der glorreichen Ära der Bayern. Schwarzenbeck war Vorstopper, das gab es damals noch, seine Aufgabe bestand darin, die Gegenspieler abzuräumen, um seinem Mitspieler, dem Libero, viel Freiräume geben zu können. Der Libero der Bayern war Franz Beckenbauer, und weil Vorstopper Schwarzenbeck seine Arbeit beim FC Bayern wie in der Nationalmannschaft zum Leidwesen der Gegenspieler pflichtbewusst und konsequent auf eher rustikal-humorlose Weise erledigte, konnte sich Beckenbauer mit seiner Eleganz in einer unnachahmlichen Leichtigkeit nach Herzenslust entfalten. »Der Katsche hat mir immer den Rücken frei gehalten«, sagte Beckenbauer auch selbst einmal.[82]

Was dem Katsche allerdings verboten war, das waren Ausflüge über die Mittellinie. Einmal aber hielt er sich nicht an das Verbot, das war 1974 im Endspiel des Europapokals der Landesmeister. In der 119. Minute, Bayern lag nulleins gegen Atletico Madrid hinten, als Schwarzenbeck auf einmal den Ball hatte und über die Mittellinie ging. Sein damaliger Mitspieler Uli Hoeneß erinnerte sich später einmal daran, dass er gedacht habe, um Himmels willen, der Katsche, was macht denn der jetzt, der wird doch nicht, aber bei diesem Spielstand war es ja auch schon egal. Und dann haute der Katsche aus 25 Metern drauf und drosch die Kugel ins linke untere Eck. Kurz darauf war Abpfiff, dann fiel noch das Flutlicht aus, woher auch diese wunderbar geflügelte Münchner Redensart stammte, die in manchen Familien lange benutzt wurde, wenn etwa daheim beim Abendbrot, bei Pfundweckerl, Presssack und Radieserl über dem Küchentisch die Glühbirne durchbrannte: »Jessas. Hat der Katsche wieda d'Liachta ausgschossn.«

Das Wiederholungsspiel damals gewannen die Bayern übrigens 4:0. Zweimal Hoeneß, zweimal Müller.

Als er 1980 die Karriere beendete, war Schwarzenbeck Weltmeister, Europameister, er hatte den Weltpokal gewonnen, viermal einen Europapokal, sechsmal die Deutsche Meisterschaft und dreimal den DFB-Pokal. Das allein hätte als gute Voraussetzung gereicht, um weiter im Profifußball Karriere zu machen, als Trainer oder Manager. Aber das wollte der Katsche nicht, lieber übernahm er den Laden von seinen beiden Tanten in der Ohlmüllerstraße und stand ab da fast drei Jahrzehnte von früh bis spät im Laden. Verkaufte Kugelschreiber und Radiergummis, Hefte und Lineale, Zeitungen und Magazine.

Sprach über alte Zeiten, weil die benachbarten Stammkunden das Tag für Tag genauso gerne taten wie Fußballfans aus der ganzen Welt, die auf der Durchreise einmal bei dem Weltmeister hinter der Ladentheke vorbeischauen wollten. Es war ein bemerkenswerter Weg, den der Katsche nach dem Fußball eingeschlagen hatte, und ein gesunder. Andere Profis aus jener Zeit schafften es nicht, nach dem Abschied vom Fußballplatz festen Boden unter die Füße zu bekommen. Manche Schicksale endeten in Schulden, im Absturz, im Suff.

Irgendwann aber lohnte sich das Geschäft für den Katsche nicht mehr, im Supermarkt gab es die Schreibwaren längst billiger, und die Zeiten, als die Kinder am ersten Schultag auf der Straße bis zum Metzger einige Häuser weiter mit einer langen Einkaufsliste Schlange standen, die waren längst vorbei. Sein treuester Kunde war noch der FC Bayern, und wenn dort neuer Bürobedarf gebraucht wurde, dann riefen sie beim Katsche an. Manchmal sah man ihn auch so Ende November mit vielen unterschiedlich gemusterten Rollen Geschenkpapier an der Säbener Straße einlaufen, damit sich Uli Hoeneß und die anderen Verantwortlichen der Bayern die passende Verpackung für die Weihnachtspräsente aussuchen konnten. Meistens nahmen sie dann rotes Geschenkpapier.

Also sperrte er dann 2008 zu, zog sich zurück als Rentner mit seiner Frau in sein Haus in Harlaching, am Rand vom Perlacher Forst. Ein schillernder Weltmann wie Beckenbauer zu werden, in Kitzbühel und Salzburg zu residieren, das wäre nichts gewesen für den Katsche. »Mei«, sagte er einmal, als er das Geschäft noch hatte, »der Franz ist in der Weltgschicht. Und ich bin in meinem Laden. Aber mir is des recht. Ich hab gern mei Ruah.« Wenn Beckenbauer durch die Tür eines Flugzeugs stieg, dann ging es manchmal nach New York und manchmal nach Sydney. Wenn Schwarzenbeck durch die Tür seines Ladens ging, dann fuhr draußen die Trambahn vorbei. Mal zur Schwanseestraße und mal zum Petuelring.

2008 also, an jenem Samstag, nahm er Punkt zwölf den Schlüssel. Und kurz bevor er zusperrte, kurz vor dem finalen Abpfiff, da gingen die Lichter aus.

Es war fast ein bisschen wie 1974 in Brüssel.

WEIL DER WELTPOKALSIEGER VOM FC BAYERN AUF HOLZ KLOPFTE UND SCHREINER WURDE

Wenn Fußballprofis von großen Vereinen ihre Schuhe an den Nagel hängen, gibt es bei den Optionen für das Leben nach der Karriere einige beliebte Klassiker. Man drückt noch mal die Schulbank, macht den Trainerschein und kehrt als Coach zumindest an den Spielfeldrand zurück. Man kann wegen treuer Dienste beim Verein auch sonst einen Job im Klub bekommen, oder man wird Experte im Fernsehen und kann Dinge sagen, die man sich zu sagen früher nicht getraut hat, jetzt aber sagen darf und sagen soll, weil man dafür ja auch gutes Geld bekommt. Oder man wird Repräsentant. Wie Paul Breitner beim FC Bayern. Das heißt, man fährt und fliegt in der Weltgeschichte herum und repräsentiert den Verein. Muss offensichtlich auch wichtig sein.

Früher, zu Zeiten, als Ernst Huberty und Hans-Joachim Rauschenbach in der Studio-Kulisse der *Sportschau* noch zur Ankündigung von Bundesligaspielen zwischen Kickers Offenbach gegen Bayer Uerdingen runde Scheiben drehten und Walter Baresel bei der DFB-Pokal-Auslosung mit zittrigen Händen Zettel zeigte, auf denen den Stuttgarter Kickers der Sieger des Spiels Röchling Völklingen gegen die SpVgg Erkenschwick zugeteilt wurde, zu jenen Zeiten also hatten die Profis noch andere beliebte Berufswege zum Einschlagen. Einige machten ein Sportgeschäft auf (Franz Roth, FC Bayern), andere einen Schreibwarenladen (Katsche Schwarzenbeck, siehe Grund 96) oder eine Kneipe (Hanne Weiner, Willi Lippens). Wieder andere taten sich schwer mit dem Leben danach und bekamen Alkoholprobleme. Gerd Müller etwa oder der frühere 1860-Stürmer Rudi Brunnenmeier. Müller wurde von seinem alten Verein gerettet, Brunnenmeier nicht. Müller bekam eine Entziehungskur und einen Job als Jugendtrainer, man sah ihn jeden

Tag bei den Bayern an der Säbener Straße. Brunnenmeier sah man täglich im Biergarten am Viktualienmarkt.

Einer, der auch ganz große Erfolge mit dem ruhmreichen FC Bayern der 1970er-Jahre feierte, entschied sich für einen ganz anderen Werdegang, Udo Horsmann. Als Fußballprofi hatte Horsmann den Weltpokal gewonnen, den Europacup, den DFB-Pokal. Acht Jahre war er bei Bayern und zweimal Deutscher Meister, 327 Pflichtspiele, 242 in der Bundesliga, er spielte in einer Mannschaft mit Maier, Müller, Beckenbauer, Breitner.

Als man sich mit ihm Mitte März 2012 kurz vor seinem 60. Geburtstag treffen wollte, musste er den Termin kurz verschieben. Weil er eine Einladung hatte zu einer Veranstaltung.

Wenn Maier, Müller, Beckenbauer, Breitner eine Einladung bekommen, dann hat das meist mit Sport zu tun, dann sprechen sie dort über ihr Leben, den Fußball. Udo Horsmann war eingeladen auf die Internationale Handwerksmesse in München, er sprach über seinen Beruf, das Schreinern.

Einige Tage später, nach der Handwerksmesse, als die Frühlingssonne auf die Tische vor seinem Lieblingscafé im Münchner Stadtteil Schwabing strahlte, sagte Udo Horsmann dann: »Das Leben hat es verdammt gut mit mir gemeint.«[83]

Schreiner wie sein Vater wäre Horsmann vielleicht schon früher geworden, aber dann kam der Fußball dazwischen. Horsmann ist Westfale, er stammt aus Beckum. Beckum liegt zwischen Hamm und Gütersloh und hat an der A2 sogar eine eigene Autobahn-Ausfahrt. Bis er 23 war, trat Udo Horsmann bei der SpVgg Beckum gegen den Ball, Verbandsliga, dann holte ihn Dettmar Cramer, nach München und in eine andere Welt. Sommer 1975, die Bayern hatten schon zweimal den Europacup der Landesmeister geholt, Horsmann erkämpfte sich aber schnell einen Stammplatz, links hinten, er hatte darum immer die Rückennummer 3 und war, wie es sich für eine gute Nummer 3 gehört, ein harter Verteidiger.

Würde man Fußballspieler in Holzsorten klassifizieren, waren Beckenbauer, Breitner Edelhölzer – Palisander, Teakbaum. Horsmann war Birke. Rustikal, knorrig.

Sein wohl bestes Spiel machte er 1976, Rückspiel gegen Real Madrid, Landesmeister-Halbfinale. Sein Gegenspieler war Weltstar Amancio, der rechte Flügelstürmer. Amancio hieß »El Brujo«, der Hexer, an diesem Abend wurde er von Horsmann entzaubert. Bayern gewann 2:0, Amancio drosch kurz vor Schluss entnervt den Ball auf die Tribüne, dann flog er vom Platz, es war sein letztes Europacup-Spiel. Für Horsmann kamen noch viele, das definitiv schönste war gleich danach der Final-Triumph gegen Saint-Étienne.

Ansonsten war er keiner, der groß auffiel, weder im Spiel noch im Mannschaftsbus. Wenn die anderen schafkopften, der Gerd, der Franz, der Sepp, dann las er meist. Philosophen, Literaten. Seneca, Hesse, Arno Schmidt. Unspektakulär war auch sein Abschied 1983, Horsmann ging zu Stade Rennes und zum 1. FC Nürnberg, danach sogar noch zum TSV 1860 in die Bayernliga, das gab ihm den Rest, 1986 war Schluss mit Fußball.

»Fußball«, sagte Udo Horsmann, »war eine irreale Traumwelt. Der Übergang in die richtige Welt war darum sehr schwer.« Horsmann arbeitete als Generalvertreter für Puma, danach verkaufte er Autos. Mercedes-Benz in Starnberg, es gibt Jobs, die nach mehr Überlebenskampf am Existenzminimum klingen. Aber er fühlte sich nicht wohl, unglücklich.

Nach zehn Jahren warf er hin, er stieg aus. Er ging nach Andalusien und lernte Spanisch, sein Lieblingsausdruck war »disfrutar de la vida«. Das Leben genießen. Horsmann begann mit dem Saxofonspielen, und es war so um die Jahrtausendwende, als er vor einem Auftritt im Nebenraum der Max-Emmanuel-Gaststätte sagte, ein Konzert vor 100 Leuten in Schwabing mache ihn nervöser als ein Kick vor 100.000 in Bernabeu.[84]

Aber der große Kick war das auch nicht, das Leben als Lebenskünstler, so ziellos vor sich hin. Und das merkte auch Gabi, die Ehefrau, die ihn eines Tages bat: »Jetzt mach doch endlich wieder was.« Und das tat Horsmann dann auch, er besann sich seiner Wurzeln, fing das Schreinern an, plötzlich sah er darin seine Erfüllung. Er mietete sich in einer Gemeinschaftswerkstatt in der Lerchenau ein, er zimmerte Bänke, Tische und Hocker, Hängeregale und Kinderstühle. Und dann schloss sich wieder der Kreis mit dem FC Bayern, wegen der gigantomanischen Chronik, die der Verein 2011 auf den Markt brachte, eher schleppte. 70 Zentimeter hoch und 50 breit, 30 Kilo schwer und 3.000 Euro teuer, ein überdimensionierter Wahnsinnswälzer, zu groß und mächtig für jede Bücherwand. Also entwarf Horsmann im Auftrag des Verlags einen passenden Ständer, der das Werk auch aushält, das sogenannte »Bayern-Bord«. 149 Zentimeter hoch, 70 breit, erhältlich in Eiche, Mahagoni, Nussbaum, Kosten je nach Holz 945 bis 995 Euro.

Es gab Präsentationen, Horsmann traf alte Mitspieler wieder, schöne Erinnerungen kamen hoch. »Für viele war ich der komische Kauz, der in der Ecke sitzt und sein Buch liest«, sagte Horsmann, und sprach dann noch davon, dass die Zeit bei Bayern doch die schönste Phase seines Lebens war. Horsmann saß an jenem Tag noch lange in der Schwabinger Frühlingssonne und wirkte als ein sehr glücklicher Mann. Mit seiner Familie, Frau und Tochter, mit seinem Beruf.

Schreiner Horsmann war in jedem Fall nicht mehr auf dem Holzweg.

98. GRUND

WEIL NIEMAND SO SCHÖN LEIDET WIE EIN ECHTER SECHZGER

Die Faustballer vom Turnverein von 1860 lachten sich kaputt. Und die Schleuderballer natürlich auch. Da gründete sich doch tatsächlich auch noch eine Spielriege, die meinte, sich diesem neumodischen Fußballsport widmen zu müssen. Im Juli 1902 spielten die

1860-Kicker das erste Mal, hinten auf der Schyrenwiese, und als sie gegen den 1. Münchner Fußballclub mit 2:4 verloren hatten, da war das Mitleid gering, aber die Häme groß. Das zweite Spiel war dann noch schlimmer. Gegen den MTV München gab es ein 0:13.

Mit diesen Begegnungen begann die Fußballhistorie von 1860. Und damit auch die Begegnung mit dem ewigen Leiden.

Das Leiden ist der Sechzger-Fan gewohnt. Könnte er nicht leiden, wäre er auch etwas anderes geworden, aber kein Blauer. Denn in gewisser Weise ist der Löwen-Anhänger die personifizierte Bestätigung der These des italienischen Humanisten Francesco Petrarca (1304 bis 1374), der die wahre Liebe als Schmerzliebe sah, die in der Lust am Leid gipfelt. Denn wer nicht über einen soliden Grundmasochismus verfügt, braucht mit diesem Verein erst gar nicht anzufangen. Er braucht den Hang zur Schwermut. Die Bereitschaft zum Untergang. Die Lust am Blues.

Die wahre Heimat des Blues war nie auf den Baumwollfeldern in den amerikanischen Südstaaten. Der Blues ist in Giesing daheim, jenseits vom Ostfriedhof.

Adalbert Wetzel war als unvergessener Präsident (1952 bis 1969) die perfekte Verkörperung des Löwen. Denn er litt in seinem Leben sehr oft. In den 1920er-Jahren verdiente er sein Geld als hart malochender Ölsucher. Später zog er durch Südamerika, er überlebte am Amazonas die Malaria und das Schwarzwasserfieber und sogar den grimmigen Indio, der ihm mit einer Machete den Körper kreuz und quer aufschlitzte.

Als Wetzel wieder nach München zurückkehrte, hatte er die Reife zum Löwen-Fan. Und später zum Präsidenten.

Und schon zu jener Zeit hatte der Verein große Schulden. 975.000 Mark waren es, weshalb der damalige Vizepräsident Toni Schmidbauer in einer Vorstandssitzung meinte: »Am besten, wir legen noch 25.000 drauf, dann haben wir eine Million beieinander, das merkt man sich leichter.« Wetzel verkaufte seine Wertpapiere und sein Haus in Harlaching, der Verein war gerettet.

Nicht zu retten war der Verein unter Erich Riedl (siehe Grund 100). Haushaltsexperte der CSU war er in Bonn, als der Verein unter seiner Ägide acht Millionen Mark Schulden ansammelte und deshalb in die Bayernliga zurückversetzt wurde. Im Bundestag attackierte Herbert Wehner Erich Riedl mit den Worten »Sie Absteiger, Sie«, und wenn Riedl am Rednerpult versuchte, die neuesten Etat-Kalkulationen und Haushaltszahlen der Bundesregierung glaubhaft zu vermitteln, skandierten die oppositionellen SPD-Parlamentarier hämisch: »Sechzig! Sechzig!« Sie lachten Hohn. Fast so wie die Faust- und Schleuderballer anno 1902.

In der Bayernliga folgte die Blütezeit der Schmerzenswonne, eine Dekade hatte man Zeit zum Erinnern an bessere Zeiten. Denn freilich, gute Momente gab es auch. Früher. Das Europapokalfinale 1965 etwa. Oder 1966, beim ersten und wohl auch letzten Gewinn der Deutschen Meisterschaft.

Doch selbst damals ging es nicht ohne Wehklagen. Am vorletzten Spieltag 1966 siegten die Löwen bei Borussia Dortmund, dem direkten Konkurrenten, mit 2:0, und alle jubelten, bis auf Željko Perušić, den defensiven Mittelfeldmann, weil sich am Spielfeldrand nämlich ein Schäferhund losgerissen und nach wilder Jagd über den Platz Perušić in den Unterarm gebissen hatte. Es war symptomatisch. Ohne Schmerzen machten es die Sechzger nicht, nicht einmal im Moment des größten Triumphes.

Triumphe waren seitdem rar, und so wurde das Leiden zum Lebenselixier. Sicher, die Freude über den Wiederaufstieg in die Bundesliga 1994 war groß, und dann durfte man sogar bald wieder international spielen, doch als die Löwen Anfang September 1997 zu ihrem ersten Europapokalspiel nach drei Jahrzehnten nach Tampere in Finnland, zur Partie gegen Jazz Pori reisten, da merkte man die große Entfremdung.

Statt der Betrachtung von Land und Leuten verschanzten sich einige Fans in der Hotellobby hinter ihren Schafkopfkarten, andere sehnten sich angesichts der 15 Mark für ein Bier die bevorstehende Wiesn herbei. Nein, Europa passte nicht zu Sechzig. Der Löwe wollte heim nach Giesing. Heim zum Blues.

Danach ging es abwärts. Sportlich zu schlecht zum Bejubeln, zu gut zum Bejammern. Aber zum Beklagen gab es ja auch noch andere Gründe, diesmal ging es um die fehlende Identität.

Buhmann war Karl-Heinz Wildmoser (siehe Grund 99), als Präsident Nachfolger des schillernden Baulöwen Karl Heckl und der überforderten Turnwartin Lilo »Miss Klimmzug« Knecht. Wildmoser brachte den Verein in den 1990ern nach oben, doch als Alleinherrscher verordnete er den Exodus aus dem Grünwalder ins Olympiastadion, die Heimstatt des verhassten FC Bayern. Und so fühlten sich viele treue Löwen-Fans wie sowjetische Regimekritiker bei der Verbannung nach Sibirien in den Gulag. Der Löwe im Archipel Oberwiesenfeld.

Später, nach dem Abstieg aus der Bundesliga spielten sie ab 2005 in der Allianz-Arena in Fröttmaning, glücklich wurden sie auch dort nicht, das Trauerspiel ging weiter, interne Machtkämpfe inkompetenter Funktionäre und Präsidenten machten den Verein zum jahrelangen Schauplatz eines trostlosen Intrigantenstadls. Mit unfreiwillig kabarettreifen Selbstdarstellern auf Kasperltheater-Niveau.

Im Juli 2013 wurde ein gewisser Gerhard Mayrhofer Präsident. Bei seiner Antrittsrede sagte er, 1860 müsse das Image ändern. Mehr Rock ’n’ Roll forderte er. Das hörte man aber nie. Nur Blues.

In der Trilogie vom *Krieg der Sterne* gibt es auf dem Planeten Tatooine am Ende des Universums ein allesfressendes Monster im Wüstenboden, das Menschen verschlingt und sie im Inneren 1.000 Jahre unter qualvoller Pein künstlich am Leben hält. Dabei muss man gar nicht an den Rand der Galaxie fahren. München-Giesing reicht. Das Leben als Sechzger birgt Schmerz genug.

WEIL SICH DER KLEINE HEINZI AUS DEM PASINGER ARMENHAUS BIS ZUM TOD ALS BESTER KÖNIG DER LÖWEN WÄHNTE

Es war 2009, ein paar Monate vor seinem Tod, da hat der Heinzi noch einmal zum Gratulieren angerufen, in der Agnes-Bernauer-Straße beim Draxl Johann. Der Johann, zu dem der alte Heinzi immer Jackl gesagt hat, war da 70 geworden, ein 39er-Jahrgang, genau wie er selber. Wer im Jahr 1939 auf die Welt kommt, der hat gewiss nicht die unbeschwerteste aller Kindheiten, so geht es auch den beiden, dem Jackl und dem Heinzi, die nach dem Krieg dicke Freunde werden, als sie miteinander auf die Pasinger Volksschule gehen.

Der Jackl ist für den Heinzi ganz wichtig, denn der Jackl ist einer, der den Heinzi schätzt, und davon gibt es nicht viele.

Es gibt viele, die ihn verachteten. So wie auch viele Jahrzehnte später. Als Karl-Heinz Wildmoser Präsident beim TSV 1860 ist.

Gleich am Pasinger Marienplatz sind die Wildmosers daheim. In der Schule lästern sie immer, die Wildmosers seien die aus dem Armenhaus. Weil die Wildmosers eben arm waren, sehr arm. Der Vater hat eine kleine Schusterei und eine schwere Kriegsverletzung, und als der Heinzi neun ist, ist der Vater tot. Zurück bleiben die Witwe, fünf Kinder und viele Sorgen. Darum beginnt der Heinzi bald zu arbeiten, er macht alles, wo es etwas zum Verdienen gibt. Schankkellner, Würschtlverkäufer, gut fürs Geld, schlecht für die Noten.

Die schulischen Leistungen, zum Vergessen. Oft kommt der Heinzi als Einziger ohne Hausaufgaben in die Schule, vor lauter Arbeiten hat er da nie Zeit dazu. Er bleibt ein Außenseiter, weiß sich aber durchzusetzen, zumindest durch handfeste und schlagkräftige Argumente, gefallen lässt er sich nichts, er ist groß und kräftig.

Eine Statur, die zum Fußballspielen freilich nicht taugt. Später wird Wildmoser erzählen, dass er ein sehr guter linker Verteidiger war, bei der TSG Pasing mitspielte, allein das ist eine Mär, denn für einen guten Fußballer reicht es nicht.

Dafür ist er bald ein guter Metzgerlehrling, mit 14, nach acht Jahren Volksschule, in Rottach-Egern. Wieder daheim, wird er Wirt vom »Ledigenheim« in der Bergmannstraße. Die Bergmannstraße kennt auch der Jackl gut, weil er da als kleiner Bub mit seinen Eltern wohnt, bevor sie im Krieg rausgebombt werden.

Der Heinzi findet Gefallen am Wirteleben, er übernimmt den Hacker-Keller auf der Theresienhöhe, 1985 dann den »Donisl«, ein Traditionslokal am Marienplatz, und krempelt alles um. Wildmoser senkt die Preise radikal. Der Schweinsbraten für einen Apfel und ein Ei, kaum irgendwo in der Stadt isst man billiger als im Donisl, höchstens noch beim Wienerwald. Überschaubar ist freilich nicht nur die Speisekarte, sondern auch der Charme mancher Bedienung. Es geht nicht um Gemütlichkeit und Herzlichkeit, sondern um Abfüllung und Sättigung. Fast Food auf Münchnerisch, McDonisl.

Der wirklich große Traum des kleinen Heinzi erfüllt sich aber nicht, der vom wirklich mächtigen Wiesn-Wirt. Er betreibt zwar auf dem Oktoberfest weiter seine kleine Entenbraterei, seine Bewerbung, das weitaus größere Hacker-Zelt, einen der stolzen Biertempel in der Wirtsbudenstraße zu übernehmen, aber scheitert. Der Ritterschlag bleibt aus, man schreibt 1989, das Jahr, in dem er sein Ego durch eine ganz neue Funktion stärkt, Wildmoser wird Vizepräsident beim TSV 1860. Der Verein dümpelt damals seit Jahren über die Dorfplätze der Bayernliga. Ampfing, Eching, Lichtenfels. Hinterdupfing, Trostloshausen.

Man hofiert Wildmoser, man drängt ihn, ganz die Macht zu übernehmen, er geniert sich, dabei ist es genau das, was ihm guttut. Endlich findet er hier die Anerkennung, nach der er sich so lange gesehnt hat. 1992 wird er Präsident, das erste Spiel ist ein 2:2 gegen den SC 08 Bamberg, danach sagt Wildmoser: »Unser Anspruch ist der AC Mailand.« Das sorgt für Heiterkeit, doch Wildmoser meint es ernst. Er ist besessen von der Idee, den Deutschen Meister von 1966 wieder ganz nach oben zu bringen.

Nach dem Durchmarsch von der Bayern- in die Bundesliga ziehen die Sechzger bald zum FC Bayern ins Olympiastadion, im Jahr 2000 werden sie Vierter in der Liga, es folgt ein denkwürdiger Augustabend vor 50.000 Zuschauern, die Champions-League-Qualifikation gegen Leeds. Wildmoser sitzt auf der Haupttribüne, er weint Tränen der Rührung ob der unfassbaren Gänsehautstimmung. Was er nicht weiß, dieser Abend markiert den Wendepunkt. Sechzig verliert nulleins. Ab da geht es bergab. Mit Sechzig und mit ihm.

Die Erfolge werden weniger, und bald zeigt sich, dass 1860 doch kein professionell geführter Fußballklub ist, sondern ein autokratisch regierter Verein aus dem Münchner Arbeiterviertel Giesing. Kritische Stimmen will Wildmoser nicht hören, er schart Abnicker und Jasager um sich, das beschert ihm viele Feinde. Immer noch träumt er davon, die Löwen als zweiten FC Bayern zu etablieren, was für eine kolossale und realitätsferne Fehleinschätzung.

Nach dem Schmiergeld-Skandal beim Bau der Allianz-Arena – sein Sohn Heinzi junior wird dabei zu einer mehrjährigen Haftstrafe verurteilt – tritt Wildmoser als Löwen-Boss zurück, einige Fans jagen ihn mit Schimpf und Schande von der Geschäftsstelle davon. Wildmoser macht sich rar, zieht sich in sein Stammlokal nach Hinterbrühl im Münchner Süden zurück und wähnt sich bei seltenen Telefonaten immer noch als der beste Präsident, den die Löwen je hatten, und erzählt, wie ihn viele noch beknien würden, das Amt noch einmal zu übernehmen.

2010 stirbt Wildmoser, die Beerdigung am Waldfriedhof gleicht einem Staatsbegräbnis. Gut 1.000 Menschen nehmen Abschied, Oberbürgermeister Christian Ude hält die Trauerrede, die Waakirchner Musikanten intonieren *Die Engel begrüßen Jungfrau Maria*, *Das Tagwerk ist vollbracht*, *Der Mensch muss sterben, du weißt nicht warum*, zum Abschluss spielt der alte Spezl Herbert Huber Wildmosers Lieblingsschnulze *Buona Sera Signorina*.

Gleich neben der Urne ein Kranz mit 100 roten Rosen seiner Witwe Theres, dazu steht: »In Liebe. Dein Reserl.« Groß aufgezogen ein Foto, das Porträt vom Sterbebild. Wildmoser in Pose, dominant, zufrieden. Es wirkt, als würde er noch einmal Hof halten, für Menschen, die ihm huldigen wollen, ihn würdigen. Wenn er es noch erleben würde, dieser Nachmittag gefiele ihm garantiert. Wenn schon sterben, dann wenigstens so. Genau richtig, für einen wie Wildmoser.

Sonnenkönig nannte man ihn oft, einen absolutistischen Despoten. Wenn man sich anschaute, was bei den Löwen danach kam an Peinlichkeiten im Präsidentenamt, wie es seinen Nachfolgern mit einer gnadenlosen Konsequenz gelang, den Klub ins untere Mittelmaß der Zweitklassigkeit herunterzuwirtschaften und viel Kredit bei den eigenen Fans zu verspielen, dann war man zwar nicht geneigt, den alten Wildmoser im Nachhinein verklärt als unantastbaren Überheiligen anzusehen, aber zumindest als ein wunderbar polarisierendes und für einige sportliche Erfolge verantwortliches sonderbares Unikum. Ein Unikum war er in jedem Fall, der Armenhäusler vom Pasinger Marienplatz.

100. GRUND

WEIL KARDINAL RATZINGER DEN MÜNCHNER LÖWEN ZUM AUFSTIEG VERHALF

Erich Riedl sah sehr schmal aus, schwach und gebrechlich. Im Sommer 2013, kurz vor seinem 80. Geburtstag. Erich Riedl war immer von stolzer körperlicher Statur gewesen, in Bayern sagt man dazu: ein g'standenes Mannsbild. Aber davon war nicht mehr viel übrig, als man sich mit ihm in einem Café im Münchner Stadtteil Großhadern für ein langes Interview traf. Das Gehen fiel ihm schwer, er brauchte einen Stock, die Beine wollten nicht mehr so richtig. Spätfolgen einer Kinderlähmung. Im Kopf aber wirkte Riedl noch hellwach, Riedl hatte an jenem Nachmittag viel zu erzählen, das Gespräch ging über viele Stunden, es ging viel um Politik, um seine Errungenschaften, aber auch um seine eigenen Fehler und Verfehlungen, es ging aber natürlich auch um den TSV 1860.

Erich Riedl hatte als CSU-Abgeordneter fast drei Jahrzehnte im Bundestag gesessen, von 1969 bis 1998, ab 1982 war er fünf Jahre Vizechef im Haushaltsausschuss, anschließend sechs Jahre Parlamentarischer Staatssekretär im Wirtschaftsministerium, wo er bis 1993 drei Ministern diente, Bangemann, Haussmann, Möllemann. Dass Riedl ausgerechnet als Wirtschaftsexperte im Deutschen Bundestag auftrat, das freilich erschien vielen wie Hohn, galt doch genau er als derjenige, der in seiner Zeit als Präsident des TSV 1860 von 1974 bis 1981 den Verein so sehr in die Pleite gewirtschaftet hatte, dass der DFB den Löwen kurz darauf die Lizenz entzog und im Sommer 1982 zum Zwangsabstieg in die Bayernliga verdonnerte.

Für viele Blaue ist Riedl heute noch ein rotes Tuch.

Riedl jedenfalls erzählte damals, 2013, am Rande eine kleine Episode aus seiner Zeit als Löwen-Boss, aus dem Sommer 1977. Die Löwen waren damals in der 2. Bundesliga Süd Tabellenzweiter geworden und mussten in der Relegation in Hin- und Rückspiel gegen den Zweiten der 2. Bundesliga Nord um den Aufstieg in die Bundesliga antreten, das war Arminia Bielefeld.

Wenige Tage vor dem ersten Spiel in Bielefeld traf Riedl auf den damaligen Erzbischof von München und Freising, einen gewissen Joseph Ratzinger. Ratzinger, sagte Riedl, sei ein alter Sechzger-Fan gewesen, weshalb Riedl zu ihm sagte: »Bitte legen Sie da oben ein gutes Wort für uns ein, sonst haben wir beim ersten Spiel in Bielefeld keine Chance.«[85] Ratzinger nickte, lächelte milde und schritt davon. Beschwingt fuhr Riedl nach Ostwestfalen – und erlebte ein böses Erwachen. Die Löwen gingen 0:4 unter.

Niemand glaubte mehr an ein Wunder, dann aber gewannen die Löwen das Rückspiel im Münchner Olympiastadion sensationell 4:0 und das Entscheidungsspiel in Frankfurt schließlich mit 2:0. Sechzig war in der Bundesliga.

Kurz darauf traf Riedl Ratzinger wieder, und Riedl sagte: »Herr Kardinal, da hat Ihr Gebet beim ersten Mal aber nichts geholfen.« Woraufhin ihn der Erzbischof nur gestreng anschaute und meinte: »Herr Riedl, merken Sie sich für Ihr ganzes Leben: Gottes Mühlen mahlen langsam, aber sie mahlen sicher.«

Als Ratzinger im April 2005 Papst wurde, spielten die Sechzger wieder in der 2. Liga. Als er 2013 abdankte, immer noch. Die Mühlen könnten auch etwas schneller mahlen. So langsam zumindest.

101. GRUND

WEIL MAN WIE ULI HOENESS MIT DEN STEUERFAHNDERN AM TEGERNSEE GUT ÜBER FUSSBALL SPRECHEN KANN

War der Prozess des Jahres, manche meinten, des Jahrzehnts. Die Verhandlung gegen Uli Hoeneß wegen Steuerhinterziehung vor dem Münchner Landgericht im März 2014. Groß war der Andrang, enorm das Medieninteresse. 454 Akkreditierungsanträge gingen bei der Pressestelle ein, bereits 27 Sekunden nach Beginn der Online-Anmeldung waren sämtliche 49 Reporterplätze für den Gerichtssaal weg. Wer das Glück hatte, dem Verfahren beizuwohnen, der erlebte sehr intensive vier Prozesstage und darüber hinaus abenteuerliche Rechenspiele, die bewirkten, dass die zunächst von der Staatsanwaltschaft veranschlagte Steuerschuld von 3,5 Millionen Euro auf 18,5 Millionen explodierte, schließlich weiter stieg auf 27,2 Millionen, bevor man sich letztlich auf, zum Ersten, zum Zweiten, zum Dritten, 28,4 Millionen einigte. Ein wüstes Finanzgeschacher, irgendwo zwischen Auktionshaus und Orient-Basar.

Den allergroßartigsten Moment aber erlebten die Beobachter bei der Zeugenvernehmung eines Steuerprüfers vom Finanzamt Miesbach, der nämlich jedes Jahr bei Hoeneß in seinem Domizil auf dem Berghang über Bad Wiessee nach dem Rechten schaute oder schauen sollte. Es stellte sich nun zu Recht die Frage, warum die Straftat mit den hinterzogenen Steuern erst nach vielen Jahren durch Medienrecherchen und dann durch eine Selbstanzeige aufkam – und ob nicht die Miesbacher Behörde vielleicht gründlicher hätte hinschauen können.

So saß der Finanzbeamte also im Zeugenstuhl und erzählte, wie er bei einem seiner alljährlichen, bei Gutverdienern wie Hoeneß obligaten Steuerprüfbesuche einmal viele Ordner in einer Kiste entdeckt habe. Dass das alles recht durcheinander gewesen sei und man kaum einen Durchblick gehabt habe. Richter Rupert Heindl wollte darauf vom Zeugen wissen, ob er sich denn dann nicht schlaugemacht und sich die Akten hinsichtlich der verhandlungsrelevanten spekulativen Devisengeschäfte näher angeschaut habe. Das schon, sagte der Finanzmann, aber da sei ja so viel Zeug dringestanden, so komische Fachbegriffe wie Futures, Swaps und Optionen, und da habe er gar nicht gewusst, was das bedeute.

Richter Heindl hob erstaunt die Augenbrauen und bohrte nach, ja schon, aber ob er, der Zeuge, ihn, den Angeklagten, denn dann nicht gefragt und insistiert hätte, mehr rauszurücken. »Hamms denn gar nicht mit dem Herrn Hoeneß gesprochen?« – »Doch«, sagte der Steuerprüfer, worauf Heindl schon leicht in Rage nachfragte: »Ja, aber über was denn?« – »Ah«, entgegnete der Zeuge dann allen Ernstes, »über Fußball.« Sprach's und sorgte damit für den lustigsten Moment der gesamten Prozessdauer.

Übrigens hatte aber auch Heindl am ersten Tag selbst das Thema Fußball ins Spiel gebracht. Bei den Personalien meinte der Richter: »Sie waren ja Nationalspieler bis 1976. Daran können wir uns alle erinnern.« Ein gemeiner Seitenhieb auf das EM-Finale gegen die ČSSR, das verloren wurde, weil Hoeneß den entscheidenden Elfmeter übers Tor in den Nachthimmel von Belgrad jagte. Das war auch eine Parallele zu seinen hemmungslosen Verspekulationen, die ihn in die Bredouille brachten. Auch da schoss er hoch übers Ziel hinaus.

102. GRUND

WEIL DER MONTE KAOLINO DER WELTBESTE SOMMERSKIBERG IST

Wenn in den bayerischen Alpen der Schnee schon weggeschmolzen ist, auf den Almen bereits die Kühe grasen, dann geht in der Oberpfalz die Skisaison erst richtig los. Vor den Toren der Stadt Hirschau bei Amberg steht mitten in der Landschaft und schon von Weitem zu erkennen ein großer weißer Berg. Bedeckt allerdings nicht von Schnee, sondern von feinem Kaolin- und Quarzsand. Der stammt aus den nahe gelegenen Werken, die hier schon seit vielen Jahren im Tagebau Kaolin gewinnen und weiterverarbeiten, etwa für die Herstellung von Papier und Porzellan. Der weiße Berg ist nichts anderes als die Abraumhalde der Werke. 35 Millionen Tonnen Quarzsand wurden im Laufe der Jahre aufgetürmt zum »Monte Kaolino«. Er gilt mit einer Höhe von 120 Metern als eine der höchsten künstlichen Erhebungen in ganz Mitteleuropa. Dazu wurde der Monte Kaolino aufgenommen in die Liste der 100 schönsten bayerischen Geotope. In einer Reihe mit anderen erstaunlichen Formationen wie dem Wachsenden Fels von Usterling in Niederbayern oder den südlich vom Starnberger See angesiedelten Osterseen, die den schönen Beinamen »Eiszerfallslandschaft« mit sich führen. Oder auch mit dem sogenannten Serpentinit-Härtling am Föhrenbühl, auch in der Oberpfalz. Was immer das sein mag. Ist aber auch egal. In jedem Fall eine recht illustre Gesellschaft.

Jedenfalls kamen die Werksbetreiber am Monte Kaolino, der bereits seit den 1950er-Jahren einen Freizeitpark beheimatete, auf eine fulminante Idee. Die ungenützte Halde müsste doch auch einem besseren Zweck zuzuführen sein. Und so bekam die Oberpfalz einen einzigartigen Sommerskiberg mit so ziemlich allem, was auch ein Winterskigebiet in der Alpen zu bieten hat. Slalom- und Abfahrtspisten, einen Schlepplift und einen Parcours für Snow-, in diesem Fall Sandboarder. Inzwischen gibt es hier auch eine Sommerrodelbahn, einen Alpine Coaster, eine Inline-Strecke und einen Hochseilgarten. Das Beste aber ist unbestritten das herrlich entspannte Skifahren.

Mag der Untergrund auch nicht so rasant sein wie eine schön vereiste Skipiste am Brauneck oder am Sudefeld, reicht der Sand dennoch prächtig aus, um den ganzen Sommer auf der 260 Meter langen und 35 Grad steilen Piste Rennen und Wettbewerbe auszutragen.

Und wenn man dabei nicht gewinnt, dann hat man dafür auch gleich einen guten Grund parat. Dann hat man die eigene Fahrt eben in den Sand gesetzt.

KAPITEL XIV

AUCH DAS NOCH

WEIL IN DER ZUGSPITZ-SEILBAHN DIE HOHEN HERREN STUNDENLANG IN DER LUFT HINGEN

Natürlich schaute Günter Karl auch am Tag des Jubiläums nach oben, daheim von seiner Terrasse in Grainau. Bei diesem Anblick packte ihn jedes Mal die Ehrfurcht, wenn er die Kabinen sah, ihren steilen Aufstieg entlang der schroffen Felswand, wie sie am Seil hochgezogen wurden auf den Zugspitzgipfel. »Dass man es wagen kann, so etwas zu bauen, und dass das dann auch funktioniert«, sagte er der 71-Jährige an jenem Tag im Mai 2013, »das überstieg damals das Vorstellungsvermögen. Und jetzt fährt sie schon fünf Jahrzehnte.«[86]

Sie, die Eibsee-Seilbahn, die am 15. Mai 1963 ihren Betrieb aufnahm, und die auch zu ihrem 50. Geburtstag noch ein Meisterwerk der Technik war, ein sagenhaft wildes und tollkühnes Projekt. Günter Karl hatte mitgeholfen beim Bau der Bahn, später war er jahrzehntelang ihr Betriebsleiter, man kann sagen, zwischen Karl und der Eibseebahn bestand eine ziemlich enge Seilschaft.

Schon als Jugendlicher hatte er daheim in Grainau und nebenan in Garmisch die hitzigen Debatten um den Bau einer Seilbahn auf die Zugspitze mitbekommen. Es waren die 1950er-Jahre, die Zeit des Wirtschaftswunders. Die Urlauberzahlen stiegen, immer mehr Leute wollten in die oberbayerische Sommerfrische und auch auf Deutschlands höchsten Berg. Dort hinauf führte damals seit 1930 nur die zuckelnde Zahnradbahn, sie ging bis zum Schneefernerhaus auf 2.650 Meter, dort hieß es umsteigen in eine kleine Seilbahn hoch zum Gipfel. Ein beschwerlicher Aufstieg.

Dass es dann ganz schnell gehen musste mit dem Bau der großen Seilbahn vom Tal aus, daran waren die Österreicher schuld. »Es sprach sich schnell herum, dass sie von Tiroler Seite her eine Gipfelbahn errichten wollen«, erzählte Karl. Dort gab es bereits eine

Seilbahn, die ging aber nur bis zum Zugspitzkamm auf 2.700 Meter, nun wollten sie mit einer zweiten Sektion ganz nach oben. »Darum hieß es handeln, auch wenn es reichlich Skeptiker gab. So eine Bahn gab es damals einfach noch nicht.«

Aber konnte so etwas gut gehen? Eine Bahn, 4.450 Meter lang, mit einer Höhendifferenz von 1.950 Metern, einer maximalen Neigung von 46,5 Grad? Mit zwei Großkabinen für je 45 Personen? Mit nur zwei Stützen, den damals höchsten weltweit, 65 und 85 Meter hoch, in je vier gewaltigen Betonfundamenten hineingerammt in den Zugspitzfels? Es ging gut, wenn auch nicht ganz leicht. 1961 begann der Bau, den Auftrag hatte die Saarbücker Firma Ernst Heckel erhalten, ein Unternehmen, das bald mit den Betrieben der beiden großen deutschen Seilbahnpioniere Julius Pohlig und Adolf Bleichert fusionierte. Günter Karl, damals Student der Elektrotechnik an der TU München, jobbte immer in den Semesterferien beim Bau mit. Wegen des Geldes, natürlich, vor allem aber aus Neugier und Faszination.

Die Arbeiten zogen sich hin, das Material musste in kleinen Häppchen nach oben gebracht werden, mit Zahnrad- und kleiner Gipfelseilbahn, die grad zwei Tonnen Gewicht packte. »Auch das Wetter erschwerte die Arbeiten«, erinnerte sich Karl, »aber aufgrund des Zeitdrucks musste man auch den ganzen Winter durcharbeiten.«

Aber sie wurden fertig, in einem kaum vorstellbaren Tempo, und schließlich, am 1. Dezember 1962, sollte das neue Wunderwerk feierlich eröffnet werden. Ein riesiger Auflauf, Journalisten aus aller Welt waren angereist, dazu jede Menge Prominenz, allen voran Bundesverkehrsminister Hans-Christoph Seebohm, der CDU-Politiker.

Wie das aber eben immer so ist, wenn hohe Herren ein Stelldichein geben und eine rechte Gefolgschaft von Beamten, Sicherheitsleuten und sonstigem Ministerialtross dabei ist, geschweige denn, wenn sich dann auch noch Fotografen und Reporter dazugesellen, dann kann es auch recht eng werden, so war das auch in der Gondel hinauf zur Zugspitze. Denn in dem dichten Gedränge rumpelte einer der Fahrgäste im Führerstand an den Betriebsschaltkasten. Das hatte beträchliche Folgen, das System wertete den Stoß nämlich als Störung, aktivierte sämtliche Bremsen auf einmal, und weil die Bremsen damals frisch waren und scharf eingestellt, blieb die Kabine schlagartig stehen.

Runtergebremst von 36 Stundenkilometer auf null. Mit einem Ruck, der so heftig war, dass es das Zugseil über das Tragseil warf – und plötzlich ging nichts mehr. Zwei Stunden hing die Kabine in der Luft, schwang im Wind hin und her, zwei Stunden versuchte der Vorstand der Zugspitzbahn an Bord, die Mitreisenden zu beruhigen. Auch wenn keine Panik ausbrach, lustig war es nicht, bis sie von der Talstation aus das Zugseil so straff spannen konnten, bis es wieder auf die richtige Seite herüberschnalzte. »Das alles vor versammelter Presse«, sagte Karl, »die Berichterstattung war verheerend.«

Nach zahllosen Überarbeitungen und weiteren Testfahrten folgte am 15. Mai 1963 die zweite Eröffnung, alles klappte reibungslos. 1969 wurde Günter Karl technischer Betriebsleiter bei der Zugspitzbahn, das blieb er bis zur Rente 33 Jahre lang. Mehr als 20 Millionen Passagiere brachte die Eibsee-Seilbahn in ihren 50 Jahren auf Deutschlands höchsten Berg und auch wieder herunter, natürlich war sie aber in die Jahre gekommen, so plante die Bayerische Zugspitzbahn, ab Dezember 2017 zwei neue Gondeln für noch mehr Passagiere ans Seil zu hängen.

Günter Karl jedenfalls wollte sich das in aller Ruhe anschauen, von seiner Terrasse aus. Und hoffen, dass es so weitergeht wie bisher. Dass es läuft wie am Schnürchen, bei seiner Seilbahn.

WEIL AUS DER ZUGSPITZE EBEN KEIN ZWEITES HELGOLAND WURDE

Die Zugspitze, das Dach der Republik, zur 3.000-Meter-Marke hat's zwar nicht ganz gereicht, aber immerhin 2.962 Meter, das ist ja wohl das Höchste, ist es auch, zumindest in Deutschland. Ein beliebtes Ausflugsziel für Einheimische und Urlauber aus aller Welt. Auch immer mehr arabische Touristen aus den Golfstaaten zog es in den vergangenen Jahren auf die Zugspitze hinauf, für einen äußerst amüsanten Aufreger sorgte dabei im Jahre 2012 eine Werbebroschüre für die Gäste aus dem Orient, in der der Berggipfel absichtlich aus einer Perspektive fotografiert wurde, aus der das Gipfelkreuz nicht zu sehen war. Das sorgte vor allem beim heimatlichen Klerus für Empörung, der Weihbischof von München und Freising namens Wolfgang Bischof (sic!) nannte die PR-Aktion »unnötig und irreführend«. Gipfelkreuze gehörten ganz selbstverständlich zu den bayerischen Bergen. »Sie zeigen die christliche Prägung unserer Gesellschaft und damit auch unserer Kulturlandschaft«.[87]

Seine evangelische Kollegin, die Münchner Regionalbischöfin Susanne Breit-Keßler, fasste ihr Fazit knapper zusammen, sie sagte ganz einfach: »Dümmer geht's nimmer.« Damit lag sie aber eindeutig falsch.

Denn noch viel absurder und hanebüchener war die Idee, die der frühere bayerische Ministerpräsident Alfons Goppel einst hatte. Er wollte den Zugspitzgipfel zum zollfreien Gebiet erklären, zum Duty-Free-Gipfel.

Das war im August 1970, mehr als vier Monate nach dem 1. April, weshalb man sich damals ziemlich sicher sein konnte, dass es sich nicht um eine Veralberung handelte, sondern um bitteren Ernst. So ließ Goppel seinen damaligen Regierungsdirektor Pius Söller von der Oberfinanzdirektion München prüfen, ob es denkbar sei, den Gipfel zum Zollfreigebiet zu erklären. Ähnlich wie die Insel Helgoland. Demnach sollten dann Touristen Zigaretten und Alkoholika um die Hälfte billiger kaufen können als unten im Tal in Garmisch-Partenkirchen. Die *Süddeutsche Zeitung* unkte damals bereits: »Die Wetterwarte auf der Zugspitze wird wohl demnächst blaue Dunstwolken melden.«[88]

Kurzum, eine ziemliche Schnapsidee. Hintergrund war natürlich der Gedanke, mehr Menschen auf den Berg zu locken, die Zugspitze hatte zu jener Zeit mächtig mit ihrem Image zu kämpfen – gerade nach dem schweren Unglück von 1965, als eine Lawine über die Terrasse des Schneeferner-Hauses fegte und zehn Touristen in den Tod riss. Die Passagierzahlen bei der Zugspitzbahn brachen ein, der Umsatz sank dramatisch, außerdem kosteten die neuen Lawinensicherungsmaßnahmen mehrere Hunderttausend Mark. Geologisch gesehen war man zwar immer noch obenauf, finanziell aber eher weniger.

Letztlich wurde es nichts, das Projekt scheiterte, das war aber nicht weiter schlimm, die Urlauber kamen auch so auf den Gipfel, und als sie das Kreuz wegließen, auch noch ein paar Araber mehr. Die trinken eh keinen Alkohol. Und dass es Spirituosen nicht so günstig zu kaufen gibt und der Besuch des Zugspitzgipfels nicht in ein kollektives Massenbesäufnis ausartet, ist nicht weiter schlimm. Im Gegenteil. Ist gut gegen den Höhenrausch.

105. GRUND

WEIL IHNEN IM FINSTEREN RUHPOLDING DOCH NOCH EIN LICHT AUFGING

Unter all den all so liebreizenden Landschaften des südlichen Bayerns ist der Chiemgau eine der allerliebreizendsten. »Das Chiemgau«, Neutrum, kann man übrigens auch sagen, die Einheimischen sagen aber »Der Chiemgau«. Männlich. Der Namensgeber war auch irgendein Mann, zumindest ist die hier angesiedelte Ortschaft Chieming – und daher auch der Chiemgau – nach einem Mann mit dem althochdeutschen Namen »Chiemo« benannt, der hat sich wohl in grauer Urzeit mal hier aufgehalten. Egal aber, ob der oder das, Hauptsache nicht »Schiemgau« aussprechen oder mit einem weichen »ch«. Der Chiemgau hat ein hartes »K« am Anfang. Kiemgau. So viel dazu.

Gelegen zwischen Inntal und Berchtesgadener Land, knapp 800 Quadratkilometer groß und mittendrin der Chiemsee, das alles ist ein Traum von einer Gegend. In seinen dicken Werbeprospekten und auf seinen Internetseiten hat der hiesige Tourismusverband darum auch leichtes Spiel, die Fotos sprechen für sich, ein Selbstläufer. Schöne Berge, saftige Wiesen, ein großer See, genannt auch das Bayerische Meer, und das alles unter einem strahlenden Himmel in Weiß und Blau, dazu der Slogan: »Chiemgau – Bayerns Lächeln.« Weil eben auch die Sonne so oft lächelt.

Außer über Ruhpolding. Da scheint sie quasi nie. Zumindest laut einer Statistik des Deutschen Wetterdienstes, die besagt, dass Ruhpolding der finsterste Ort der Republik ist. *

Ruhpolding! Dunkelding?

1951 begann der Deutsche Wetterdienst damit, landauf, landab alle möglichen Wetterdaten zu sammeln, und schaut man auf die dienstmeteorologische Internetseite, so findet man dort allerlei interessante Rekorde, auch bezüglich der Sonnenscheindauer. Dass Kap Arkona auf Rügen die höchste monatliche Sonnenscheindauer aller deutschen Wetterstationen vorzuweisen habe, mit 403 Stunden im Juli 1994, und dass aufs Jahr gesehen nichts so sehr von unserem leuchtenden Fixstern beschienen wurde wie das Klippeneck am Südrand der Schwäbischen Alb, anno 1959. Genau 2.329 Stunden lang. Sauber. Gleich darunter aber findet man eben den Minusrekord, Ruhpolding, mit ganzen 929,1 Stunden.

Das hört sich ziemlich düster an.

Auch im langjährigen Durchschnitt wirkt Ruhpolding ziemlich umnachtet, mit 1.159 Stunden im Vergleich zum bundesdeutschen Schnitt von 1.530 Stunden. Reit im Winkl, mit dem Auto keine Viertelstunde weiter südlich gelegen, kommt im Jahresmittel dagegen bereits auf 1.721 Stunden. Und sogar das ach so vermeintlich dauergrau verregnete Hamburg bringt es noch auf knapp 1.500 Sonnenstunden per annum.[89]

Wie das sein könne, als sie davon Kenntnis nahmen, da stocherten sie in Ruhpolding nicht lange im Dunkeln. Schon bald ging ihnen ein Licht auf. Denn positioniert war die Messstation im Ortsteil Waich, und der Ortsteil Waich liegt direkt am Fuße des Unternbergs. In einem Loch, in dem im Winter die Sonne kurz vor Mittag erst um elf Uhr auftaucht und um halb drei am Nachmittag schon wieder verschwindet.

Der Unternberg hat zahlreiche unterirdische Gänge, davon hörte man vor allem 2014, als der verunglückte Forscher Johann Westhauser in einer dramatischen Rettungsaktion aus den Tiefen des Bergs geholt wurde. Man fragte sich, warum der Wetterdienst die Messstation nicht gleich in einer der Höhlen dort unten aufgestellt hat. Da wäre es gleich noch schattiger gewesen.

So verfinsterte sich in Ruhpolding vor allem die Gemütslage ob des Negativrekords, den man so nicht auf sich sitzen lassen wollte. Es dämmerte ihnen, dass das ja auch schlecht fürs Fremdenverkehrsgeschäft sein könnte, für die Außenwirkung. Und so blies der deswegen eher im Unruhestand befindliche Altbürgermeister Herbert Ohl in Zeitungen und auch im Radio zum Sturm gegen die verfälschte Statistik. Mit Erfolg. Schließlich gab auch der Wetterdienst zu, die Lage unterm Unternberg könnte unter Umständen etwas unglücklich gewählt gewesen sein.

Die neue Messstation wurde verlegt, sie ist heute direkt beim Ruhpoldinger Klärwerk, das ist nicht weiter tragisch, auf die Zahl der Geruchsstunden kommt es ja auch nicht an. Auf seiner Homepage hat der Wetterdienst inzwischen als Ortsangabe zu den 929,1

Stunden den Vermerk »Ruhpolding-Waich« dazugeschrieben, so halbwegs kann nun auch Herbert Ohl damit leben.

Herbert Ohl ist übrigens von der CSU. Die CSU war hier jahrzehntelang eine Macht, wer sonst, wenn nicht die CSU. Bürgermeister war Ohl von 1978 bis 1996. Zwölf Jahre später, 2008, übernahm Claus Pichler das Bürgermeisteramt. Pichler ist der Bruder des Biathlon-Trainers Wolfgang Pichler, früher war Claus Pichler Hochspringer, er hält heute noch einige deutsche Jugendrekorde und sprang damals höher als sein stärkster Widersacher, der spätere Olympiasieger Dietmar Mögenburg.

Vor allem aber, Claus Pichler ist von der SPD. 2014 wurde er wiedergewählt.

Man kann nicht einmal mehr sagen, Ruhpolding sei der schwärzeste Ort Deutschlands.

106. GRUND

WEIL MAN HIER MIT DEM BOANDLKRAMER BEIM KARTELN LEICHTES SPIEL HAT

Der Tod kommt, er tut das seit Anbeginn der Menschheit, er gehört als Bestandteil des Lebens dazu und es gibt keine Möglichkeit, ihm zu entkommen, es sei denn, man lebt in Bayern und führt ihn beim Kartenspielen hinters Licht. Wie der Brandner Kasper.

Der Brandner Kasper ist eine Figur aus einer Erzählung des Autors Franz von Kobell, die 1871 in der illustrierten Wochenschrift »Fliegende Blätter« erstmals veröffentlicht wurde. Es war Kobells Urururgroßneffe Kurt Wilhelm, der die Geschichte überarbeitete und 1975 und als Bühneninszenierung ins Münchner Residenztheater brachte – mit der kompletten ersten Garde der damaligen großen Volksschauspieler, allen voran Fritz Strassner, Gustl Bayrhammer, Toni Berger, ein Stück bayerischer Theatergeschichte.

Die Geschichte spielt am Tegernsee und handelt von dem alternden Kleinbauern Kaspar Brandner, der auf die Mitte siebzig zugeht und eines Tages Besuch vom Boandlkramer (= Knochenkrämer, alte bayerische Bezeichnung für den Tod) bekommt. Der Brandner hat aber noch keine Lust, mit ihm mitzugehen, und heckt auf die Schnelle eine List aus: Er verwickelt den Boandlkramer in ein Gespräch, füllt ihn derweil mit einem Stamperl Kirschgeist nach dem anderen ab und führt den bereits mächtig angezählten Gevatter Tod beim Kartenspiel hinters Licht. Auf diese Art und Weise erspielt sich der Brandner weitere 18 Jahre auf Erden, erst dann soll der Boandlkramer wiederkommen und ihn heimholen ins Paradies.

18 Jahre allerdings hält der Brandner dann doch nicht durch. Als an seinem 75. Geburtstag seine Enkelin Marei stirbt, verliert er die Lebensfreude, er reitet mit dem Boandlkramer auf dem Totenkarren in den Himmel, um zumindest einen kurzen Blick ins Paradies zu erhaschen, aber dann gefällt es ihm dort oben doch so gut, dass er gleich bleiben und nicht mehr zurück an den Tegernsee mag.

Eine schöne Komödie, heiter und natürlich nicht ernst zu nehmen, denn wie sollte es einem schon gelingen, den Boandlkramer auszutricksen und ihm ein Schnippchen zu schlagen. Oder vielleicht doch? Sollte man nicht sicherheitshalber immer Schafkopfkarten dabeihaben? Und eine Flasche Kirschgeist? Ob das hilft? Todsicher ist das nicht.

107. GRUND

WEIL IN BAYERN WEGEN WILLY BRANDT DIE UHREN ANDERS GEHEN

München-Besucher, die mit den Eigenheiten der hiesigen Eingeborenen nicht ganz so bewandert sind, reiben sich beim Blick auf das am Ostrand der Altstadt gelegene Isartor gerne entgeistert die

Augen. Denn es mag ihnen sonderbar vorkommen, warum die Turmuhr dort oben eine falsche Zeit anzeigt und warum, wenn sie genauer hinschauen, die Zahlen auf dem Ziffernblatt spiegelverkehrt angebracht sind und die Zeiger auch noch rückwärts laufen.

Wer hat an der Uhr gedreht? Niemand. Das alles hat natürlich nur mit dem Sprichwort zu tun, dass in Bayern die Uhren anders gehen.

Es liegt nahe zu vermuten, dass Münchens größter Humorist Karl Valentin den Spruch geprägt hat, schließlich ist hier im Isartor ja auch sein mit »ä« geschriebenes Musäum beheimatet und so eine valentineske Idee, von wem sonst könnte sie besser stammen als vom unangefochtenen Großmeister des bayerischen Schrägdenkertums. Tatsächlich stammt die Redensart aber von Willy Brandt, der in den 1970er-Jahren genau diesen Satz aussprach: »In Bayern gehen die Uhren anders.« Auslöser waren seine bedauernswerten Parteigenossen von der Freistaat-SPD, die einmal mehr eine empfindliche Wahlniederlage hatte einstecken müssen, und das obwohl die CSU in den Wochen davor nach etlichen enthüllten Skandalen um Mauscheleien und Klüngeleien bereits erheblich angezählt schien. Die CSU gewann die Wahl triumphal, wie das eben immer so ist, dass die CSU anstellen kann, was sie mag, gewählt wird sie vom Volk trotzdem.

Kaum hatte Brandt also seine Verzweiflung über die nicht unter rationalen Gesichtspunkten zu erklärende Logik des bayerischen Wählers zum Ausdruck gebracht, schon fanden sich in zahlreichen weiß-blauen Souvenirshops und Krimskrams-Läden als neueste Kassenschlager verkehrt herum laufende Uhren. Das war dann sozusagen der Zeitgeist.

2005 dann folgte die Einweihung der Uhr am Isartorturm, ein 50 Kilo schweres Ziffernblatt mit zwei Zeigerpaaren aus Kupfer und mit 24 Karat Blattgold verziert, einem sieben Kilo schweren Stundenzeiger und einem neuneinhalb Kilo wiegenden Minutenzeiger. Pro Tag übrigens geht die Uhr die halbe Ewigkeit von zwei

Milliardstel Sekunden falsch, weshalb man in diesem Bewusstsein einmal als Betrachter der Uhr sich fragte, wie das sei, wenn man jetzt nur lange genug hinschauen würde, ob dann aufgrund dieser Abweichung die Zeit tatsächlich beginnen würde, rückwärts zu laufen und in ein paar Fantastilliarden von Jahren der König Ludwig wieder aus dem Starnberger See aufsteigt, die Weltstadt sich zurück zu einer kleinen Siedlung namens Munichen verkleinert und wir überhaupt vor Christi Geburt nach der Begegnung mit einer Handvoll Dinosauriern geradewegs auf den Urknall zusteuern.

Eher obsolet, diese Gedankenspiele, liegt die Wahrheit auch hier mittendrin, braucht Bayern weder eine Uhr, die vorwärts geht, noch eine, die rückwärts läuft. Bayern liegt mittendrin. Bayern ist einfach zeitlos schön.

108. GRUND

WEIL DER KÖNIGSSEE EIN SCHAURIGES GEHEIMNIS BIRGT

Die tollsten Mythen ranken sich in der Sagenwelt ja immer um dunkle und geheimnisvolle Gewässer. Je tiefer ein See, desto atemberaubender die Legende (siehe Grund 42). Manchmal hat man den Eindruck, man kennt sich ein paar Millionen Lichtjahre weiter draußen im Weltraum besser aus als zu Hause 100 Meter weiter drunten.

Die besten Geschichten können immer diejenigen erzählen, die an so einem See leben oder auf ihm arbeiten, die Schiffsleute zum Beispiel. Und so kennen natürlich auch die Bootsmänner und Schiffskapitäne auf dem Königsee die abenteuerliche Geschichte vom versunkenen VW Käfer am Grund des Gewässers, weit weg vom Ufer, ganz weit weg, mittendrin. Eine zunächst völlig rätselhafte Geschichte, man hat das anfangs nicht glauben wollen, am Königssee, über den kein Steg führt und keine Brücke, von der man herunterfallen könnte, nicht einmal eine Uferstraße gibt es. Und da liegt mittendrin unten drin ein Auto. Aber es ist doch eine wahre Geschichte.

Der Januar 1964 ist ein bitterkalter Monat, der Königssee fast komplett zugefroren. Die Eisschicht ist so dick, dass von Behördenseite sogar ein offizieller Fußweg von der Bootsanlegestelle Schönau bis hinüber zur schönen Kirche St. Batholomä freigegeben ist, auf einer gut vier Kilometer langen und deutlich sichtbar abgesteckten Route. Für Kraftfahrzeuge freilich ist das Eis gesperrt, ein 52-jähriger Fahrer eines VW Käfer aber, in alten Zeitungsberichten von damals wird er mit J.H. abgekürzt, schert sich nicht darum und lässt sich auch nicht von dem Nachtwächter abhalten, der an der Schranke zum Bootssteg die Durchfahrt verhindert. Der Lenker des VW Käfer nimmt einen kleinen Umweg in Kauf, fährt auf einer gesperrten Straße Richtung Seebad, dem heutigen Parkplatz des Echostüberls, und von dort dann über eine kleine Böschung, keinen halben Meter hoch, auf die Eisfläche.

Wie die Spurensuche am nächsten Tag zeigt, erreicht der Mann mit seinem Käfer sogar St. Bartholomä, dreht dort um – kehrt jedoch nie mehr ans rettende Ufer zurück. Eine Einbruchstelle im Eis wird zwar nirgendwo entdeckt, jedoch sieht man auf Höhe der Falkensteiner Wand Autospuren, die direkt ins Wasser führen, an einer Stelle des Sees, die nicht zugefroren ist. Der Fahrer hatte keine Chance, mit seinem Fahrzeug versank er in den kalten Tiefen des Königssees.

Im Polizeibericht von damals heißt es: »Möge dieser tiefbedauerliche Unfall allen zur Warnung dienen, die immer noch glauben, den Königssee mit Kraftfahrzeugen auf Umwegen überqueren zu müssen.«[90] Eine Formulierung, die belegt, dass es damals wohl gar nicht so ungewöhnlich war, auf dem gefrorenen See Auto zu fahren. Und weiter: »Weitaus die Masse der Eiswanderer lehnt den Autoverkehr am Eis ab, weil er nur den Naturgenuss in der großartigen, winterlichen Königssee-Landschaft beeinträchtigt.«

33 Jahre nach dem Untergang des Käfers geht der Münchner Meeresbiologe Hans Fricke mit seinem Forschungsboot »Geo« im Königssee auf Tauchstation. Anhand der alten Polizeibilder von der Unglücksstelle kann er den Ort leicht lokalisieren, in etwa 120 Metern Tiefe macht er dann die schaurige Entdeckung. Dort liegt der Käfer, in leichter Schräglage, von Schlamm und Morast bedeckt, ansonsten aber in erstaunlich gutem Zustand. Vorne die beiden runden Scheinwerfer, gut erkennbar auch das Nummernschild mit dem alten Kennzeichen von Berchtesgaden. BGD-DS 55. Vom Verunglückten selbst keine Spur, man sieht auf dem Video des Biologen das Lenkrad, die Fahrertür, sie ist leicht geöffnet. Eine Leiche sieht man nicht, die Szenerie lässt einen leicht gespenstischen Gänsehautschauer zurück.

Von einer Bergung des Autos wurde immer wieder abgesehen, auch die Angehörigen finden sich nach Angaben der Polizei mit dem Grab des Toten ab und entscheiden sich schließlich dafür, seinen Frieden nicht zu stören und ihm die letzte Ruhestätte auf dem Grund des Sees zu belassen.[91] So war das mit der Geschichte vom Käfer. Ganz wahr und echt. Kein Königsseegarn.

109. GRUND

WEIL DAS SCHLIERSEER BAUERNTHEATER IN DER NEW YORKER MET FÜR FURORE SORGTE

Zum örtlichen Bauerntheater findet man ganz leicht. Mit dem Auto einfach von der Salzburger Autobahn, der A8, bei Weyarn runter, dann die B307 durch Miesbach Richtung Süden nach Schliersee. Das Theaterhaus liegt dann ziemlich zentral in der Ortsmitte, man muss noch vorbei am Katholischen Pfarramt, gleich nach der Kreissparkasse geht es dann links rein. Wer zu seiner Rechten das Trachtengeschäft mit dem wunderschönen Namen »Siebzehnrübl«

erspäht oder die Gaststätte »Zwitscherstüberl«, die nur so klingt wie eine elende Absturzkneipe, in Wahrheit aber ein sehr ordentliches Ausflugslokal mit einer grundsoliden Brotzeitkarte darstellt, der ist schon zu weit gefahren, der sollte wieder umkehren, beim Minigolfplatz ein paar Häuser weiter gibt es eine gute Wendemöglichkeit.

Ist man einmal angekommen, wirkt das Schlierseer Bauerntheater bei erster Betrachtung wie so viele seiner Art. Eingepackt in einem schönen alten Landhaus mit einem Balkon im ersten Stock, an der Fassade die übliche Lüftlmalerei, und dazu ein Spielplan, der belegt, dass dem Publikum hier weder eine intellektuelle Überforderung zugemutet wird, noch dass das hier der Ort ist, an dem sich die Frank Castorfs der Regieszene mit schrägen Provokationsinszenierungen nach Herzenslust austoben können und des Eklats willen beispielsweise ein paar Nazis oder ein paar Nackerte oder am Ende beides im wilden Furor schreiend über eine blutbeträufelte Bühne hüpfen lassen. Nein, hier heißen die Stücke etwa *Seine Majestät, der Kurgast* oder *Die Versuchung des Aloysius Federl*, Letzteres, so steht es im Programmheft, ist eine Pfarrhofkomödie in drei Akten. Stücke mit hohem Schenkelklopf-Potenzial.

Wäre also alles nichts Besonderes, humoristische Volksbühnen mit kultureller Leichtverdaukost gibt es in Oberbayern wie Sand am Meer, besser gesagt, wie Fels am Berg. Der erste Hinweis zur Einzigartigkeit des Hauses führt über den hier stets wiederkehrenden Namen, der sich sowohl in der Theatergastronomie vom Gasthof »Terofal« findet als auch in der Adresse, Xaver-Terofal-Platz 1.

Schon richtig, dass sie ihn hier so gewürdigt haben, den Gründer der Spielstätte. Xaver Terofal, der Metzgergeselle, der das Schlierseer Bauerntheater einmal bis nach Amerika gebracht hat, um es dort bestaunen zu lassen: in der Metropolitan Opera und in der *New York Times*.

Terofal stammte aus Dorfen, nordöstlich von München Richtung Niederbayern. Er musste Metzger lernen, schwärmte aber schon als Jugendlicher vom Theater. Während der Lehrzeit in Rosenheim brachte er sich das Jodeln, Singen und Tanzen bei und begeisterte mit der konsequent prototypisierten Zurschaustellung des Bayerischen an sich die damaligen Touristen. »Die Fremden hatten einen Narren an mir gefressen«, sagte er einmal.[92]

Terofal ging nach München, trat im Gärtnerplatztheater als Schuhplattler auf und traf dort auf den Hofschauspieler Konrad Dreher, mit dem er 1892 dann in Schliersee das Bauerntheater gründete. Hochmodern mit einer elektrischen Bühnenbeleuchtung, stilvoll eingerichtet mit dem sehenswerten, von der Münchner Künstlervereinigung »Allotria« verzierten Bühnenvorhang. Mit einem Ensemble, das aus keinen professionellen Schauspielern bestand, sondern einfach aus Menschen vom Ort. Und, das Allerwichtigste, immer mit ausverkauften Vorstellungen. Ob beim allerersten Stück *Jägerblut*, am 24. Juni 1892, oder bei allen anderen Aufführungen, das Schlierseer Bauerntheater hatte mächtig eingeschlagen – weshalb sich Terofal dachte: Warum kommt nur die ganze Welt zu uns? Warum fahren wir nicht hinaus in die Welt? Gedacht, getan. Und so begann die Erfolgsgeschichte erst richtig.

Zahlreiche Gastspiele in Deutschland, Österreich und der Schweiz, es hieß, sogar Kaiser Willem Zwo soll sich beim Besuch einer Vorstellung königlich amüsiert haben. Die Krönung aber war natürlich Amerika. 1894 fuhr man mit dem Dampfer über den Atlantik, tourte durch mehrere Städte und hatte zum Abschluss vier viel umjubelte Auftritte in der New Yorker Met.

Das Bild, das die amerikanischen Betrachter von jenem kauzigen ethnologischen Stamm aus der Mitte Europas am Nordrand des Alpenhauptkamms bekamen, war natürlich sehr eindimensional, und sofern die Met-Besucher schon eine vage Idee davon hatten, wie der Bayer an sich so sein könnte, so wurden diese Vorstellungen aufs Klischeehafteste bedient. Ein rustikales Landvolk, das wenig spricht, aber gerne zupackt, vielleicht etwas tumb und grob anmutet, sich letztlich aber doch harmlos und herzlich erweist. Der Bilderbuch-Bühnen-Bayer.

Die *New York Times* berichtete im Sommer und Herbst 1895 übrigens gleich mehrmals über die »Schliersee peasant theatre troup«, etwa, wie sie nach ihrer Ankunft in ihren »strange costumes«[93], ihrer seltsamen Kleidung, durch die Straßen der Stadt beim Sightseeing gebummelt seien und damit bei den Einheimischen für so viel Aufregung gesorgt hatten, als wären sie als grüne Männchen einem Ufo entstiegen. Die Kritiken hielten sich in Sachen Überschwang schließlich in Grenzen, es stand geschrieben, das sei wohl eher etwas für Leute, die »aus Bayern kämen oder auf Reisen schon einmal den Schwarzwald (!) gesehen hätten«.

Der Rezensent des Stücks *S' Lieserl vom Schliersee* schließlich vermisste eine gewisse Handlungsdramturgie (»The Story is simple«), bemäkelte das vorhersehbare Ende (»The outcome is visible«), konstatierte der Inszenierung aber ein großes komödiantisches Maß (»unusual amount of comic«), das vor allem durch »a jolly musician known as ›Der Klarinetten-Muckl‹« gesichert worden sei. Den Klarinetten-Muckl verkörperte übrigens, na, wer wohl, Xaver Terofal.[94]

Verwundert die Augen gerieben haben dürften sich die Leser auch am Schluss eines Artikels bei der Auflistung der einzelnen Stücke, die die Schlierseer peasants in ihrem Repertoire hatten, so stand da also: »The fascinating titles of the plays in the repertoire are: ›S' Lieserl vom Schliersee‹, ›Jägerblut‹, ›Schlagring‹, ›Haberfeldtreiben‹, ›Girgl und Waberl‹, ›Almenrausch‹, ›Der Rothe Hanukel‹ und ›Herrgottschnitzen‹.«[95]

Wie hätten die Leser der *Times* erst gestaunt, man macht sich keine Vorstellung, wenn da auch noch zwei weitere Namen gestanden hätten. »Siebzehnrübl« und »Zwitscherstüberl«.

110. GRUND

WEIL DAS KULTUSMINISTERIUM SAGT, WIE MAN EIN ECHTER BAYER WIRD

Ob im bayerischen Kultusministerium immer kluge Entscheidungen getroffen werden, sei einmal dahingestellt. Weise und besonnen war aber in jedem Fall einst der Hinweis an zugereiste Neubürger von nördlich des Weißwurst-Äquators, der berüchtigten Demarkationslinie zwischen Bayern und Nicht-Bayern (siehe Grund 86), in dem davon abgeraten wurde, voreilig und überstürzt die Eigenheiten der lokalen sprachlichen Ausdrucksweisen und Formulierungen zu benutzen.

Ausschlaggebend dafür war die Anfrage eines jungen Pärchens aus Nordrhein-Westfalen, das die nachvollziehbare Entscheidung getroffen hatte, ihrer Heimat den Rücken zu kehren und sich nach der Hochzeit im schönen Freistaat Bayern niederzulassen. Um sich in der neuen Umgebung leichter akklimatisieren zu können, schrieben sie an die Behörde die knappe, aber doch prägnante Frage: »Wie werde ich ein echter Bayer?«

Das Kultusministerium antwortete daraufhin in einer schriftlichen Mitteilung, dass Volkshochschulen, der Bayerische Rundfunk und die bayerische Literatur »erstklassige Fortbildungsadressen in Sachen Bayern« seien, was zumindest für das akustische Verständnis und die passive Rezeption der Sprache schon einmal ein guter Tipp war.

Von der aktiven Verwendung des Bairischen aber sei während der ersten 50 Jahre des Aufenthalts im Freistaat eher abzuraten, so das Ministerium weiter. »Es gibt nämlich Millionen von Bayern, die kein Wort Bairisch sprechen. Aber es gibt keinen einzigen Bayern, der das spricht, was ein Norddeutscher für Bairisch hält.« Gemeint war damit das, was man gerne im Fernsehen in Sendungen, Serien und Filmen mit vermeintlich bairischem Originalton hört, was aber nichts weiter ist als ein schmerzhaft zusammengeschusterter Kunstdialekt und ein dem Hochdeutschen hochnotpeinlich assimilierter Linguistikunfug, den es so gar nicht gibt, der nur benutzt wird, damit es der Rest der Republik auch versteht, der einem der echten Mundart mächtigen Eingeborenen aber die Zehennägel hochbiegt

Immerhin, in der Ministeriumsdirektive wurde das Tragen von landestypischen Gewändern oder dem, was dafür gehalten wird, ausdrücklich gestattet. »Lederhosen, Lodenjacken und seltsame Hüte mit Federn tragen in Bayern gewöhnlich die Neubürger aus dem Norden zum Zweck der besseren Unterscheidung.«

Nicht geklärt werden konnte, ob das Paar nach all den ministeriellen Weisungen nicht doch in Nordrhein-Westfalen blieb.

111. GRUND

WEIL DAS FENSTERLN IN PASSAU FÜR KABARETTISTISCHE REALSATIRE SORGTE

Passau gilt zu Recht als Bayerns Hochburg in Sachen Kabarett. Das hat nichts mit den jährlichen Reden des Politischen CSU-Aschermittwochs zu tun, sondern mit einer tatsächlich großen Tradition in Sachen Kleinkunst. Viele große Karrieren fanden hier ihren Anfang, allen voran die von Sigi Zimmerschied und Bruno Jonas, die in den 1970ern mit ihrem gemeinsamen Stück *Himmelskonferenz* für einen riesigen Skandal im erzkatholischen Passau sorgten und obendrein auch noch ein halbjähriges Ermittlungsverfahren wegen Gotteslästerung am Hals hatten. Aber auch der junge Ottfried Fischer fand hier auf der Kabarettbühne des berüchtigten »Scharfrichterhauses« erstmals größeres Gehör.

Ebenfalls kabarettistische Züge hatte eine amüsante Episode im Frühjahr 2015, wenngleich es sich dabei eher um ein Stück unfreiwillige Realsatire handelte. Und zwar ging es ums Fensterln.

Das Fensterln ist dem allgemeinen Verständnis nach eine uraltbayerische Sitte. Dabei steigt ein junger Bursch mittels einer an die Hauswand oder den Balkon angelehnten Leiter heimlich hinauf zum Fenster eines angebeteten Madls, um dort jenen Einlass zu gewähren, der ihm, beispielsweise durch den Vater der Maid unter Androhung des Gebrauchs seiner Mistgabel, auf regulärem Weg durch die Haustür verwehrt bleibt. Das ist das Fensterln.

Umstritten hingegen ist, ob es sich dabei wirklich um ein traditionelles Brauchtum handelt, so argumentierten seriöse bayerische Heimatforscher, das Fensterln sei lediglich eine Erfindung der cineastischen Heimatschnulzen der 1950er-Jahre, in denen der Typus des bayerischen Eingeborenen gerne als ein wenig schrullig und skurril dargestellt wurde und jene Methode des männlichen Annäherungsversuchs an das begehrte Weiberl in das köstliche Bild vom kauzigen süddeutschen Vorgebirgsvolk gut hineinpasste.

Wie auch immer, 2015 sollte an der Passauer Universität im Rahmen der Campus-Games, einer Art Studentenolympiade mit amüsanten und nicht allzu ernst zu nehmenden Wettkämpfen, erstmals auch der Fensterlkönig gekürt werden. Das wäre dann so abgelaufen, dass die Teilnehmer erst einen Parcours hätten überwinden und quasi auf der Zielgeraden eine Leiter emporsteigen müssen, wo sie dann, oben angekommen, einer Frau ein Busserl gegeben hätten.

Hätten. Denn so weit kam es nicht.

Es kam vielmehr so, dass die Gleichstellungsbeauftragte der Uni Wind davon bekam, daraufhin intervenierte und ihr Veto aussprach. Begründung: Das Fensterln sei zu sexistisch und zu diskriminierend. Was folgte, war klar, ein riesiger Aufschrei und an der Uni selbst wie auch in jedem nur denkbaren sozialen Netzwerk eine hitzige Gender-Debatte darüber, ob das wirklich eine Frauen verachtende Geschichte sei oder ob die Chancengleichheitstante in politischem Korrektheitswahn nicht völlig überzogen habe, anders gesagt, ob sie sich nicht zu weit aus dem Fenster lehnte. Spekulationen, wonach die Frau einfach sauer gewesen sei, weil bei ihr noch nie jemand ans Fenster geklopft hatte, konnten nicht bestätigt werden.

Die Organisatoren um den Lenggrieser Andreas Gerg jedenfalls fielen weniger von der Leiter, als viel mehr aus allen Wolken. Wo war sie nur hin, die Liberalitas Bavariae, mit Fensterln und Fensterlnlassen? Schließlich gab es noch gut gemeinte Kompromissvorschläge seitens der Veranstalter, warum nicht der Gleichheit halber Frauen im Dirndl auf die Leiter steigen lassen und dort oben einen zünftigen Burschen küssen. Damit es also nicht nur einen Fensterlkönig gibt, sondern auch eine Fensterlkönigin.

Letztlich war die ganze Diskussion dann doch überflüssig. Die Campus-Spiele fielen nämlich wegen schlechten Wetters aus. Und bei schlechtem Wetter bleibt das Fenster von Haus aus zu.

112. GRUND – BONUS

… WEIL BARACK OBAMA EINER KLEINEN BRAUEREI AUS MURNAU ZU WELTRUHM VERHALF

Gibt man im Internet die Suchbegriffe »Obama« und »karg« ein, so findet man recht schnell einen bunten Querschnitt vieler Themen, mit denen sich der US-Präsident in seiner Amtszeit konfrontiert sah. Dass Osama bin Ladens Zimmer karg eingerichtet gewesen sei, als ihn eine militärische Spezialeinheit 2011 in seinem Anwesen in Abbottabad niedermetzelte. Oder dass, wenig überraschend, die Zellen im Gefangenenlager Guantanamo eher karg anmuten. Und schließlich, dass sich die Teilnehmer der monatelangen Occupy-Kundgebung im Herbst 2011 nahe der New Yorker Wall Street in ihrem Protest gegen soziale Ungleichheit »existenzialistisch karg« gekleidet hätten, auch das steht dort zu lesen.

Und dann gibt es aber auch noch eine heitere Geschichte, von Barack Obama und einer im oberbayerischen Murnau angesiedelten kleinen Brauerei namens »Karg«.

Zugetragen hatte sich das beim G7-Gipfel im Elmau, Anfang Juni 2015. Barack Obama hatte auf der Reise vom Münchner Flughafen in die zauberhafte Bergwelt des Werdenfelser Landes kurz vor dem Tagungsort in der Ortschaft Krün Halt gemacht. Natürlich nicht einfach so, auf eine spontane Brotzeit, weil ihm gerade danach war. Der Zwischenstopp war wochenlang bis ins letzte Detail durchgeplant. Obama also traf sich dort mit Bundeskanzlerin Merkel und einigen Dutzend Einheimischen. Die Einheimischen trugen Tracht, Lederhosen und Dirndl, auf den Hüten wackelten einige Gamsbärte, Alphornbläser gaben ihr Bestes und Goasslschnalzer schnalzten mit den Goassln. Das begeisterte nicht jeden, die SPD-Generalsekretärin Yasmin Fahimi etwa monierte allen Ernstes, das Zurschaustellen des Bilderbuch-Bayerntums erinnere sie an zu viel Disneyland.

Damit wiederum erregte Fahimi ihrerseits den Unmut ihres Münchner Parteikollegen und Bundestagsabgeordneten Florian Post, der wetterte, wenn man schon die Toleranz für andere Kulturen propagiere, müsse man auch die Bayern so lassen, wie sie eben sind, schließlich würde sich in Schweden oder in der Südsee niemand aufregen, würde man dem Staatsgast zur Begrüßung Köttbullar reichen oder ihn in Hula-Hula-Röcken empfangen. Posts Fazit zu Fahimis Disney-Vergleich: »So einen Blödsinn rede ich nicht mal nach zehn Weißbier.«

Womit wir auch schon beim Thema sind. Beim Weißbier.

Nachdem Obama nämlich in seiner Ansprache »Grüß Gott« gesagt und volksnah launig erklärt hatte: »I forgot to bring my Lederhosen«, gesellte er sich unters Volk an einen der extra aufgestellten Biertische vor dem Krüner Rathaus. Obama biss in eine Brezn, versuchte sich am Häuten der Weißwurst, nahm dann – prost, Mister President – einen Schluck alkoholfreies Weißbier und hielt das Glas grinsend in die Kameras der Weltpresse. Das Glas mit dem Logo der

Brauerei »Karg«. Für den Brauereichef mit dem klangvollen Namen Franz Schubert die beste Werbung.

Schubert braut Weißbier in der vierten Generation. Ein regionales Familienunternehmen, wie auch die präsidialen Brotbäcker und Weißwurstmetzger, die den kleinen G2-Vorgipfel mit Merkel und Obama an jenem Tag beliefern durften, genau wie man es von Veranstalterseite für den Gipfel löblicherweise erwünscht hatte, sozusagen als selbst verordnetes politisches Statement gegen zu viel Globalisierungskommerz.

1000 Gläser brachte Schubert für die Obama-Brotzeit nach Krün, und auch die Bierbänke kamen aus dem Brauerei-Stammsitz am Murnauer Untermarkt. Der Witz war nur, es gab keinen einzigen Tropfen Karg-Bier. Denn Schubert braut zwar fünf verschiedene Weißbier-Sorten (hell, dunkel, leicht, dazu einen Weizenbock und das Spezial-Bier »Staffelsee Gold«), aber kein Alkoholfreies. Und alkoholfrei musste es laut Protokoll sein, vielleicht war die Furcht zu groß, dass Obama auf den Geschmack kommen würde, um dann reichlich angezwitschert zur Tagung nach Elmau zu torkeln. So behalf man sich mit einem kleinen Trick und schenkte kurzerhand einfach das bleifreie Weizen einer Münchner Großbrauerei ein, die im Jahr in etwa hundert Mal mehr an Hektolitern ausstößt als der kleine Karg-Bräu.

Für Franz Schubert war der Tag jedenfalls ein voller Erfolg. Einziger Wermutstropfen: Das Glas, aus dem Obama getrunken hatte, hatte er sich eigentlich als persönliches Souvenir sichern wollen, um es in Ehren zu halten. Ein übereifriger Spüler aber hatte es zu schnell abgeräumt, deswegen wurde daraus nichts. Immerhin, die Präsidenten-Bierbank hat Schubert bunkern können, sie wird nun künftig im Bräustüberl ein Ehrenplatz für ganz besondere Gäste sein, wie der Brauerei-Chef verriet.

Und dass der Trank letztlich gar nicht von ihm stammte und Barack Obama in Wahrheit gar kein Karg zu sich nahm, das war dem Herrn Schubert bei dieser großartigen Gratis-Reklame einerlei. Es kümmerte ihn wenig. Nicht sein Bier.

QUELLEN

1 Cornelia Oelwein: »Auf den Spuren des Löwen in Bayern«, Verlagsanstalt »Bayerland« Dachau, 2004, Seite 232 f.

2 Hans Kratzer: »Bayerns Urviech«, Süddeutsche Zeitung, 3. Januar 2015, Seite R17

3 »Behüte Deine Fluren«, Der Spiegel, 36/1966, Seite 43

4 Hans Kratzer und Petra Hemmelmann: »Gott mit Dir, Du Lied der Bayern«, Süddeutsche Zeitung, 15. Dezember 2010, Seite 38

5 www.bairische-sprache.at/Index/Texte/texte2.htm

6 www.isar-arabesken.de/places/fremdheitsimporte/frauenkirche.html

7 Josef Ilmberger: »Bayerische Frömmigkeit«, Die Zeit, 28. Mai 1965, Seite 15

8 Martin Schäfer: »A Guada halt's aus, um an Schlecht'n is ned schad«, Abendzeitung, 6. März 2002, Seite 3

9 www.welt.de/print-wams/article609846/Am-Nockerherberg-hoert-der-Spass-auf.html

10 »Wer, wo, was, wieso, weshalb, warum?«, taz, 29. August 1992, Seite 16

11 Michael Grill: »Leicht lädierte Stimmung«, Süddeutsche Zeitung, 27. Oktober 1999, Seite L1

12 Marcus Spangenberg, Sacha Wiedenmann (Hrsg.): »1886. Bayern und die Schlösser König Ludwigs II. aus der Sicht von Hugues Krafft / 1886. Louis II, ses châteaux et la Bavière selon Hugues Krafft«, Verlag Schnell und Steiner, Regensburg 2011

13 www.tz.de/bayern/bayerwald-gibts-schuhplattl-verbot-tz-3438045.html

14 Klaus Schieder: »Schutz für den Patron«, Süddeutsche Zeitung, Landkreisausgabe Wolfratshausen, Seite R11, 30. Januar 2015

15 Uli Bachmeier: »Isarflößer in bürokratischen Untiefen«, Augsburger Allgemeine, 23. Januar 2004, Seite 4

16 Steffi Schweizer: »Märchenprinz mit Eisenbahn«, Berliner Zeitung, 25. August 2006, Seite 8

17 Ulf Vogler: »Ältester Fast-Food-Betrieb der Welt«, Süddeutsche Zeitung, 23. März 2001, Seite 60
18 Mike Schier: »Bayern im finstersten Mittelalter«, Münchner Merkur, 11. Februar 2015, Seite 2
19 Georg Lohmeier: »Auf den Spuren der Väter«, Ehrenwirth Verlag, 1987, S 256
20 www.spiegel.de/einestages/jetset-damals-a-948639.html
21 Paul und Richilde Werner: »Ein weltverlorener Garten«, Bayerische Staatszeitung, 28. Mai 2004, Seite 73
22 www.handelsblatt.com/sport/sonstige-sportarten/faux-pas-bei-damaliger-siegerehrung-wasmeier-spricht-fuer-die-ard-aus-eigener-erfahrung/2466438.html
23 Kurt Röttgen: »Wir sind doch nur die Marionetten«, Der Spiegel, 52/1986, Seite 126 ff.
24 Florian Kinast: »Jeder Sportler braucht ein Ritual«, Abendzeitung, 14. Dezember 2001, Seite 32
25 Corinna Nohn: »Die Wikingerin vom Walchensee«, Süddeutsche Zeitung, 5. September 2009, Seite R6
26 »Lehrer im Grünen Klassenzimmer«, Mein Bayern – Das Urlaubsmagazin, Sommer 2015, Seite 33 f.
27 Angelika Hoch: »Das Kraftwerk wird zum Erlebnispark«, Süddeutsche Zeitung, 29. April 1999, Bayern, Seite L6
28 http://home.degnet.de/rainer.meisel/Knodelsage/knodelsage.html
29 Vasco Boenisch und Martina Farmbauer: »Versunkene Erinnerungen«, Süddeutsche Zeitung, 14. November 2003, Seite 52
30 Michael Ruhland: »Das Ventil in den Bergen«, Süddeutsche Zeitung, 22. Juli 2009, Seite 3
31 Peter Seewald: »Der Erdball wird durchs All schlingern«, Der Spiegel, 46/1986, Seite 114
32 Martina Kix: »Grimm aus der Gosse«, Süddeutsche Zeitung, 12. Juli 2013, Seite R17
33 Claudia Schuri: »Wenn Sonne und Mond Hochzeit feiern«, Münchner Merkur, 17. März 2015, Seite 3

34 www.augsburger-allgemeine.de/bayern/Spirituelle-behaupten-Ausserirdische-wollten-vor-Eurokrise-warnen-id21482571.html
35 Stefan Mayr: »Jesus statt Fiskus«, Süddeutsche Zeitung, 1. Juni 2011, Seite R17
36 Florian Kinast: »Das Freisinger Korbiniansbrünnerl verströmt seit über 1000 Jahren magische Kräfte«, Abendzeitung, 20. Dezember 2005, Seite 14
37 Florian Kinast: »Er kennt sich in Fröttmaning aus wie keiner: Stadion-Nachbar Ludwig Maile« Abendzeitung. 21. Mai 2005, Seite 3
38 Stefan Brandl: »Panorama-Golfanlage reloaded: Frühlingserwachen am Bromberg«, Passauer Woche, 11. März 2015, Seite 7
39 Moritz Homann und Bettina Stuhlweissenburg: »Geheimtraining für die Anzapf-Premiere«, Münchner Merkur, 17. Septemer 2014, Seite 3
40 Julia Lenders und Arno Makowsky: »Vor dem ersten Mal – ein Albtraum«, Abendzeitug, 22. September 2012, Seite 14
41 Florian Kinast: »Auf geht's bei meinem Geburtstag«, tz, 14. März 2013, Seite 15
42 Felix Mendelssohn Bartholdy: »Brief an die Familie vom 6. Oktober 1831«, in: »Briefe aus den Jahren 1830-47«, Hermann Mendelssohn Verlag, Leipzig 1870
43 www.br.de/wiesn/wiesn-2014-zitate-oktoberfest-100.html
44 http://deu.1september.ru/article.php?ID=200701806
45 Thomas Wolfe: »Oktoberfest, Eine Erzählung«, Manesse Verlag München, Seite 11
46 Florian Kinast: »Dankbar für jeden Tag«, Abendzeitung, 31. Juli 2010, Seite 29
47 Gerhard Fischer: »Wenn die Stubnmusi verstummt«, Süddeutsche Zeitung, Landkreisausgabe Fürstenfeldbruck, 17. Januar 2015, Seite R6
48 www.tz.de/muenchen/stadt/bussal-90-geburtstag-baeckerliesl-viktualienmarkt-4826084.html

49 Christine Attenberger: »Besoffene Jungfern und drahte Wichspfeiferl«, Süddeutsche Zeitung, 16. November 199, Seite R50
50 http://samerbergernachrichten.de/am-grab-der-chiemseefischerin-josefa-steinbeisser/
51 Interview von Traudi Siferlinger mit Josefa Steinbeißer bei der Kabarett-Bootstour »Chiemsee Ahoi«, Juli 2009.
52 Wolfgang Görl: »Auf den Spuren eines Dichters«, Süddeutsche Zeitung, 28. September 2012, Seite R5
53 Wolfgang Johannes Bekh: »Der Bayer aus New York«, Süddeutsche Zeitung, 10. Dezember 1999, Seite L3
54 Christina Warta: »Eine Liebe, die nicht erwidert wird«, Süddeutsche Zeitung, 12. März 2008, Seite 52
55 »Wenn die Kunst blau macht«, Der Standard, 1. Oktober 2014, Seite 25
56 Johannes Löhr: »Das Liebesnest der Weltliteratur«, Münchner Merkur, 27. Juni 2014, Seite 17
57 Uta Schmidtsdorff: »Das Liebesnest der Künstler«, Süddeutsche Zeitung, 27. Juni 2014, Seite R10
58 »Am bayerischen Fjord«, Bayerische Staatszeitung, 6. Februar 2015, Seite 27
59 Florian Kinast: »Germanisten san a todtraurige Bagasch«, Abendzeitung, 15. Oktober 1996, Seite 32
60 Franz Kotteder: »Das Leben mit Humor ertragen«, Süddeutsche Zeitung, 7. Mai 2007, Seite 33
61 www.kino-zeit.de/filme/rauber-kneissl
62 Franz Kotteder: »Erfinder der guten alten Zeit«, Süddeutsche Zeitung, 21. Januar 2015, Seite 26
63 Matthias Bieber: »Pfiad Di, Kini des Humors«, tz, 21. Januar 2015, Seite 3
64 Sarah Kanning: »Aus anderem Holz«, Süddeutsche Zeitung, 27. September 2014, Seite R14
65 Kathrin Brack: »Harrys Wasserburger Filmwunder«, Münchner Merkur, 14. Februar 2015, Seite 12.

66 Florian Kinast: »Lorenz VII. – der Pasinger Ackerkönig«, tz, 17. Januar 2015, Seite 10
67 Stephanie Geiger: »Jägermeister zielt vergeblich auf die küssenden Hirsche«, Neue Zürcher Zeitung, 13. Juli 2010, Seite 5
68 Paul Winterer: »Der Hirsch bleibt drauf«, SZ-Landkreisausgaben, Bad Tölz-Wolfratshausen, 10. August 2013, Seite R11
69 »Bier-Gigant gegen Brau-Zwerg«, Münchner Merkur, 8. Oktober 2005, Seite 9
70 Wolfgang Reuter: »Bayerische Schnapsidee«, Der Spiegel, 31. Dezember 2007, Seite 70.
71 www.karl-wald.de/elfmeterschiessen.html
72 »Der Schwur des Hannes Marker«, Bayerische Staatszeitung, 2004, Seite 3
73 Stefan Sessler: »Die Urformel des Obazden«, Münchner Merkur, 27. August 2011, Seite 11
74 Rudolf Neumaier: »Der Radler-Schwindel«, Süddeutsche Zeitung, Beilage »München erleben«, 27. Juni 2007, Seite 4
75 Marlene Kadach: »Die ewige Bedienung vom Goldenen Tal«, Münchner Merkur, 17. Dezember 2014, Seite 3
76 Hans Kratzer: »Ausgekocht«, Süddeutsche Zeitung, 28. Februar 2015, Seite R15
77 Bayerisches Fernsehen, Abendschau, 18. Februar 2015
78 Sebastian Schoepp: »Opa Kaltner hat 45 Kirchtürme gezählt«, Süddeutsche Zeitung, 2. September 2003, Seite 6
79 Traudi Siferlinger: »Glockenläuten und Musik – Altötting und seine Umgebung«, Beitrag in: Zwischen Spessart und Karwendel, Bayerisches Fernsehen, 16. Mai 2015
80 Florian Kinast: »Vom SC 06 bis nach New York: Wie die Karriere in Giesing begann«, Abendzeitung, 7. September 2005, Seite 26
81 Florian Kinast: »So schad wie's ist – Katsche Schwarzenbeck (60) hat für immer zugesperrt: Münchens bekanntester Schreibwarenhändler hört auf«, Abendzeitung, 4. August 2008, Seite 3

82 Florian Kinast: »Der Katsche ist mir sehr ans Herz gewachsen«, Abendzeitung, 2. April 2008, Seite 3

83 Florian Kinast: »Fußball war eine irreale Traumwelt«, Münchner Merkur, 30. März 2012, Seite 28

84 Florian Kinast: »Effes Gehalt ist unmoralisch«, Abendzeitung, 18. Mai 2001, Seite 26

85 Florian Kinast: »Erich Riedls Rück-Runde«, tz, 5. Juli 2013, Seite 23

86 Florian Kinast: »Ein Triumph der Technik wird 50«, tz, 15. Mai 2013, Seite 11

87 epd: »Zugspitze: Bischof rügt Prospekt ohne Kreuz«, Süddeutsche Zeitung, 31. August 2012, Seite 33

88 »Höhenrausch in Blau«, Der Spiegel, 10. August 1970, Seite 34

89 www.dwd.de/

90 »Mit dem Auto im Königssee ertrunken«, Berchtesgadener Anzeiger, 29. Januar 1964

91 Christiane Pütter: »Die Geister vom See«, Münchner Merkur, 30. April 2004, Seite 8

92 Hans Kratzer: »Vom Metzgergesellen zum Theaterstar«, Süddeutsche Zeitung, 20. Januar 2012, Seite 16

93 http://query.nytimes.com/gst/abstract.html?res=9F0CE3DB113DE433A2575AC2A96F9C94649ED7CF

94 http://query.nytimes.com/mem/archive-free/pdf?res=9B04E2D61039E033A2575BC0A9669D94649ED7CF

95 http://query.nytimes.com/mem/archive-free/pdf?res=9801E0D8173CE433A2575BC1A96E9C94649ED7CF

WEITERFÜHRENDE LITERATUR

Dieter Appel: »Rodelspaß und Hüttenzauber: 17 Schlittentouren in den Münchner Hausbergen«, Süddeutsche Zeitung Edition, München, 2013

Christoph Bachmann, Karin Dütsch (Hrsg.): »Alte Zeiten, Raue Sitten – Underdogs aus Bayerns Geschichte«, Volk Verlag, München, 2014

Richard Bauer: »Die Prinzregentenzeit – München und die Münchner in Fotografien«, C.H. Beck Verlag, München, 1988

Martin Bernstein, Wolfgang Görl (Hrsg.): »Stadt der Künste: München – Kulturgeschichte vom Mittelalter bis heute«, Süddeutsche Zeitung Edition, München 2013

Martin Bernstein, Wolfgang Görl, Joachim Käppner (Hrsg.): »München – Die Stadtviertel in Geschichte und Gegenwart«, Süddeutsche Zeitung Edition, München 2011

Josef Bierbichler: »Mittelreich«, Suhrkamp Verlag, Berlin, 2011

Albert Bichler: »Feste und Bräuche in Bayern im Jahreslauf«, J. Berg Verlag, München 2013

Daniela Crescenzio: »Dolce Italia in Bayern: Band 1 – Italienische Spuren von Bad Tölz bis Oberammergau«, IT Inerario Verlag, Unterhaching, 2010

Sabine Danek: »Eine perfekte Woche im bayerischen Voralpenland«, Süddeutsche Zeitung Edition, München, 2013

Eva Demmelhuber: »Jörg Hube – Herzkasperls Biograffl«, Langen-Müller Verlag, München 2011

Eva Dempewolf (Hrsg.): »Starnberger See«, Kiebitz Verlag, Vilsbiburg, 2003

Hans Dollinger (Hrsg.): »München im 20. Jahrhundert – Eine Chronik der Stadt von 1900 bis 2000«, Buchendorfer Verlag München, 2001

Fritz Fenzl: »Jungbrunnen – Quellen der Kraft und der Heilung in Bayern«, Nymphenburger Verlag, München, 2005

Fritz Fenzl: »Orte der Liebe in Bayern – An magischen Plätzen die Liebe entdecken«, Nymphenburger Verlag, München, 2006
Lion Feuchtwanger: »Erfolg«, Aufbau Verlag, Berlin, 2008
Teja Fiedler: »Mia san mia – Die andere Geschichte Bayerns«, Piper Verlag, München, 2014
Roger Fritz, Ottfried Fischer: »Extrem Bayrisch«, Südwest Verlag, München, 2010
Siegfried Garnweidner: »Münchner Wanderberge: 50 Touren zwischen Chiemgau und Füssen«, Bergverlag Rother, München, 2013
Karl Gattinger: »Genuss mit Geschichte: Einkehr in bayerischen Denkmälern – Gasthöfe, Wirtshäuser und Weinstuben«, Volk Verlag München, 2009
Martina Gorgas: »Oberbayern – Die 100 schönsten Ausflugsziele«, Rosenheimer Verlag, Rosenheim, 2013
Oskar Maria Graf: »Das Leben meiner Mutter«, dtv Verlag, München, 1982
Oskar Maria Graf: »Der bayerische Dekameron«, List Verlag, Berlin, 2003
Oskar Maria Graf: »Wir sind Gefangene – Ein Bekenntnis«, Ullstein Verlag, Berlin, 2010
Thomas Grasberger: »Gebrauchsanweisung für München«, Piper Verlag, München, 2001
Thomas Grasberger: »Grant – Der Blues des Südens«, Diederichs Verlag, München, 2012
Thomas Grasberger: »Stenz – Die Lust des Südens«, Diederichs Verlag, München, 2013
Thomas Grasberger: »Flins – Das Geld des Südens«, Kösel Verlag, München 2015
Egon Johannes Greipl (Hrsg.): »Der Geschichte auf der Spur: Bayerns einzigartige Denkmäler – von den Kelten bis zum Kalten Krieg«, Volk Verlag München 2011
Haus der Bayerischen Geschichte (Hrsg.): »Edition Bayern: Passauer Land«, Verlag Friedrich Pustet, Regensburg, 2009

Claudia Henzler, Thomas Soyer: »Abenteuer daheim – 18 spannende Ausflugsziele für die ganze Familie in München und Umgebung«, Süddeutsche Zeitung Edition, München, 2011

Gerald Huber: »Kleine Geschichte Niederbayerns«, Verlag Friedrich Pustet, Regensburg, 2007

Bruno Jonas: »Gebrauchsanweisung für Bayern«, piper Verlag, München, 2007

Renate Just: »Krumme Touren 2 – Reisen in die Nähe«, Verlag Antje Kunstmann, München, 2003

Joachim Käppner, Martin Bernstein: »Weiß-blaue Strände: Die Lieblingsseen der Münchner«, Süddeutsche Zeitung Edition, München 2007

Florian Kinast: »Es begann mit einem Damenstrumpf – 40 Menschen, 40 Geschichten aus dem Olympiapark«, Stiebner Verlag München, 2012

Nikolai Kinast: »Hundsbua – Schimpfen und fluchen auf Bairisch«, Langenscheidt Verlag, München 2014

Nikolai Kinast: »A bissl wos gäd ollawei: Balzen auf Bairisch«, Langenscheidt Verlag, München, 2015

Werner König, Manfred Renn: »Kleiner Bayerischer Sprachatlas«, dtv Verlag, München, 2006

Friedrich Köthe: »Oberbayern – Reisewissen zum Entdecken und Erleben«, Reise Know-How Verlag, Markgröningen, 2010

Korbinian Lechner: »Mit Preußen leben – Eine bayerische Jubiläumsschrift«, Feder Verlag, München 1966

Annette Lehmeier, Dieter Vogel (Hrsg.): »Der Tegernsee«, Kiebitz Verlag, Vilsbiburg, 2014

Georg Lohmeier: »Auf den Spuren der Väter – Gschichten aus der bayerischen Gschicht«, Ehrenwirth Verlag München, 1987

Jürgen Neumann, Johannes Prokopetz: »Bayerns lustigste Ortsnamen«, Societäts-Verlag, Frankfurt, 2010

Cornelia Oelwein: »Auf den Spuren des Löwen in Bayern«, Verlagsanstalt Bayerland Dachau, 2004

Michael Pause: »Bergauf – Bergab: Menschen, Touren, Traditionen«, blv Verlag, München 20143
Michael Pause: »Münchner Hausberge – Die klassischen Ziele«, blv Verlag, München, 2012
Gerhard Polt: »Hundskrüppel – Lehrjahre eines Übeltäters«, Kein & Aber Verlag, Zürich, 2011
Gerhard Polt: »Öha – Kleine Wiesn- und Heimatkunde«, Kein & Aber Verlag, Zürich, 2011
Dominik Prantl: »Gipfelbuch«, Süddeutsche Zeitung Edition, München 2012
Christian Rauch: »Künstlerwege zwischen Isar und Inn, Tegernsee und Wendelstein«, Rother Verlag, Oberhaching 2012
Michael Reimer, Katrin Susanne Baur: »Oberbayern – aktiv sein und schlemmen, Band I«, frischluft Verlag , Weyarn, 2006
Michael Reimer, Katrin Susanne Baur: »Oberbayern – aktiv sein und schlemmen, Band II«, frischluft Verlag , Weyarn, 2007
Brigitta Roth: »Bayern in Zitaten der Welt«, Langen Müller Verlag, München, 2001
Werner Schmidbauer: »Gipfeltreffen – Gespräche in den Bergen«, Heinrich Hugendubel Verlag, Kreuzlingen/München, 2004
Karl Stankiewitz: »Weißblaues Schwarzbuch – Skandale, Schandtaten und Affären, die Bayern erregten«, Volk Verlag München, 2010
Philipp Starzinger: »Bayern Sammelsurium«, Bart Verlag, Regensburg, 2014
Dorothea Steinbacher: »Heilige Quellen in Oberbayern«, AT Verlag, Aarau und München, 2014
Wolfgang Taschner, Michael Reimer: »Die schönsten Wanderungen am Wasser rund um München«, J. Berg Verlag, München, 2013
Matthias Vogt: »Kultbuch Bayern«, Komet Verlag, Köln, 2009
Wilhelm Volkert: »Geschichte Bayerns«, C.H. Beck Verlag München, 2001
Hans Well: »35 Jahre Biermösl Blosn«, Verlag Antje Kunstmann, München, 2013

Gunna Wendt: »Franziska von Reventlow. Die anmutige Rebellin«, Aufbau Verlag, Berlin, 2008

Florian Werner, Robert Hauke: »Fünfseenland«, Verlag Alpenblick & Seenland, Murnau 2012

Kurt Wilhelm: »Wo Gott auf Erden leben würde«, Turmschreiber Verlag, Pfaffenhofen, 1999

Martin Wittmann: »Total alles über Bayern – The Complete Bavaria«, Folio Verlag Wien, 2014

Renate Wolf-Götz: »Chiemgau: Die 100 schönsten Ausflugsziele«, Rosenheimer Verlag, Rosenheim, 2015

Cornelia Ziegler, »Bayern auf den Spuren von König Ludwig II.«, Reise-Know-How-Verlag, Bielefeld, 2009

Otto Zierer, Anton Kammerl: »München – Eine Stadt und ihre Geschichten aus 850 Jahren«, LangenMüller Verlag, München, 2007

Sigi Zimmerschied: »Die Stachelbeersträucher von Saigon«, LangenMüller Verlag, München, 2013

Ein großer Dank an meinen langjährigen Amberger Freund Alois Segerer für viele Inspirationen und Erzählungen aus der Oberpfalz

LEGENDE

Die Karte umfasst die drei bayerischen Regierungsbezirke Oberbayern, Niederbayern, Oberpfalz - das Gebiet, das man auch unter dem Begriff »Altbayern« kennt und um das es hier in diesem Buch geht. Die Ziffern entsprechen der Nummer des jeweiligen Kapitels, in dem der betreffende Ort erwähnt wird.

1 Bogen
6 Sulzemoos
11 Ingolstadt
13 Ottenzell
14 Bad Tölz
15 Mittenwald
17 Miesbach
18 + 44 + 58 Amberg
19 Schachen
20 Gammelsdorf
21 Regensburg
22 Bad Abbach
25 Wildenwart
26 Degerndorf
27 + 28 Starnberger See
30 Jachenau
31 Dießen am Ammersee
32 + 83 + 109 Schliersee
33 + 60 + 85 Garmisch
34 + 39 Walchensee
34 + 71 Irschenhausen/Isartal
35 Bayerischer Wald
36 Abensberg
37 Windischeschenbach
38 Watzmann
41 Deggendorf
42 Sylvenstein-Speicher
43 Apoig
45 Andechs
46 Wieskirche
47 Fraueninsel
48 Freising
49 Mariabrunn
51 Fürstenzell
52 Schwandorf
59 Grafenwöhr
62 Günzlhofen
66 Prien
68 Aufkirchen
70 Murnau / Blaues Land
72 + 101 Tegernsee
75 Reichersbeuern
76 Unterweikertshofen
77 Teisendorf
78 Bischofswiesen
79 Wasserburg
81 Lenggries
82 Stein an der Traun
84 Penzberg
91 Naring
92 Neumarkt St.-Veit
93 Kleinhöhenrain
94 Graming
102 Monte Kaolino
103 + 104 Zugspitze
105 Ruhpolding
108 Königssee
111 Passau

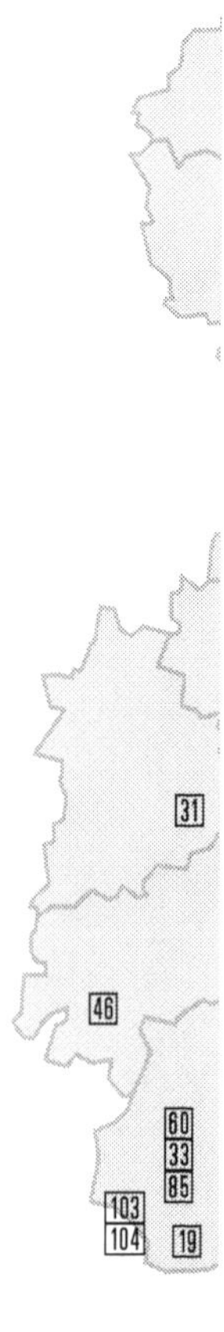

37
59
Weiden in der Oberpfalz
102
18
58
Amberg
44
52
13
21
Regensburg
43
1
Straubing
22
35
41
11
36
Passau
111
51
20
Landshut
48
76
92
6
49
94
62
München
79
82
45
68
71
34
93
27
66
47
28
91
Rosenheim
77
26
25
17
105
84
75
101
14
109
72
83
70
81
32
78
30
39
34
42
38
108
15

FLORIAN KINAST, Jahrgang 1969, ein waschechtes Münchner Kindl, lebt seit seiner Geburt in der bayerischen Landeshauptstadt. Von 1995 an schrieb er als Lokalredakteur der Münchner *Abendzeitung* zahlreiche große Reportagen über Land und Leute in Bayern, nach einigen Jahren in der Sportredaktion ist er seit 2011 als freier Journalist regelmäßiger Autor und Kolumnist im Lokalteil der Münchner *tz*.

Florian Kinast
111 GRÜNDE, BAYERN ZU LIEBEN
Eine Liebeserklärung an die schönste Region der Welt

ISBN 978-3-86265-519-9

KATALOG
Wir senden Ihnen gern kostenlos unseren Katalog.
Schwarzkopf & Schwarzkopf Verlag GmbH
Kastanienallee 32, 10435 Berlin
Telefon: 030 – 44 33 63 00 | Fax: 030 – 44 33 63 044

INTERNET | E-MAIL
www.schwarzkopf-schwarzkopf.de
info@schwarzkopf-schwarzkopf.de

Printed in Poland
by Amazon Fulfillment
Poland Sp. z o.o., Wrocław

88585926R00195